Anfänge und Übergänge

Bildungsentscheidungen der Grundschule

Marianne Weber

Anfänge und Übergänge

Bildungsentscheidungen der Grundschule

Marianne Weber

Goethe-Universität
Frankfurt am Main 2010

Frankfurter Beiträge zur Erziehungswissenschaft

Reihe Monographien

im Auftrag des Dekanats
des Fachbereichs Erziehungswissenschaften
der Johann Wolfgang Goethe-Universität
herausgegeben von
Frank-Olaf Radtke

© Fachbereich Erziehungswissenschaften der
Johann Wolfgang Goethe-Universität
Frankfurt am Main 2010

Hergestellt: Books on Demand GmbH

Bibliografische Information der Deutschen Bibliothek
Die Deutsche Bibliothek verzeichnet diese Publikation in der Deutschen Nationalbibliografie; detaillierte bibliografische Daten sind im Internet über http://dnb.ddb.de abrufbar.

ISBN 978-3-9810879-8-7

Mein Dank gilt in besonderer Weise

Ingrid Plath und Brigitte Steinert,

Deutsches Institut für
Internationale Pädagogische Forschung.

Frankfurt am Main, 2010   Marianne Weber

Inhaltsverzeichnis

Vorwort von Frank-Olaf Radtke 13

Einleitung 15

1 Selektion und Schule 19
1.1 Überblick: Selektion in der Schule 19
    1.1.1 Selektion im Unterricht 19
    1.1.2 Selektion im Bildungssystem 20
1.2 Selektion – ein systemtheoretischer Zugang 22
    1.2.1 Der Primärcode der Erziehung
        „vermittelbar/nicht vermittelbar" 22
    1.2.2 Die gute Absicht 24
    1.2.3 Ausdifferenzierung durch Jahrgangsklassen 25
    1.2.4 Exkurs: Die Schulklasse als soziales System
        nach Talcot Parsons 27
    1.2.5 Umgang mit Leistungsdifferenz 30
    1.2.6 Die Homogenisierung des Anfangs 31
    1.2.7 Chancengleichheit 34
    1.2.8 Selektion und Erziehung 35
    1.2.9 Exkurs: Forderungen an die pädagogische
        Praxis 36

2 Organisation und Schule 39
2.1 Das systemtheoretische Modell der Organisation 40
    2.1.1 Das Verhältnis von Organisation und
        Gesellschaft 41
    2.1.2 Das Verhältnis von Organisation und
        Individuum 42
2.2 Das Modell der Institution im Neo-Institutionalismus 44
    2.2.1 Das Verhältnis von Gesellschaft – Institution –
        Organisation 44
    2.2.2 Der Begriff der Institution 45
    2.2.3 Der Begriff der Kognition 48
    2.2.4 Der Begriff der Organisation 49
    2.2.5 Der Begriff der Legitimität 51

2.3	Die Aufgabe der Organisation	52
	2.3.1 Das Prozessieren von Entscheidungen	52
	2.3.2 Entscheidungsprämissen	55
2.4	Das Verhältnis von Organisation und Interaktion – Interaktion in der Organisation	57
2.5	Die Aufgabe der Organisation im Erziehungssystem	59
2.6	Rationalität und Wandel	61
	2.6.1 Rationalität	61
	2.6.2 Wandel der Institution und der Organisation	63
2.7	Interaktion und Organisation in der Schule	67
	2.7.1 Interaktion in Schulklassen	67
	2.7.2 Wo Interaktion ist, soll Organisation werden – Zur Organisationsentwicklung	69
2.8	Institution und Akteur	71
2.9	Resümee	73
3	Bildungsentscheidungen	75
3.1	Einleitung	75
	3.1.1 Die Schwierigkeit des Vergleichs	77
	3.1.2 Unterscheidungen	78
3.2	Übersicht zur Befundlage der empirischen Forschung	80
	3.2.1 Schullaufbahnuntersuchungen – Erfahrungen des Scheiterns	80
	3.2.2 Untersuchungen zum Übergang in die Sekundarstufe – Die Bedeutung der Schulklasse	82
	3.2.3 Untersuchungen zum Übergang in die Sekundarstufe – Unterschiede zwischen Bildungsaspiration und Empfehlung	85
	3.2.4 Soziale Ungleichheit – Unterschiede des regionalen Kontextes der Länder	88
	3.2.5 Wirkungen der sozialen Selektivität auf die Schulleistungen	90
	3.2.6 Soziale Ungleichheit – Lokale Kontexte	93
	3.2.7 Schullaufbahnen als institutionelle Diskriminierung	95
	3.2.8 Gelenkstelle Schulstart	96

3.3	Modelle der Genese von Bildungsentscheidungen in der Tradition des Rational Choice Ansatzes	98
	3.3.1 Das Modell der primären und sekundären Herkunftseffekte	98
	3.3.2 Ursachen der Bildungsungleichheit auf der Mesoebene	100
	3.3.3 Kritik der Modelle der Genese von Bildungsentscheidungen	102
3.4	Systemtheoretisches Modell der Bildungsentscheidungen	104
	3.4.1 Entscheidungskommunikation Eintritt in den Kindergarten	105
	3.4.2 Entscheidungskommunikation zum Schulstart	107
	3.4.3 Entscheidungskommunikation zum Übergang in die Sekundarstufe	108
3.5	Strukturelle Umwelten und institutionelle Einbindung der Organisation	110
3.6	Eingrenzung der Fragestellung der Studie	112
4	Der Schulstart – Zurückstellungen in Vorklassen	117
4.1	Einleitung	117
4.2	Zur Geschichte des Schulanfangs	118
4.3	Beschreibung der Untersuchung	120
	4.3.1 Fragestellungen	120
	4.3.2 Datenlage	122
4.4	Ergebnisse	124
	4.4.1 Systematik des Vorklassenangebots	124
	4.4.2 Zurückstellen und Wiederholen	127
	4.4.3 Vorklassenbesuch und ausländische Kinder	129
	4.4.4 Zurückstellungsquoten und Sozialraum	132
	4.4.5 Schulgröße und Vorklassenangebot	135
	4.4.6 Der Erklärungsbeitrag der Schulform Vorklasse	137
4.5	Diskussion der Ergebnisse	143
	4.5.1 Grenzen der Untersuchung und Ausblick	144

5	Der Übergang von der Grundschule in die Sekundarstufe	147
5.1	Einleitung	147
5.2	Die Struktur des Schulangebots der Stadt Frankfurt am Main	149
	5.2.1 Die Sekundarschulen im Überblick	149
	5.2.2 Zur Geschichte der städtischen Schulentwicklung	151
	5.2.3 Die Datenlage der Untersuchung	153
	5.2.4 Die Einteilung der Planungsbezirke	154
	5.2.5 Die quantitative Zusammensetzung von Schulformen und Bildungsgängen	157
5.3	Wahlen in regionaler Unterscheidung nach Planungsbezirken: Schulform und Bildungsgang	159
	5.3.1 Wahlen aus dem Planungsbezirk der Grundschule	159
	5.3.2 Wahlen in den Planungsbezirk der Sekundarschule	162
	5.3.3 Vergleich der Schulformwahl mit der Wahl des Bildungsgangs	165
	5.3.4 Integrierende versus differenzierende Bildungsgänge	166
	5.3.5 Die Angebotsstruktur der Schulplätze nach Schulformen	167
	5.3.6 Schulplätze nach Bildungsgängen	170
5.4	Wahlen aus der Sicht der Grundschulen – Die Bedeutung des Standorts	172
	5.4.1 Schulwahl in Abhängigkeit von der Entfernung des Schulstandortes	174
	5.4.2 Analysen nach Schulform	175
	5.4.3 Schulformwahl Gymnasium in Abhängigkeit von der Entfernung des Schulstandortes	179
	5.4.4 Zusammenfassung: Der Einfluss des Schulstandortes	182
5.5	Erklärungsmodelle für die Wahlen des Bildungsgangs	183
	5.5.1 Die Wahl des Bildungsgangs Förderstufe	184
	5.5.2 Die Wahl des Bildungsgangs Integrierte Gesamtschule	185
	5.5.3 Die Wahl des Bildungsgangs Hauptschule	186

	5.5.4 Die Wahl des Bildungsgangs Realschule	187
	5.5.5 Die Wahl des Bildungsgangs Gymnasium	188
	5.5.6 Zusammenfassung	189

5.6 Die Wahl des Bildungsgangs Gymnasium im Verhältnis zur Wahl aller anderen Bildungsgänge ... 190

5.7 Differenz zwischen Anmeldungen und vollzogenen Übergängen ... 194
    5.7.1 Die Übergangsverteilung der Schüler nach Planungsbezirken ... 198
    5.7.2 Die Differenz zwischen Anmeldungen und Übergängen nach Bildungsgängen ... 198
    5.7.3 Die Umverteilung der Schüler nach Bildungsgängen ... 199

5.8 Diskussion der Ergebnisse ... 200
    5.8.1 Die Wahl der Gesamtschule – eine Alternative zur Wahl des Gymnasiums? ... 202
    5.8.2 Die aktuell diskutierte Zweigliedrigkeit des Bildungssystems ... 203
    5.8.3 Soziale Ungleichheit, meritokratisches Prinzip und lokale Entscheidungskommunikation ... 204

6 Schlussbemerkungen ... 207

Verzeichnis der Tabellen und Abbildungen ... 211

Literatur ... 215

Vorwort

Vor dem Hintergrund unterschiedlicher Theoriepräferenzen gabelt die Bildungsbeteiligungsforschung ihre Anstrengungen, Ungleichheit zwischen verschiedenen Bevölkerungsgruppen bezogen auf Schulerfolg zu erklären, indem sie die Ursachen einerseits bei den Eigenschaften der Kinder und ihrer Familien, ihrer Ausstattung mit kulturellen und sozialen Kapitalien, insbesondere aber bei dem (Wahl-)Verhalten der Eltern sucht. Die soziale Herkunft, der sozio-ökonomische Status, aber auch der Migrationshintergrund scheinen einen großen Teil der Varianz zu erklären, die zwischen den so unterschiedenen Bevölkerungsgruppen beobachtet wird. Es bleibt aber ein nicht unerheblicher Rest, der ins Auge fällt, wenn zeitliche Veränderungen der Erfolgsquoten und lokale Disparitäten zwischen Ländern oder Städten erklärt werden sollen.

Nicht nur Eltern wählen eine Schule, auch Schulen wählen ihre Kinder – vermehrt unter Bedingungen leistungsbezogenen Wettbewerbs zwischen Schulen, der seit den PISA-Studien inszeniert wird. Deshalb kommen als Erklärung möglicher Ursachen für ungleiche Bildungsbeteiligung auch die Organisation der Schule, das von ihr vorgehaltene Bildungsangebot und die darin stattfindenden Selektions- und Allokationsvorgänge in Frage. Aber wie groß ist der Einfluss solcher Faktoren? Wenn er bedeutsam wäre, müsste man eine Verletzung des meritokratischen Prinzips und institutionelle Diskriminierung annehmen.

Marianne Weber hat sich mit ihrer Arbeit vorgenommen, einen Beitrag zur Klärung zu leisten, indem sie der Frage nachgeht, welchen Einfluss die Struktur und die räumliche Anordnung eines lokalen Bildungsangebotes auf die Schulkarrieren und die Bildungsbeteiligungsquoten haben. Dazu wählt sie exemplarisch zwei Entscheidungsstellen im Schulsystem, an denen Weichenstellungen der Schullaufbahn durch das Entscheidungsverhalten der aufnehmenden Schulen vorgenommen werden: die Einschulung in die Grundschule, wobei Grundschulen mit und ohne Vorklassen für noch nicht schulfähige Kinder unterschieden werden, und die Übergänge von der Grundschule in die Sekundarstufe, wobei räumliche Distanzen zu weiterführenden Schulen unterschiedlichen Typs untersucht werden. Das Untersuchungsinteresse richtet sich gezielt auf Wirkungen, die von ungleichen Bildungs*gelegenheiten* ausgehen, die auf der Ebene eines lokalen Schulsystems identifiziert werden können. Solche Gegebenheiten, so lautet die Hypothese, strukturieren das Wahlverhalten der Eltern *und* der Schulen und können damit die Bildungsverläufe der Kinder maßgeblich beeinflussen.

Die Autorin stößt mit ihrer Untersuchung in das Zentrum einer aktuellen Diskussion um die Erklärung ungleichen Bildungsverhaltens vor. Zuletzt hat H. Ditton, ähnlich wie zuvor R. Becker zwischen primären, leistungsbezogenen und sekundären, herkunfts-, aber auch organisationsbezogenen Effekten unterscheidend, unter Verweis auf eine Studie von V. Müller-Benedikt den Befund mitgeteilt, dass in vergleichenden Modellrechnungen gezeigt werden könne, daß beim Übergang von der Grundschule in weiterführende Schulen „den sekundären Effekten erheblich mehr Bedeutung zugemessen werden muss, als den primären".*

Die hier vorgelegte Studie von Marianne Weber kann als eine Suchbewegung angekündigt werden, mit der die anhaltende Kontroverse um den Einfluss organisatorischer Faktoren ein kleines Stück entscheidbarer gemacht werden soll. Es handelt sich um den Versuch, das Problem weiter zu zerlegen, um einzelne (Teil-)Hypothesen, die einer organisationstheoretischen Modellierung des Entscheidungsverhaltens von Schulen entnommen sind, auf der Basis vorliegender schulstatistischer Daten empirisch zu überprüfen. Dazu hat Marianne Weber eine intelligent angelegte Fallstudie des lokalen Schulsystems der Stadt Frankfurt am Main durchgeführt, dessen Entscheidungsverhalten bei der Einschulung („Schulstart") und beim Übergang von der Grundschule in die Sekundarstufe I („Übergänge") sie auf der Basis vorliegender Statistiken analysiert. Bildungsverläufe lassen sich als eine Kette von Entscheidungen der Eltern *und* der Schulen rekonstruieren, die als Ergebnis von Verhandlungsprozessen zustande kommen. Diese Modellierung des Problems macht es möglich, von Organisationen produzierte Bildungsstatistiken als Material für eine Re-Analyse des Entscheidungsverhaltens der beteiligten Akteure heranzuziehen, das von Machtasymmetrien gekennzeichnet ist und dabei einer je eigenen Logik folgt.

Als Rektorin einer Frankfurter Grundschule weiß Marianne Weber, wovon sie spricht.

Frankfurt am Main, im Mai 2010   Frank-Olaf Radtke

---

* R. Becker (2009): Wie können „bildungsferne" Gruppen für ein Hochschulstudium gewonnen werden? Eine empirische Simulation mit Implikation für die Steuerung des Bildungswesens, in: Kölner Zeitschrift für Soziologie und Sozialpsychologie 61: 563-593; H. Ditton (2010): Schullaufbahnen und soziale Herkunft – eine Frage von Leistung oder Diskriminierung?, in: St. Aufenanger/F. Hamburger u. a. (Hrsg.): Bildung in der Demokratie. Opladen: 79-99; V. Müller-Benedikt (2007): Wodurch kann die soziale Ungleichheit des Schulerfolgs am stärksten verringert werden?, in: KZfSS 59: 615-639.

Einleitung

Gegenstand der vorliegenden Arbeit sind Bildungs*entscheidungen* zum Eintritt in die Grundschule und zum Übergang in die Schulen der Sekundarstufe. Im Zusammenhang mit Bildungsentscheidungen wird gleichzeitig von unterschiedlichen Bildungs*beteiligungen* der sozialen Schichten berichtet. Durch den unterschiedlich stark ausgeprägten Zusammenhang zwischen sozialer Herkunft und Bildungserfolg innerhalb der OECD-Länder, wie er beispielsweise durch die PISA-Studien belegt wurde, wird sichtbar, dass dieser Zusammenhang veränderbar oder – systemtheoretisch gesprochen – kommunikativ verhandelbar ist.

Die Bildungsberichterstattung stellt immer auch die Frage nach systematischen *Ungleichheiten* bei Bildungsentscheidungen, die soziale Gruppen im Bildungserfolg und an der gesellschaftlichen Teilhabe benachteiligen könnten. Implizit wird nach den *Hindernissen* gefragt, die der Realisierung von Bildungschancen im Wege stehen. Der enge Zusammenhang zwischen Bildungserfolg und sozialer Herkunft spricht dafür, dass die Hürden, die auf dem Weg zu subjektiver Bildung überwunden werden müssen, je nach sozialer Herkunft unterschiedlich hoch ausfallen. Damit ist die Frage der *Bildungsgerechtigkeit* angesprochen, die wie eine Hintergrundfolie jede Bildungsentscheidung begleitet, und mit ihr die Frage, welche graduelle Unterscheidung moralisch legitim wäre (vgl. Giesinger 2007).

Die vorliegende empirische Arbeit befasst sich mit der Fragestellung, ob gleiche Bildungsgelegenheiten als objektive Struktur eines Bildungsangebots in einem regionalen Kontext gegeben sind. Wobei diese Gelegenheiten wiederum nach sozialen Gruppen unterschiedlich genutzt und vor allem auch von den Subjekten unterschiedlich *angeeignet* werden, da es keine „Technologie" (Luhmann/Schorr 1982) gibt, die Bildungsgelegenheiten in subjektive Bildung transformieren könnte. Konkret folgt die empirische Analyse der Fragestellung, ob in der Struktur eines lokalen Schulsystems durch die Bereitstellung bestimmter Bildungsangebote systematisch ungleiche Bildungsgelegenheiten geschaffen werden. Sie bedient sich eines „output-sensitiven" Zugangs, in dem sie durch die Analyse getroffener Bildungsentscheidungen Hinweise auf systematische Ungleichheiten sucht. Damit modelliert sie Bildungsentscheidungen auf der Meso-Ebene eines lokalen Schulsystems.

In diesem Vorgehen unterscheidet sie sich von Theorie- und Empirieansätzen, die in einer akteurstheoretischen Tradition die Entscheidung als rationale Wahl modellieren. In dieser Tradition werden die Hindernisse, die auf dem Weg der Realisation von Bildungsentscheidungen bzw. Bildungsgelegenheiten überwunden werden müssen, in der Regel auf die soziale Herkunft der Akteure zurückgeführt bzw. durch diese moderiert.

Um einen Perspektivenwechsel vollziehen zu können – weg von den Herkunftsfamilien hin zur Organisation – bedient sich die Studie der Luhmannschen Systemtheorie, mit deren Theorieangebot beispielsweise Bildungsentscheidungen – statt Personen – Systemen zugerechnet werden können. Luhmanns Analysen sind deshalb für die Fragestellung ergiebig, weil er die Organisation als eigenes – selbstreferentielles – soziales System, neben Gesellschaft und Interaktion einführt und so aus der analytischen Dichotomie zwischen der Analyse des Schulsystems und der Analyse des Unterrichts[1] herausführen kann. Durch die Bearbeitung insbesondere der Schnittstellen (der Systemgrenzen) von Interaktion und Organisation bzw. von Organisation und Gesellschaft treten die Probleme im Umgang mit den Paradoxien der Pädagogik – Erziehung und Selektion bzw. die Gleichbehandlung von Ungleichem (von ungleichen Lernvoraussetzungen) – hervor und die Aufgabe der Organisation, die Anschlussfähigkeit der Kommunikation von Unterricht und gesellschaftlichen Funktionssystemen zu leisten, gewinnt an Kontur.

In einer ersten theoretischen Annäherung an die Fragestellung der Arbeit wird im ersten Kapitel der Selektionsbegriff im Schulsystem analysiert. Obgleich durch die Einführung der allgemeinen Schulpflicht alle Kinder in das Schulsystem eingeschlossen sind, ist die Aufnahme in die Grundschule wie auch die Aufnahme in eine weiterführende Schule an eine Entscheidung gebunden. Wenn über die Aufnahme entschieden werden kann, kann auch über die *Nicht*-Aufnahme entschieden werden. In diesem basalen Sinn sind Übergangsentscheidungen immer auch *Selektions*entscheidungen.

Während sich die führende Position der Unterrichtsforschung zum Umgang mit Heterogenität[2] bekennt, untersucht die Schulforschung die Ausprägungen von ‚Ungleichheit im Bildungssystem'. In beiden Zugängen wird das Phänomen der Selektion vorausgesetzt. Um aber ein Verständnis für die Probleme des Unterrichts oder aber der Steuerung des Bildungssystems zu entwickeln, halte ich es für notwendig, grundlegend zu fragen, *wie kommt es im Erziehungssystem zu Selektion?*

Der zweite Teil des Begriffs Selektions*entscheidungen* wird im zweiten Kapitel thematisiert, das sich mit den Beiträgen von Organisation und Institution in der Kommunikation von Entscheidungen befasst.

---

1 Vgl. Schley 2006. Hier wird sich allerdings auf die Denkfigur des institutionellen Akteurs bezogen.
2 Vgl. Heinzel/Prengel 2002.

Damit verlagert sich gleichzeitig der Blick von Unterricht und Bildungssystem auf die *Organisation Schule*. Die Übergangsentscheidungen müssen durch die Organisation Schule bearbeitet („kommuniziert") werden, weder der Unterricht noch das Bildungssystem können Übergangsentscheidungen fällen, obgleich beide soziale Umwelten notwendige Voraussetzung sind. Hier versuche ich der Frage nachzugehen, *wie kommen Entscheidungen zustande?*

Im dritten Kapitel werden empirische Befunde der ungleichen Bildungsbeteiligung berichtet, die ich mit Blick auf System/Umwelt-Differenzen strukturiere. Erkenntnisleitend ist die Frage nach dem Beitrag der Organisation Schule.

Zudem werden Modelle zur Genese von Bildungsentscheidungen vorgestellt, die in einer handlungstheoretischen Tradition stehen und Bildungsentscheidungen auf der individuellen Ebene der Akteure modellieren. Das Kapitel beschließend, versuche ich, aus systemtheoretischer Sicht ein Modell zur Genese von Bildungsentscheidungen zu entwickeln, das die Organisation in der strukturellen Kopplung zu ihren Umwelten zum Ausgangspunkt wählt.

Nach Erarbeitung dieses theoretischen Rahmens folgt der empirische Teil der Analyse der Übergangsentscheidungen in Kapitel 4 und 5. Ich wähle die Grundschulen im Bereich des Staatlichen Schulamts der Stadt Frankfurt am Main aus. Die Entscheidung, die Gesamtheit der Frankfurter Grundschulen,[3] und nicht etwa nach Zufallsauswahl jede 10. hessische Grundschule zu untersuchen, basiert auf dem strukturtheoretischen Wissen, dass trotz der allgemein gültigen gesetzlichen Regelungen, gesellschaftlichen Werte und professionellen Standards immer auch die konkrete historische und sozialräumliche Umwelt der Einzelschulen in den schulorganisatorischen Entscheidungen mitkommuniziert wird. Um valide Ergebnisse auf der Meso-Ebene erzielen zu können, ist eine differenzierte Kenntnis des Feldes daher unabdingbar. Die Genauigkeit der Analysen beschränkt notwendigerweise ihre Generalisierbarkeit. Durch diese Vorgehensweise können Fragestellungen generiert werden, die z. B. in einem anderen lokalen Schulsystem mit differenten Umwelten zu modifizierten Ergebnissen führen können.

Auch aus einem zweiten Grund hat die Studie explorativen Charakter. Es werden die Entscheidungsdaten zur Schulaufnahme und zum Schulübergang auf der Schulebene analysiert. Somit werden keine Individualdaten erhoben, vielmehr werden die offiziellen Statistiken, die immer nur in aggregierter Form vorliegen, reanalysiert. Zudem werden sie in einen Zusammenhang mit den Sozialdaten des Schulbezirks und

---

3 Circa 10% der hessischen Schüler besuchen eine Frankfurter Schule.

mit den in den Orientierungsarbeiten erhobenen Leistungsdaten der Schulen in Deutsch und Mathematik gestellt.

Im vierten Kapitel werden die Entscheidungen zum Schulstart analysiert. Charakteristischer Weise gibt es kein aufeinander bezogenes Datenmaterial, das es erlauben würde, Kinder, die einen Kindergarten besucht haben, mit Kindern, die Grundschulen besuchen werden, in Beziehung zu setzen, weil hier eine Systemgrenze markiert ist, die den vorschulischen und den schulischen Bereich (des Sozialministeriums und des Kultusministeriums) unterscheidet. Trotz aller normativen Bekundungen des *Übergangs* vom Kindergarten in die Grundschule – der auf der individuellen Ebene des Kindes und der Familien durchaus als Übergang erlebt wird – wird er auf organisatorischer Ebene vor allem als *Schulstart* behandelt.

Im fünften Kapitel werden die Entscheidungen des Übergangs vom System der Grundschule in die Systeme der Sekundarstufe analysiert. Hier liegt der Schwerpunkt der Analyse auf der Vernetzung der Schulen innerhalb eines lokalen Schulsystems. Es liegen Daten sowohl der Grundschulen als auch der Sekundarschulen vor, weil beide Systeme zum allgemeinbildenden Schulsystem gehören. Allerdings markiert der Übergang den Endpunkt einer gemeinsamen Schule für alle und den Beginn einer Differenzierung gemäß dem meritokratischen Prinzip in unterschiedlich bewertete Bildungswege. Hier stellt sich noch einmal in besonderer Weise die für die Arbeit grundlegende Frage der Bildungsgerechtigkeit der Entscheidungen.

Die vorliegende empirische Studie erlaubt eine etwas andere Sicht auf ein lokales Schulsystem, indem sie von den Strukturmerkmalen der Schulen ausgehend Bildungsentscheidungen aus der Perspektive der Organisation Schule modelliert. Als Mitglied der Organisation Schule in ‚entscheidender' Rolle sind mir die Entscheidungspraxen aus meinem beruflichen Umfeld vertraut. Vielleicht fällt es dadurch leichter, Fragestellungen zu generieren, da ich die Organisation Schule aus einer Innenperspektive kenne. Um dabei aber nicht blinden Flecken aufzusitzen, wählte ich einen Theoriezugang, der es mir erlaubte, in einer Außenperspektive das System zu beobachten und die Ergebnisse der Entscheidungskommunikation zu reanalysieren.

1 Selektion und Schule

1.1 Überblick: Selektion in der Schule

Schlägt man im Wörterbuch der Schulpädagogik von Keck/Sandfuchs nach und vergleicht die im Abstand von 10 Jahren erschienenen Ausgaben (1994 und 2004) miteinander, fällt auf, dass in Anlehnung an die älteren Publikationen von Fend (1974 bzw. 1981) gleich bleibend die Selektionsfunktion als eine Aufgabe der Schule beschrieben wird. 1994 wird Selektion als *Hindernis* bei der Aufgabenerfüllung der Qualifikations- und Integrationsfunktion gesehen. Trotz quantitativer Veränderungen der sozialen Ungleichheit in der Bildungsbeteiligung

„ist Selektion in der Schule nach wie vor angelegt (Hurrelmann 1985), ja, es ist fester Bestandteil der Schulkritik, dass die Selektionsfunktion die anderen Aufgaben der Schule überlagere, und es ist unbestreitbar, dass sie die Aufgabe der Personalisation *behindert* (kursiv MW)" (Keck/Sandfuchs 1994, 315).

In der neueren Ausgabe wurde das Schlagwort Selektion durch *Segregation* ergänzt. Segregation wird als Gegenteil von Integration mit verstärkender Wirkung der Selektion beschrieben und meint das Abschieben in die Randständigkeit bestimmter Schülergruppen durch Besuch von Lernhilfeschulen oder Schulen mit sehr hohem Migrantenanteil. Als pädagogische Handlungsperspektive wird „die *Akzeptanz von Heterogenität* (kursiv MW) und ihre Nutzung für Innovationen in Unterricht und Schulleben" (Keck/Sandfuchs/Feige 2004, 454) angeführt.

1.1.1 Selektion im Unterricht

Das Thema Selektion in der Schule wird getrennt in den Teildisziplinen der Erziehungswissenschaft – Unterrichtsforschung und Schulforschung – behandelt. Die normative Pädagogik mit dem *Bezugspunkt Unterricht* hat nach einer Phase des Ausgrenzens der Selektion im Unterricht, zunehmend Unterrichtskonzeptionen entwickelt, die den Umgang mit Leistungsdifferenz zum konstitutiven Merkmal des Unterrichts erheben. Nicht zufällig gehen die stärksten Initiativen von der Sonderpädagogik aus, deren Anliegen der integrative Unterricht ist und die daher *Heterogenität* (Warzecha 2003, Graumann 2003) statt Selektion im Unterricht fordert.

Als Gegenstück zu Selektion wurde in der Grundschulpädagogik *Förderung* diskutiert, statt Ausschluss soll der Anschluss an den Unterricht durch Angebote der inneren und äußeren Differenzierung gehalten werden. Grundsätzlich musste damit das schon von Ernst Christian Trapp[4] empfohlene didaktische Prinzip, den Unterricht „auf die Mittelköpfe zu kalkulieren", nicht aufgegeben werden, wenn die differenzierende Förderung das Ziel verfolgte, den Anschluss zum Unterricht auf mittlerem Niveau zu halten. Erst mit der Wende der in den 1990er Jahren entwickelten konstruktivistischen Ansätze werden im Unterricht nicht vorwiegend der Lehrgegenstand, sondern die Lern*prozesse* fokussiert. Der Lehrer wird zum

„Anbieter und Lernberater, der durch die Bereitstellung attraktiver Lernumgebungen maximal Unterstützung beim Aufbau neuer Wissenskonzepte geben kann. Die Diagnose des Lernstandes der Schüler und die Unterstützung der Lernprozesse stehen hier im Zentrum des Lehrerhandelns" (Fölling-Albers 2005, 200).

Ein Teil der in der Grundschulpädagogik wenig rezipierten empirischen Unterrichtsforschung befasste sich mit der Frage der Effektivität von leistungshomogenen oder -heterogenen Schulklassen (Slavin 1987). Ein Ergebnis der Schuleffektivitätsforschung war, dass *allein* die Klassenzusammensetzung nach Homogenität oder Heterogenität keine Aussage zum Erfolg des Lernens liefert.

1.1.2 Selektion im Bildungssystem

Die empirische Bildungsforschung, deren Gegenstand das *Bildungssystem* ist und die Berufswahl einschließt, analysiert den Zusammenhang von sozialer Herkunft und Bildungschancen. In den 1960er und 1970er Jahren wurde die ungleiche Beteiligung der sozialen Schichten an den Bildungsgängen als Verstoß gegen das demokratische Versprechen der Chancengleichheit gesehen und in der Folge versuchte man durch bildungsreformerische Maßnahmen wie Durchlässigkeit zwischen den Bildungsgängen und Anschlussfähigkeit der Abschlüsse Chancengleichheit zu ermöglichen. Mit der Bildungsexpansion in den Folgejahrzehnten kam es zwar zu Veränderungen in der Bildungsbeteiligung durch Niveaueffekte, nicht aber zu strukturellen Veränderungen der Chancenungleichheit. Ein Verdienst der bildungspolitischen Diskussion im Zuge der Pisa-Veröffentlichungen ist es, erneut auf die soziale Ungleichheit der Bildungschancen hingewiesen zu haben.

---

4 Erster Pädagogik-Professor in Deutschland 1745-1818

Seit den 1970er Jahren befasst sicht die „*Ungleichheitsforschung*" mit dem Phänomen der Selektivität des Bildungswesen und fokussierte in der Vergangenheit insbesondere die „Gelenkstellen" der Bildungsbeteiligung, die so genannten „*Übergänge*".[5] Aus strukturell-individualistischer Perspektive entwickelte Boudon (1974) ein Modell der rationalen Entscheidung der Schulwahl. Eltern würden abhängig von ihrer sozialen Herkunft Bildungsentscheidungen für ihre Kinder treffen. Neben den primären Herkunftseffekten (Einfluss der (schichtenspezifischen) Sozialisation auf die Schulleistungen) treten sekundäre Herkunftseffekte hinzu, die Abwägung der erwarteten Bildungsrenditen in Beziehung zu den Bildungskosten betreffen. Meulemann (1985) entwickelte darauf aufbauend die Theorie des Entscheidungsfeldes. Ditton (2004b) unternahm den Versuch, den Beitrag der Lehrer an der Bildungsentscheidung herauszuarbeiten. Bekannterweise erteilen Lehrer bei denselben Schulleistungen je nach sozialer Schicht unterschiedliche Empfehlungen (Bos et al. 2004).

Aus soziologischer Sicht versucht beispielsweise Vester (2004) die Theorie der intergenerationalen Transmission des kulturellen Kapitals von Bourdieu mit dem Ansatz Boudons zu verknüpfen. Zymek (2001) argumentiert aus einer sozialgeschichtlichen Perspektive, dass nur der Blick auf den umfassenden Strukturwandel des Bildungs- und *Beschäftigungs*systems (kursiv MW) erklären kann, warum eine Zunahme an Bildungsbeteiligung nicht gleichzeitig zu einer Vergrößerung der Bildungschancen führte.

Bevor die hier nur skizzierten Theorie- und Empiriebeiträge zu Selektion in der Schule in Kapitel 3 einzeln ausführlich und in der Forschungsbreite umfassender dargestellt werden, wähle ich zunächst einen hoch theoretischen Zugang. Der Beitrag Luhmannscher Systemtheorie stellt insbesondere den *Zusammenhang* und die *Gleichzeitigkeit* von Selektion in Unterricht, Schule und Bildungssystem her. Das gerade war auch die Provokation für die pädagogische Praxis (und die Erziehungswissenschaft), „weil Selektion für das Erziehungssystem ihrer Ansicht nach nicht zwangsläufig konstituierend ist" (von Saldern 2005, 183). In meiner Darstellung der Luhmannschen Theorie zum Selektionsbegriff folge auch ich dieser Frage. Dabei versuche ich die Selektionsmomente im Erziehungssystem scharf herauszuarbeiten. Gleichzeitig werde ich die auf einer sehr theoretischen Ebene behandelten Probleme auf die Ebene der pädagogischen (Grundschul-)Praxis zurückführen.

---

5   Das Schlagwort „Übergänge" wurde erst 2004 in das Wörterbuch der Schulpädagogik (Keck/Sandfuchs/Feige) aufgenommen.

1.2 Selektion – ein systemtheoretischer Zugang

Erziehung und *Sozialisation* unterscheiden sich durch das Absichtsvolle der Verhaltenseinwirkung auf Seiten der Erziehung. „Sozialisation vermittelt Verhaltensbedingungen als *Selbstverständlichkeiten*. Erziehung *thematisiert*, was sie zu erreichen sucht" (Luhmann 2002, 52). Der Erzieher wirkt mit *guter* Absicht auf den Zögling ein, er muss explizieren, ob und in wie weit seine Erziehungsprogramme nützlich und richtig für den Zögling sind. Daher kann ihm die Wirkung seiner erzieherischen Absicht nicht gleichgültig sein. Er wird den Erziehungsprozess als gelungen oder als nicht gelungen bewerten müssen.

Daher verläuft die pädagogische Kommunikation in einem Dreischritt der Vermittlung, Aneignung *und* der Bewertung. Kann zunächst die Differenz von vermittelbar/nicht vermittelbar noch beim Thema oder beim *einzelnen* Kind angesiedelt werden, tritt durch die soziale Interaktionsform der Schulklasse der Vergleich der Klassenkameraden untereinander hinzu. So kommt es zur Zweitcodierung des Erziehungssystems von „besser" oder „schlechter". Das Erziehungssystem kommuniziert also in einer doppelten Codierung.

Bevor der hier vorrangig interessierende *Selektions*code weiter thematisiert wird, soll zunächst die Erstcodierung „vermittelbar/nicht vermittelbar", wie sie von Jochen Kade in jüngerer Zeit erarbeitet wurde, vorgestellt werden.

1.2.1 Der Primärcode der Erziehung „vermittelbar/nicht vermittelbar"

Die Aufgabe des Erziehungssystems ist neben Selektion vor allem Erziehung. Wie Jochen Kade es formuliert, ist die Aufgabe des Pädagogischen die Vermittlung von Wissen über gesellschaftliche Teilbereiche:

„Das Pädagogische ist die Praxis des Vermittelns von Wissen an die als Subjekte verstandenen Individuen, und es ist ein Ort, an dem das Vermitteln unterschiedlicher Welten als soziale Praxis unmittelbar geschehen soll." (Kade 1997, 35f.)

Für diese Definition ist Schule nicht der Prototyp der Organisation von Erziehung in modernen Gesellschaften, sondern tritt neben Familie, Beruf und Medien.

Das pädagogische System arbeitet nach dem Code „vermittelbar/nicht-vermittelbar" und zwar auf zwei Ebenen, die auf das Programm des pädagogischen Systems verweisen. Erstens betrifft der Code

Wissen, als Thema der Vermittlung (in Abgrenzung von Nicht-Wissen) und zweitens betrifft er Aneignung als erfolgreiche bzw. nicht erfolgreiche Operation der Vermittlung. Damit verweist der Code auf das Subjekt als Adressat der pädagogischen Kommunikation. Durch die Unterscheidung von Vermitteln und Aneignen, wird die Unterscheidung von pädagogischem System (Erziehungssystem) und biographischem System (psychischem System) konstituiert.

Die pädagogische Kommunikation (oder hier der Unterricht) kann sich nicht auf die unbestimmte Komplexität des psychischen Systems des Adressaten oder des Individuums einlassen und ist gezwungen, einen für die Kommunikation notwendigen Ausschnitt der bestimmbaren Komplexität in der Form des Teilnehmers oder des Schülers zu wählen. In diesem Sinne behandelt der Unterricht die Teilnehmer wie Trivialmaschinen, so als ob alle Teilnehmer denselben Aneignungsprozess vollziehen würden. Natürlich weiß jeder Pädagoge, dass Schüler Individuen und Nicht-Triviale Maschinen[6] sind, dennoch scheinen gerade die Schüler besonders erfolgreich in der Aneignung zu sein, die sich wie quasi triviale Maschinen konditionieren können.

Glaubte man sich in der Vergangenheit im „wohlverstandenen Interesse" des Kindes in der Passung von Absicht des Systems und Wirkung in der Aneignung des Heranwachsenden sicher, zeichnet sich zunehmend

„eine Kluft zwischen Wissensvermittlung und Aneignung unter gesellschaftlichen Bedingungen (der Pluralisierung von Lebenslagen und der umfassenden sozialen Inklusion, MW) ab, in denen es eher unwahrscheinlich ist, dass die pädagogischen Ziele mit den Interessen der Adressaten kompatibel sind" (Kade 1997, 55).

Zunehmend werden auch in der Schule Wissensangebote gemacht, die eine individuelle und kontingente Aneignungsweise ermöglichen (z. B. „Werkstattunterricht").

Durch die Codierung vermittelbar/nicht vermittelbar wird das Erziehungssystem indifferent gegenüber der Aneignung. Vermittlung wird möglich, aber nicht zwangsläufig. Der Erfolg der Wissensvermittlung ist außerhalb des Erziehungssystems angesiedelt. Das Erziehungssystem kann die Adressaten nur an ihrer äußeren Seite als Teilnehmer erreichen. Wie diese wiederum sich durch ihre Teilnahme Wissen aneignen, fällt damit in den Verantwortungsbereich der Subjekte.

„Nach dem Ende eines die pädagogischen Interaktionen transzendierenden Bildungskanons wird den Individuen damit zugemutet, die Anschlussfähigkeit des vermittelten Wissens an ihre Biographie außerhalb der Interaktion selber zu organisieren,

---

6   Vgl. von Foerster 1993.

damit die pädagogische Interaktion für sie nicht bloße Episode bleibt" (Kade 1997, 59).

Gleichzeitig bestätigt Kade die Notwendigkeit der Kontrolle der Aneignung, falls Evaluation eingefordert wird, wenn also das Erziehungssystem in den Sekundärcode der Bewertung (besser/schlechter) umschaltet.[7] Trotzdem kann der Erfolg der pädagogischen Anstrengung nur versuchsweise im Erziehungssystem ermittelt werden, da die Aneignung nur in den „Köpfen" der Teilnehmer stattfinden kann. Noten sind nur ein Ersatzindikator für den Erfolg und die Kontrolle der Aneignung letztlich illusionär.

Der gemeinsame Ursprung von Selektion und Erziehung erlaubt es der pädagogischen Kommunikation, die sich in einer Erst- und Zweitkodierung ausdrückt, von einem Kommunikationsmodus zum anderen zu wechseln.

„Die Ausfaltung der guten Absicht in Erziehung und Selektion macht das System inhärent bistabil. Die Kommunikation kann zwischen taktvollen, sozial sensitiven, förderungswilligen Formen auf der einen Seite und der Verteilung der Selektionssymbole auf der anderen Seite oszillieren" (Luhmann 2002, 75).

1.2.2 Die gute Absicht

Mit der guten Absicht findet die *Bewertung* Eingang in die pädagogische Kommunikation und zeichnet sie so erst als eine *pädagogische* Kommunikation aus. Sie wertet nicht gelungene Aneignung als falsch und wählt gelungene Aneignung als fortsetzungsfähig aus. Aber erst im sozialen System Schulklasse kommt es zur *sozialen* Selektion, der Bewertung *unterschiedlicher* Aneignung zwischen den Schülern durch den Lehrer. Müssen wir also davon ausgehen, „dass Selektion sich nicht vermeiden lässt, wenn Erziehung sich als gute Absicht vorstellt und das Richtige markiert" (Luhmann 2002, 63)?

Um den Begriff der Selektion genauer fassen zu können, soll vertiefend gefragt werden,

- ob Selektion nur den Ausschluss von Möglichkeiten des Wissens meint, anschlussfähiges von nicht-anschlussfähigem Wissen trennt
- oder aber *soziale* Selektion meint, den Ausschluss von Möglichkeiten des Karriereverlaufs.

---

7   „Möglicherweise resultiert die Obsession der Pädagogen für die Kontrolle der Aneignung eben aus dieser ihrer Selektionsfunktion" (Kade 1997, 59, Fußnote 67).

Zum zweiten stellt sich die für die pädagogische Praxis bedeutsame Frage,

- ob soziale Selektion in der pädagogischen Kommunikation selbst liegt,
- oder erst durch ihre Anschlussfähigkeit an das Wirtschaftssystem (Allokationsfunktion) begründet ist.

Bewertung setzt Wissen immer in Beziehung zur Person des Schülers/der Schülerin und produziert somit Lebensläufe. Dazu bedarf es immer eines Vergleichs: Erstens kann der Bezug zu der Person des einzelnen Schülers gemeint sein, hier wird individueller Lernfortschritt markiert, vorher mit nachher verglichen (Zeitdimension). Zweitens kann die Relation zur Klassengemeinschaft gemeint sein, wie sich der Schüler im sozialen Vergleich zu seinen Mitschülern den Lerngegenstand angeeignet hat, dokumentiert durch Zensuren, Versetzungsentscheidungen (Sozialdimension). Drittens wird neuerdings ein Vergleich an Standards vollzogen, der Unterrichtsgegenstand wird in Kompetenzstufen gegliedert, auf denen die Leistungen des Schülers verortet werden (Sachdimension). Die Beurteilung löst sich hier vom konkreten Unterrichtscurriculum, vom Vergleich mit den Mitschülern und auch von der Beurteilungskompetenz des Lehrers. Bisher soll (was die Schülerleistungsuntersuchungen anbelangt) so nur der Erfolg der Schulen ermittelt werden. Bei Umstellung von Abschlusszeugnissen auf Aufnahmeprüfungen könnten in Zukunft aber auch Lebensläufe der Schüler über diesen Vergleich prozessiert werden.

1.2.3 Ausdifferenzierung durch Jahrgangsklassen

Soziale Selektion hat erst durch das Klassenprinzip und insbesondere durch die Durchsetzung der *Jahrgangs*klassen Eingang in die pädagogische Kommunikation finden können. Nicht umsonst wurde die „technische" Erfindung der Schulklassen als ein Charakteristikum der Ausdifferenzierung des Erziehungssystems beschrieben. Zwar findet die Bewertung formal durch den Lehrer statt, der die Schüler miteinander vergleicht. Aber auch die Schüler untereinander übernehmen die Qualitätskriterien und beurteilen sich in ihrer sozialen Leistungseinschätzung. An der Kommunikation sind nunmehr alle Mitglieder der Klasse beteiligt und sie findet nicht mehr ausschließlich in der Interaktion von Erzieher und Zögling statt.

Exemplarisch führen Benotungen im gemeinsamen Unterricht von Regelschülern und Förderschülern zu spannungsreichen Einschätzungen. Ist für den Lehrer durch die Definition „nicht lernzielgleich"[8] eine Benotung außerhalb des Regelschulsystems folgerichtig und ermöglicht dies ihm außerhalb des Interaktionssystems (Regel-)Schulklasse zu benoten, kann für die Regelschüler die ungleiche Benotung als ungerecht erlebt oder aber der Mitschüler als sozial ungleich abgewertet werden.

Noten setzen Vergleichbarkeit voraus und fordern damit Gerechtigkeit ein. Die Standards sollen eingehalten werden, derselbe Leistungslevel soll dieselbe Benotung bei jeder Person erhalten. Da die Personen sich aber in ihrer Individualität vom ersten Tag an unterscheiden, führt die Notengebung zum Paradox der Gleichbeurteilung von Ungleichem. Da immer auch schlechte Noten gegeben werden (müssen) und die Anstrengung eines Kindes nicht immer in einer guten Note münden kann, halten manche Pädagogen die Notengebung für kontraproduktiv und in der Tat gab es in der Vergangenheit die Möglichkeit, in der Grundschule von Ziffernnoten - mit Ausnahme des letzten Zeugnisses – abzusehen.[9]

Auch in der vormodernen Gesellschaft wurden Kinder in Gruppen unterrichtet, aber ihr Platz innerhalb der Gesellschaft war schon zugewiesen. Erst mit der Einführung einer allgemeinen Schulpflicht und, weiter gedacht, erst mit der Einführung einer gemeinsamen Schule für alle kann sich erstmals – potentiell – das meritokratische Prinzip durchsetzen und über Schulerfolg und damit Karrieren der Platz in der Gesellschaft zugewiesen werden.

Beurteilungen in Form von Noten und Versetzungsentscheidungen sind relativ jungen Datums. Und sie fallen zeitgleich mit der Einführung von Jahrgangsklassen zusammen. Erst Ende des 19. Jahrhundert setzte sich die Einrichtung von Jahrgangsklassen durch. Zur damaligen Zeit war die Einführung keineswegs unumstritten (vgl. Rauin 1987), sah man in den Fachklassen (Francke) eine adäquate Unterrichtsform, die der Passung zwischen Unterrichtsgegenstand und individueller Leistungsmöglichkeit diente. Nunmehr wurde nach einem sachfremden quasi „natürlichen" Kriterium, der Altersstufe, die Zusammensetzung der Klasse gebildet. Die Bezugsnorm war die Alterskohorte und Schulerfolg

---

8   Kinder mit einem sonderpädagogischen Förderbedarf Lernhilfe müssen nicht die gleichen Lernziele erreichen wie Regelschüler. Z. B. ist für ein Kind mit einer geringen Merkfähigkeit das Auswendiglernen weniger Zeilen eines Gedichtes eine „gute" Leistung, von einem Kind mit einer „normalen" Merkfähigkeit wird man das Auswendiglernen aller Strophen eines altersgemäßen Gedichtes erwarten.
9   Durch die CDU-Landesregierung wurde diese Regelung in Hessen zurückgenommen, diskutabel bleibt, ob in Verbalzeugnissen nicht auch ein sozialer Vergleich impliziert ist, der dann aber nicht mehr von den Eltern kontrollierbar ist.

wurde am Voranschreiten im Verhältnis zu der sozialen Gruppe der Gleichaltrigen gemessen.

Der häufig zitierte Satz Luhmanns „Die gute Absicht gebärt aus sich heraus zwei recht ungleiche Kinder, nämlich Erziehung und Selektion" (2002, 62) ist daher (im Sinne von sozialer Selektion) zu ergänzen: unter den historischen Bedingungen der Ausdifferenzierung eines Erziehungssystems und der Einführung eines Schulunterrichts für alle in Jahrgangsklassen.

Nicht umsonst setzen Reformschulen organisatorisch an der Öffnung der Jahrgangsklassengrenzen an. Die Laborschule Bielefeld und die klassischen Reformschulen Peter-Petersens arbeiten jahrgangsübergreifend.[10] Und nicht zuletzt werden neue Schuleingangsstufen diskutiert und erprobt, die den Einschnitt des Schulanfangs auf unterschiedliche individuelle Alter verteilen. Auch hier findet soziale Selektion durch unterschiedliches Voranschreiten in den Lerngruppen statt, erlaubt aber eher ein Oszillieren zwischen einem Vergleich zum erreichten Lernstand und dem Vergleich zur Alterskohorte, weil das Kind sich unterschiedlichen (Alters-)Gruppen zuordnen kann.[11]

1.2.4 Exkurs: Die Schulklasse als soziales System nach Talcot Parsons

Talcot Parsons stellte schon 1959 (deutsch 1968) aus strukturfunktionaler Sicht die soziale Bedeutung der amerikanischen Grund- und Oberschulklasse dar. Insbesondere beschreibt er die Struktur der amerikanischen *Grundschul*klasse, die sich im Wesentlichen von einer deutschen Grundschulklasse dadurch unterscheidet, dass von Jahrgangsstufe zu Jahrgangsstufe die Klassenlehrerin wechselt und die Grundschulzeit sechs Jahre umfasst. Die Doppel*funktion* der Grundschulklasse besteht in Sozialisation und in Selektion. Anders als Luhmann unterscheidet er nicht Sozialisation von Erziehung, sondern schließt Erziehung in den

---

10 Die Kerngruppen umfassen drei Altersjahrgänge.
11 Z. B. bedeutet die Aussage „kann lautgetreue Wörter lesen und schreiben" das Kind hat die Morphem-Graphem-Zuordnung verstanden und kennt einige Buchstaben, schreibt aber noch nicht vollständige Sätze und kennt noch keine Rechtschreibregeln (z. B. Großschreibung am Satzanfang). Dieser Leistungsstand entspricht in etwa dem Ende des ersten Schul*halb*jahrs. Bekannterweise können aber einige Kinder schon vor Schuleintritt lesen bzw. manche Kinder benötigen ein Schuljahr und länger um diesen grundlegenden Lernschritt zu verinnerlichen, so dass diese Kinder 5, 6 oder 7 Jahre alt sein können. Der Bezug für das Kind ist nicht die Altersgruppe, sondern die „Fach"gruppe.

Begriff der Sozialisation ein. Sozialisation ist die Verinnerlichung der *Rollen*erwartung, die die Gesellschaft an das Individuum richtet. Schule ist eine zentrale Sozialisationsinstanz neben der Familie und z. B. der peer-group, aber:

„Die Schule ist die erste Sozialisationsinstanz in der Erfahrung des Kindes, die eine Statusdifferenzierung auf nicht-biologischer Basis institutionalisiert. Darüber hinaus handelt es sich dabei nicht um einen askriptiven, sondern um einen erworbenen Status, der durch unterschiedliche Erfüllung der vom Lehrer gestellten Aufgaben „verdient" wird; …" (Parsons 1968, 166).

Er benennt als Strukturmerkmal einer Grundschulklasse die Gleichheit der Wettbewerber nach Alter *und* Familiensituation, da die Nachbarschaft im Allgemeinen homogener ist als die Gesellschaft. Da diese Wettbewerber Aufgaben lösen müssen, was ihnen aber unterschiedlich gut gelingt, ergibt sich zwischen den Schülern einerseits und dem Lehrer/der Lehrerin andererseits eine Polarisierung. Der Lehrer/die Lehrerin als einziger Vertreter/in der Erwachsenenwelt bewertet die Schüler wegen unterschiedlich gut gelöster Aufgaben in einem ständigen Prozess als besser oder schlechter.

Die Statusdifferenzierung verläuft auf einer einzigen Hauptachse der Leistung.[12] Durch Bewertungen erfährt der Schüler eine relative Auszeichnung, je nach dem, wie er den Erwartungen der Erwachsenenwelt entspricht. Das Erlernen von Leistungsmotivation wird mit Rückgriff auf die Psychoanalyse durch die Identifikation mit der Lehrerin erklärt.

Zusammenfassend lässt sich die Funktion der Grundschulklasse wie folgt beschreiben:

- Emanzipation des Kindes von den primären emotionalen Bindungen an seine Familie
- Verinnerlichung gesellschaftlicher Werte und Normen

---

12 Interessanterweise unterscheidet Parsons ausdrücklich nicht zwischen der kognitiven und der moralischen Komponente des Leistungserfolgs: „Das Auffallende an dieser Leistungsdefinition ist, dass die beiden primären Komponenten in den unteren Klassen nicht klar voneinander unterschieden werden. Der Schüler wird vielmehr nach diffus allgemeinen Begriffen beurteilt; …Ganz allgemein können wir deshalb sagen, dass die „Spitzenschüler" in der Grundschule sowohl die „aufgeweckten" Schüler sind, die leicht mir ihren im engeren Sinn intellektuellen Aufgaben fertig werden, als auch die „verantwortungsbewussten" Schüler, die sich gut betragen und auf die sich die Lehrerin bei ihrer schwierigen Aufgabe, die Klassen zu leiten, verlassen kann. Ein Zeichen dafür, dass dies zutrifft, ist die Tatsache, dass in der Grundschule die rein intellektuellen Aufgaben für einen Schüler mit hoher intellektueller Fähigkeit relativ einfach sind …"

- Differenzierung der Schulklasse nach tatsächlicher Leistung und Bewertung des Leistungserfolgs
- (Vom Gesichtspunkt der Gesellschaft aus) Selektion und Verteilung der menschlichen Ressourcen (Parsons 1968, 179)

Parsons zeichnete sich durch eine affirmative Haltung gegenüber der amerikanischen Gesellschaft aus.

„Die Grundschulklasse ist somit in einem grundsätzlichen Sinn eine Verkörperung des fundamentalen amerikanischen Wertes der Chancengleichheit, indem sie sowohl auf die ursprüngliche Gleichheit als auch auf unterschiedliche Leistung Wert legt" (Parsons 1968, 180).

Dennoch liegt sein Verdienst darin, aufgezeigt zu haben, dass die Aufgabe von Schule neben der Wissensvermittlung auch die Vergesellschaftung des Individuums ist. Diesen Prozess beschreibt er komplementär, im Individuum als Verinnerlichung des Leistungsprinzips, in der Gesellschaft als selektive Verteilung von Personenkontingenten auf künftige Rollen.

In unserem Zusammenhang ist bedeutsam, dass er als Ort der wesentlichen Sozialisations- und Selektionsleistungen der Schule, die *Grundschul*klasse beschreibt:

„Ganz allgemein können wir sagen, dass die Grundschulphase auf die Verinnerlichung der Leistungsmotivation der Kinder und auf die Selektion von Personen auf der Basis unterschiedlicher Fähigkeit für Leistungen gerichtet ist" (Parsons 1968, 185).

Er analysiert die Struktur des Sozialsystems der Grundschulklasse, in der nach anfänglicher Gleichheit der Schüler eine Leistungsdifferenz ihrer Mitglieder formal festgestellt und bewertet werden kann. Er betont die Übernahme des Leistungsprinzips durch Identifikation mit der Lehrerin und beschreibt damit die Kommunikation als Summe der bilateralen Beziehungen zwischen Einzelschüler und Lehrerin. Er vernachlässigt meiner Meinung nach die Bedeutung der Klassenkameraden, die er als peers sieht und die in Bezug auf Freundschaft nach anderen Kriterien differenzieren können. Als Klassenkameraden haben sie aber teil an der Kommunikation über Leistungsdifferenzierung und Bewertung. Einmal achten sie darauf, dass die Noten „gerecht" verteilt werden, zum anderen bewerten sie sich untereinander auch in ihrer Leistungsunterschiedlichkeit.

1.2.5 Umgang mit Leistungsdifferenz

Bezogen auf die Unterrichtssituation stellte sich nach Einführung der Jahrgangsklassen permanent die Frage des pädagogischen Umgangs mit Leistungsdifferenz, denn die Mitgliedschaft zur selben Alterskohorte garantiert kein annähernd gleiches Leistungspotential. In der *Unterrichtsgestaltung* versucht man durch differenzierende Unterrichtsmethoden auf dieses Problem zu reagieren.

Gleichzeitig entstand eine Kaskade von *schulorganisatorischen* Maßnahmen. Ein Voranschreiten von einer Klasse zu nächsten Klassenstufe kann nicht „natürlich" vollzogen werden, sondern muss durch Versetzungs*entscheidung* begleitet sein. Die Versetzung wiederum verlangt nach Noten, die während des gesamten Schuljahrs gegeben werden müssen. Von den Versetzungsentscheidungen sind in der späteren Folge die Zulassungen zur Universität abhängig, da die Aufnahme in die Universität die Reifeprüfung (Abschlussprüfungen der höheren Schulen) voraussetzt. Die Zulassung zu bestimmten Berufsgruppen (Professionen) wiederum ist an den erfolgreichen Abschluss von universitären Bildungsgängen gekoppelt.

Die Benotung und Versetzungsentscheidung erfolgt aus einer *doppelten* Begründung: einmal kann Unterricht in Klassen an seine operationalen Grenzen gelangen, wenn die Leistungsschere zwischen den Schülern so weit auseinanderdriftet, dass kein gemeinsamer Unterricht mehr stattfinden kann. Die Anschlussfähigkeit der unterrichtlichen Interaktion muss durch die Aneignungsmöglichkeiten der Schüler bzw. durch die Aufbereitung des Stoffs des kommenden Jahres gewährleistet sein. Das Paradox der Gleichbehandlung von Ungleichem (Kinder unterschiedlichen Lernpotentials oder Leistungsstandes) entfaltet sich in dem permanenten Postulat der Rehomogenisierung der Lerngruppe durch schulorganisatorische Maßnahmen.

Zum zweiten kann nur durch Zertifikate der Erfolg der Erziehungsanstrengungen sichtbar gemacht werden.

„An die Stelle von Personenkenntnis, die in Interaktionen gewonnen ist, tritt ein organisatorisches Artefakt, das auch von Unbeteiligten nachvollzogen werden kann." (Luhmann 2002, 66)

Die Loslösung von der Personenkenntnis und die Transformation der Lernleistung in Noten erlaubt es ein Systemgedächtnis aufzubauen, das Kapazitäten frei setzt, weil es anderes (nämlich die Personenkenntnis) vergisst. Die ständige Notierung der Leistungen legt nahe, den Lernverlauf als einen auf Karriere angelegten Plan zu verstehen, der künftige Plätze im Wirtschaftssystem in Aussicht stellt.

1.2.6 Die Homogenisierung des Anfangs

Noch einmal, wie kommt es zu dem Zwang der ständigen Rehomogenisierung der Anfangssituation? Zunächst einmal arbeiten alle Funktionssysteme der modernen Gesellschaft zirkulär und kennen in diesem Sinne keinen Anfang ihrer Operationen. Das Erziehungssystem scheint eine Ausnahme zu machen, da es an den Lebenslauf des Subjekts geknüpft ist. Die Mitgliedschaft innerhalb des Erziehungssystems, besser gesagt des Schulsystems, markiert einen Anfang und ein Ende. Diese *Einschnitthaftigkeit* betrifft aber nur das Subjekt, das System als solches arbeitet zirkulär, die Abfolge des Schuljahrs mit den Segmentierungen der Ferien wiederholt sich jedes Jahr aufs Neue und im jeden Jahr gibt es aufs Neue Schulanfänger und Schulabgänger.

Trotzdem ist die Inklusion in das Schulsystem nicht zufällig, sondern von strengen Kriterien abhängig. Anders als bei der Aufnahme in den Kindergarten, die vor allem von den Aufnahmekapazitäten der Institutionen abhängig ist, sich auf das ganze Jahr verteilt und vielleicht als Kriterium setzt, dass man keine Windeln mehr trägt, ist die Aufnahme in die Schule *verpflichtend,* an eine genaue Altersangabe und an ein genaues Datum gebunden. Das Alter der Schüler bei Aufnahme variiert im internationalen Vergleich von 4 bis 7 Jahren, doch ein einheitliches Bild zeigt sich darin, dass alle Schüler, die innerhalb eines Jahrgangs geboren wurden, am selben Tag in die Klassengemeinschaft ihrer Alterskohorte aufgenommen werden.[13]

Obgleich ein natürliches Kriterium ausgewählt wurde und alle Kinder über ein gleiches Alter verfügen, scheinen sie nicht gleich genug zu sein. In einem aufwendigen Verfahren der Schüleraufnahme wird die ‚Schulreife' der Kinder festgestellt, was dazuführen kann, dass einige früher, andere ein Jahr später eingeschult werden. Aber mit jedem weiteren Schuljahr wird erneut geprüft, ob ein erfolgreiches Mitarbeiten möglich sein wird und eine Versetzung ausgesprochen. Gleiche Voraussetzungen für unterschiedliche weiterführende Bildungsgänge sollen durch Empfehlungen geschaffen werden. Die Exklusion aus dem Regelschulsystem (und die Inklusion in das Förderschulwesen) kann durch ein förderpädagogisches Überprüfungsverfahren festgestellt werden. Zweck dieser schulorganisatorischen Maßnahmen ist die Herstellung einer anscheinend gleichen Schülerpopulation, die vergleichbar ist.

Zunächst erscheint plausibel, dass die Notwendigkeit der homogenen Lerngruppe durch die Unterrichtsmethode selbst vorgegeben ist.

---

13 Eine Ausnahme stellt Neuseeland dar, das die Kinder am Tag des 6. Geburtstages einschult.

Anders als bei Sozialisation oder auch bei Familienerziehung führt der Unterricht nur einen speziell präparierten Ausschnitt der Realität in die Kommunikation ein. Wählt im Kommunikationsmodus Sozialisation das Subjekt beiläufig diejenigen Zugänge, an die es aufgrund seiner Lebensgeschichte anknüpfen kann, erfordert Unterricht durch seine Vorstrukturierung des Wissens eine genaue Passung des Lernlebenslaufs um Unterrichtskommunikation fortzuführen. Der Unterrichtsbeginn wird zum Problem der Koordination von System und Umwelt (hier insbesondere der psychischen Systeme und des Wissenschaftssystems) und fordert so nach einer Methode der Sequenzierung der Unterrichtsinhalte.

Gleich ob nach der Methode Pestalozzis, vom Einfachen zum Komplexen voranzuschreiten und dabei als Ausgangspunkt die Anschauung zu wählen, angeraten ist oder im Sinne Herbarts, auf Anschlussfähigkeit zu achten und vom Allgemeinen ausgehend eine Stufenfolge einzuhalten, empfohlen wird, steht eine Theoriebildung von Methoden des Unterrichts auch dafür,

„dass man nicht einfach an der Natur entlang erziehen könne, sondern dass es eine Eigenlogik im Aufbau pädagogischer Schritte gebe, die nicht nur durch die Natur, sondern durch das zuvor Erreichte Ihr Einsatzsignal erhalten" (Luhmann 1990, 98).

Die Sequenzierung der Unterrichtsinhalte verlangt nach einem Anfang oder in Worten Luhmanns und Schorrs gesagt:

„Die methodische Diachronisierung erfordert eine Synchronisierung der Schüler, die zu bestimmten Zeiten mit bestimmten Erziehungsprogrammen anfangen müssen. Die Differenzierung im Nacheinander erfordert eine Entdifferenzierung im Zugleich: eine Homogenisierung des Anfangs" (Luhmann 1990, 98).

Der Anfang scheint nur als Startzeichen für das Unterrichtsprogramm von Relevanz zu sein, denn die homogenisierte Lerngruppe ist eine Fiktion. Sehr eindrucksvoll ist durch Leistungsstudien bewiesen, dass Schüler gleicher Kompetenzstufen in großem Umfang in unterschiedlich hoch bewerteten Schulformen unterrichtet werden.[14] Da schon im Moment des Einsetzens des Erziehungsprogramms Ungleichheit durch die Teilnehmer gegeben ist, werden zwangsläufig fortwährend Unterschiede produziert.

Die Probleme des Anfangs verweisen auf die Bedeutung der Abschlüsse, beide sind ständig Gegenstand gesellschaftlicher Beobachtung. Aber gerade auch der Prozess der Vermittlung und Aneignung und damit verbunden die Produktion von Unterschieden in der Aneignung des Unterrichtsstoffs sind eine wesentliche Funktion des Erziehungssystems.

14　PISA 2000 – Ein differenzierter Blick auf die Länder der Bundesrepublik Deutschland 2003, 290ff.

Das Schulsystem muss Leistungsdifferenz produzieren, weil nur darüber Erfolge kommunizierbar werden.
Ein Blick auf die Umstellung der Zeitsemantik von der vormodernen zur modernen Gesellschaft soll diese Sichtweise vertiefen. Die Semantik der Emanation der vormodernen Gesellschaft sah den Ursprung aller Ordnung im *Anfang* der Weltschöpfung gelegen. Im 18. Jahrhundert verlieren diese Vorstellungen ihre Plausibilität und Geschichte[15] wird nunmehr als zukunftsoffener Prozess verstanden. Die Zeithorizonte stellen sich von Vergangenheit (Erfahrung) auf Zukunft (Erwartung) (Koselleck 1979) um. Da Herkunft in der modernen Gesellschaft kein zuverlässiger Indikator für Zukunft mehr ist, stellt sich auch das Erziehungssystem auf das ein, was *zwischendurch* passiert. Um aber ein Zwischendurch markieren zu können, bedarf es eines Anfangs und eines Endes.

Der Erfolg oder der Misserfolg im Schulsystem muss dem Schüler zugeschrieben werden, da er nur dadurch ein Anrecht auf einen späteren gesellschaftlichen Status erwirbt. Deswegen

„ist die Homogenisierung nicht nur bloße Fiktion. Denn sie versetzt das System, das sie einmal akzeptiert hat, in die Notwendigkeit, alle Differenzen, die danach zutage treten, sich selbst zuzurechnen" (Luhmann 1990, 99).

Der Versuch unterschiedlichen Lernausgangslagen Rechnung zu tragen, um den individuellen Schulerfolg zu dokumentieren, würde zu einem Problem der Datenerhebung[16] führen. Der soziale Vergleich bestünde dann in einem mehr oder weniger von Lernzuwachs, wobei ein hoher Wert nicht nur von einer großen Anstrengung zeugen würde, da in niedrigeren Niveaus unter Umständen ein größerer Zuwachs möglich wäre. Aber die so produzierte Ungleichheit hätte keine Anschlussfähigkeit an das Wirtschaftssystem, das nicht unterschiedlich anstrengungsbereite, sondern vor allem unterschiedlich qualifizierte Personen für unterschiedliche Positionen innerhalb des Wirtschaftssystems benötigt.

Die Ungleichheit begegnet dem Erziehungssystem in seiner Umwelt in zweifacher Weise, die mit dem Anfang und dem Ende des individuellen Eintritts in das Schulsystem zusammenfallen: in den psychischen und biologischen Systemen seiner Klientel bzw. im Familiensystem, das die Kinder unterschiedlich vorbereitet hat und im Wirtschaftssystem, das

---

15 Doppelsinn des Wortes Geschichte – Erzählung oder Geschichte: Voranschreiten der Menschheit.
16 Im Schuljahr 2005/2006 wurden erstmalig die Vorraussetzungen zum Lesenlernen aller Erstklässler in Frankfurt erhoben, um die Heterogenität der Anfangssituation der ersten Klasse zu dokumentieren. Dahinter steht die Idee, dass der *Schul*erfolg nur über die unterschiedlichen Anfangssituationen zu ermitteln ist.

ungleiche Positionen zu besetzen hat. Und es ist die Funktion des Erziehungssystems Ungleichheiten *zwischendurch* zu prozessieren im Medium von Lebensläufen.

Werden dadurch die Gleichheitsidee, die allen Gesellschaftsmitgliedern gleichen Zugang (Inklusion) zum Erziehungssystem garantiert, und die Freiheitsidee, die die Verwirklichung des Bildungsideals im Einzelnen vorsieht, beschädigt?

1.2.7 Chancengleichheit

„Mit der Idee bzw. mit dem Postulat der Chancengleichheit wird in der Semantik der Gesellschaft ein Konsens zum Umgang mit Ungleichheit angenommen. Dabei wird häufig übersehen, dass mit diesem Postulat nur der Anfang der Kommunikation markiert, nicht aber ihr Ergebnis determiniert werden kann" (Luhmann/Schorr 1988, 263).

Chancengleichheit beruht auf dem meritokratischen Prinzip, der Vorstellung, dass

„jeder Mensch seine Zukunft über Bildung in die eigenen Hände nehmen und den eigenen Lebenslauf durch individuelle Leistungsfähigkeit und Tüchtigkeit mitgestalten kann. Damit wird auch die Möglichkeit des sozialen Aufstiegs durch Bildung unterstellt" (Lang-Wojtasik 2006, 10).

Die Schulreformen bis in die 1980er Jahre hinein setzten daher vor allem an der Herstellung gleicher *Startbedingungen* für alle Menschen an, um allen potenziell die gleichen Realisationsmöglichkeiten ihres Bildungsstrebens zu geben.[17] Die Zurückstellung vom Schulbesuch und die Förderung in der Vorklasse sind ein klassisch kompensatorischer Versuch Chancengleichheit hier beim Schulstart herzustellen. Aber auch Maßnahmen wie Förder- oder Orientierungsstufen und Gesamtschulen zielten darauf, die soziale Selektivität der Dreigliedrigkeit des Schulsystems aufzuheben. Durch Bildungsexpansion und Durchlässigkeit zwischen den Schulformen wurde eine stärkere Bildungsbeteiligung der unteren gesellschaftlichen Schichten angestrebt. Aus heutiger Sicht konnten diese Reformversprechen nicht gehalten werden. Das Schulsystem Deutschlands ist weiterhin eines der selektivsten im internationalen Vergleich (Baumert 2003, 56). In systemtheoretischer Perspektive ist die Aufhebung der Paradoxie von Erziehung und Selektion unmöglich,

---

17 Im Sinne kompensatorischer Erziehung ging man so weit anzunehmen, dass dadurch gesellschaftliche Ungleichheit tendenziell abzuschaffen wäre, dass also Erziehung und Selektion als etwas Entkoppeltes gedacht werden könnte und Selektion vermeidbar wäre.

wenngleich Luhmann und Schorr (1988) meinten, die Gesamtschule sei in der Lage ein „Höchstmaß an Realisierung der jeweils individuellen Bildungschancen aus Mitteln der Organisation bereitzustellen".

1.2.8 Selektion und Erziehung

Die Ausgangsfrage, ob Selektion erst durch die Anschlussfähigkeit an das Wirtschaftssystem entsteht oder in der pädagogischen Kommunikation selbst begründet liegt, soll noch einmal aufgegriffen werden. Die Relevanz dieser Fragestellung für die pädagogische Praxis liegt in der Aufforderung, Formen des Umgangs mit diesem Paradox zu entwickeln. Ich fasse zusammen:

Historisch gesehen kommt dem Schulsystem die Funktion zu, durch mehr oder weniger erfolgreiche Bildungsverläufe, vermittelt über den Zugang zu Berufstätigkeiten, mögliche soziale Positionen zuzuweisen. Die erfolgreiche Umsetzung einer Bildungskarriere in eine Berufskarriere erfolgt dabei selbstverständlich im Wirtschaftssystem und ist abhängig von den Verteilungskonflikten im Beschäftigungssystem. Selektion entsteht durch die Anschlussfähigkeit an das Wirtschaftssystem.

Sobald Erziehung in einem sozialen Verband stattfindet, setzt ein sozialer Vergleich untereinander, eine mehr oder weniger ausgeprägte Wettbewerbssituation ein. Die Wahrnehmung, etwas schlechter oder besser zu können, entsteht durch den Vergleich mit den anderen. Durch die Einführung der Jahrgangsklassen wird diese Situation verschärft, da scheinbare Gleichheit hergestellt wird. Die Definitionsmacht des „besseren" oder „schlechteren" Könnens obliegt allerdings der Lehrerin/dem Lehrer. Selektion entsteht durch Unterricht in Jahrgangsklassen über den sozialen Vergleich.

Die Erziehungsprogramme können nicht jeder Zeit und an jeder Stelle beginnen. Der Lernstoff erfordert eine Auswahl aus Wissensmöglichkeiten, die anschlussfähig an weiteres Wissen und zugleich an die Aneignungsmöglichkeiten des Individuums sein müssen. Im Kontakt mit den Umwelten des Erziehungssystems, dem Wissenschaftssystem und den psychischen Systemen, entsteht Selektion im Unterricht: einerseits durch die Sequenzierung der Erziehungsprogramme und andererseits durch die unterschiedlichen individuellen Lernvoraussetzungen und Aneignungsmöglichkeiten.

Selektion ist keine dem Erziehungssystem äußerliche, sondern eine konstitutive Funktionsweise, die in einer gegebenen historischen Situation den einen Kommunikationsmodus des Schulsystems neben dem anderen der Erziehung beschreibt. Warum aber hat Selektion (nicht nur) in der Pädagogik eine negative Konnotation?

Der Ausschluss von Bildungskarrieren wird durch Entscheidung sichtbar gemacht. In der Summe können diese Entscheidungen zur späteren Exklusion aus Teilsystemen der Gesellschaft führen. Im Schulsystem ist auch der Ausschluss aus der Unterrichtskommunikation möglich. Im Extremfall könnte *formal* der Anschluss gehalten werden,[18] aber die Unterrichtsinhalte können nicht mehr angeeignet werden. Lebensläufe müssen aber in Form von angeeignetem Wissen prozessiert werden. Auch der Ausschluss aus der Wissensaneignung führt zur gesellschaftlichen Exklusion.

Solange die Selektion nur ein „besser oder schlechter angeeignet" notiert und die Anschlussfähigkeit der Lebensläufe gewahrt wird, bleibt sie – relativ – ungefährlich. Sobald Selektion aber in einen Ausschluss aus der gesellschaftlichen Teilhabe von Wissen und von Arbeit bedeutet, widerspricht das zumindest partiell der gesellschaftlichen Inklusionssemantik von Freiheit und Gleichheit.

1.2.9 Exkurs: Forderungen an die pädagogische Praxis

Wie kann die Balance von Gleichheit und Ungleichheit durch Vergleichbarkeit in der Unterrichtspraxis gehalten werden?

- Der Unterricht sollte jahrgangsübergreifend angeboten werden, damit sich das Paradox der Gleichbehandlung von Ungleichem in der Zeit verflüchtigt. Zum Beispiel kann in einer jahrgangsübergreifenden Eingangsstufe eine unterschiedliche Verweildauer (die nicht dem Ausschluss aus der Klassengemeinschaft entspricht) möglich sein. Oder eine Zusammenarbeit mit einem Kind einer anderen Altersgruppe ist aufgrund desselben Fachstandes möglich.
- Die äußere Differenzierung nach Leistungskursen sollte später und nicht für alle Bereiche gelten. Dadurch kann sich die Lerngruppe nicht nur auf der „Leistungsachse" differenzieren, sondern auch andere soziale Erfahrungen der Gemeinschaft sind möglich.

---

18 Exemplarisch sei der Fall einer jungen Frau genannt, die, weil sie an einer starken Dyskalkulie litt, nicht die Grundrechenarten beherrschte, aber doch die Mittlere Reife erlangt hatte. Für außerhalb des Erziehungssystems Stehende mag der Fall unvorstellbar sein, weil Schulabschlüsse mit einem dazugehörigen Wissensstand identisch gesehen werden. Es zeigt aber die – wenn auch exotische – Möglichkeit, Schulabschlüsse ohne vergleichbaren Kenntnisstand zu vergeben.

- Die Schüler müssen an unterrichtlicher Kommunikation angeschlossen bleiben und es darf nicht erst der Ausschluss konstatiert werden. Drohendes Leistungsversagen sollte auch durch Einzelförderung aufgefangen werden.
- Unterrichtsgegenstände sollten so präsentiert werden, dass auch parallele Zugänge möglich sind. In Bezug auf das Lesenlernen wurde zum Beispiel ein Paradigmenwechsel vollzogen, Schreiben und Lesenlernen wird weniger gleichschrittig, sondern mit differenzierten individuellen Zugängen unterrichtet.

Die Zusammengehörigkeit von Selektion und Erziehung wurde durch die Entwicklung eines historischen Schulsystems in Jahrgangsklassen begründet und im Kommunikationssystem des Unterrichts analysiert. Über das Kommunikationssystem der Organisation Schule wurden bisher noch keine tiefer gehenden Aussagen gemacht.[19]

---

19 Vgl. von Saldern 2005, 175.

2 Organisation und Schule

Nachdem die Mehrdimensionalität des Selektionsgeschehens im Erziehungssystem und im Unterricht im vorangehenden Kapitel analysiert wurde, soll in diesem Kapitel der Fokus auf der *Organisation* Schule liegen. Im Hinblick auf die Fragestellung der Arbeit, besteht die Aufgabe der Organisation Schule darin, das Selektionsgeschehen des Unterrichts in Selektions*entscheidungen* zu transformieren, aus denen sich in der Folge Bildungsverläufe ergeben, die wiederum anschlussfähig an die anderen Funktionssysteme der Gesellschaft sind (z. B. Beruf – Wirtschaftssystem).

Grundlegend sollen aus soziologischer Perspektive zwei Theorien über Organisation – die Luhmannsche Systemtheorie und ergänzend die Theorie des Neo-Institutionalismus – vorgestellt werden. Ich wähle die Luhmannsche Systemtheorie, weil sie die Komplexität des Erziehungssystems durch mehrfache Verschachtelungen der System/Umwelt-Differenz auf der *jeweiligen Systemebene* abbildet, die zu selbstreferentiellen Bearbeitungen führt. Durch das Moment des Selbstreferentiellen wird eine Eigenlogik beschrieben, die einen direkten funktionellen Durchgriff von „oben" nach „unten" und umgekehrt verneint. Grundlegend sind die Unterscheidungen der Referenzebenen Interaktion – Organisation – Gesellschaft, die emergente Ordnungsniveaus der sozialen Kommunikation darstellen und spezifische Struktureigenschaften besitzen (Kuper 2005). Der Vorwurf „die systemtheoretische Perspektive verflüchtigt die Rolle der Handlungssubjekte im Interaktionsprozess und ihre Bedeutung im Entstehungsprozess sozialer Systeme" (Fend 2006a) soll zunächst stehen bleiben, weil hier keine Grundsatzdiskussion Systemtheorie versus Handlungstheorie geführt werden kann (vgl. Greshoff 2006).

Ein zweites Theorieangebot ist die Position des Neo-Institutionalismus, der organisationales Handeln gerahmt durch gesellschaftliche Regelwerke (Institutionen) erklärt. Auf der einen Seite wird handlungstheoretisch die Figur des Akteurs aufgenommen, andererseits wird organisationales Handeln durch Rückgriff auf gesellschaftliche Entitäten erklärt und damit eine stärkere Verbindung zur Makroebene der Gesellschaft hergestellt.

Im dritten Teil des Kapitels wird Organisation im Hinblick auf Schule spezifiziert. Es wird das Verhältnis von Interaktion und Organisation thematisiert, dabei wird die Theorie der Organisationsentwicklung gestreift. Schließlich wird das Bildungswesen als institutioneller

Akteur vorgestellt, eine erziehungswissenschaftliche Position, die zum Teil anschlussfähig an die vorangestellten Theorien ist.

2.1 Das systemtheoretische Modell der Organisation

Luhmann beschreibt Organisationen innerhalb seiner Systemtheorie als soziales System (neben Interaktion und Gesellschaft), das wie alle sozialen Systeme aus Kommunikation besteht. Organisationen entstehen durch *Kommunikation von Entscheidungen* und erzeugen und reproduzieren sich selbst (Autopoiesis) durch Kommunikation. Das impliziert einige Modellannahmen:

Im Widerspruch zu Handlungstheorien – weil diese Handlungseinheiten Vorstellungen und Intentionen der Handelnden verknüpfen – besagt das Modell der *Autopoiesis* der Kommunikation, dass die Kommunikation selbst Überschüsse produziert, aus denen in der Folge ausgewählt wird, um in der Kommunikation *anschließen* zu können. Was ausgewählt wird, war nicht *antizipiert*, sondern wird besser gesagt im Rückblick auf ein schon vorliegendes Ereignis getroffen.

Der Ausgangspunkt der Systemtheorie ist die *Unterscheidung von System und Umwelt*, also die Differenz von Selbst- und Fremdreferenz,[20] somit können auch Organisationen sich als soziales System in der Differenz zur Umwelt selbst beobachten. Durch Selbstbeobachtung können Organisationen Wandel nachvollziehen und Strukturänderungen durch *Selbstorganisation* vornehmen.

Die Kommunikationen von Entscheidungen müssen als eigene Leistung der Organisation zugerechnet werden, in diesem Sinn ist die Organisation *operativ geschlossen*. Die Beschreibungen der Umwelt sind Eigenleistungen des Systems, daher dienen die „Irritationen" der Umwelt nicht der besseren Anpassung des Systems an die Umwelt, sondern der Erzeugung von systeminternen Problemen, die die Fortsetzung der Autopoiesis in Gang halten. Z. B. führt die Tatsache der hohen Schulabbrecherzahl in der Gesellschaft zu Bearbeitungen in der Organisation Schule, zu Entscheidungen darüber, wie mehr Jugendliche zu Schulabschlüssen kommen können. Der Schwerpunkt liegt nicht in der Umwelt (Anpassung), denn hier kann das System nichts bewirken, sondern im

---

[20] Die Einheit der Differenz (nämlich von System und Umwelt) ist die Welt und weil diese nicht differenziert werden kann, kann die Systemtheorie nicht zu Welterkenntnis, sondern nur zu „polytexturalen Beschreibungen" führen.

System, das sich zum fortwährenden Prozessieren von Entscheidungen unter der Einwirkung der *Irritationen der Umwelt* veranlasst sieht.

2.1.1 Das Verhältnis von Organisation und Gesellschaft

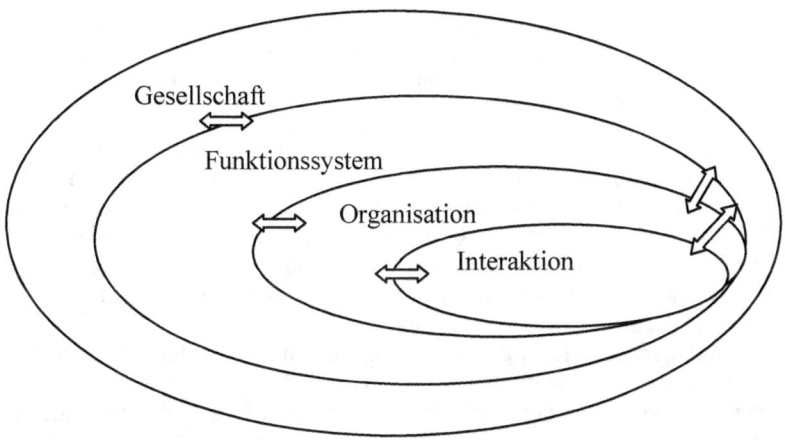

⟺ Strukturelle Kopplung

Abb. 1: Soziale Systeme als operativ geschlossene autopoietische Systeme

Die *sozialen Umwelten* des Systems Organisation sind auf der Makroebene das Funktionssystem (z. B. das Erziehungssystem für die Schule), die anderen Funktionssysteme (z. B. Wirtschaft, Rechtssystem) oder die Gesellschaft. Auf der Mesoebene sind die anderen Organisationen zu nennen, wie auf der Mikroebene das soziale System der Interaktion beschrieben wird. Ein Organisationssystem ist durch *strukturelle Kopplung* mit seinen Umwelten verbunden. Durch die Differenz von Fremd- und Selbstreferenz kann das System Irritationen der Umwelten beobachten.[21]

---

21 Organisationen sind soziale Systeme innerhalb des umfassenderen sozialen Systems der Gesellschaft. Die Differenz von System und Umwelt ist eingebettet in einer Umwelt, die sich selbst durch eine weitere Differenz von System und Umwelt definiert. „Eine Organisation findet somit immer in einem Doppelsinne Gesellschaft vor: in sich und in ihrer Umwelt" (Luhmann 2000, 383).

Der Begriff der strukturellen Kopplung wurde von dem Biologen Umberto Maturana geprägt und bezeichnet das Verhältnis eines Systems zu den Umweltvoraussetzungen, die gegeben sein müssen, um die Autopoiesis fortsetzen zu können. Die Organisation Schule kann nicht ohne Unterricht oder Erziehungssystem existieren, innerhalb eines Möglichkeitsraums bearbeitet die Organisation die von den Umweltereignissen ausgehende Irritation aber autonom (vgl. Baraldi et al. 1997).

„Das Zusammenwirken von Funktionssystemen und Organisationen ist nun seinerseits so gebaut, dass dadurch die Prinzipienparadoxien der Freiheit und Gleichheit aufgelöst, das heißt auf unterschiedliche Entitäten (von Funktionssystemen und Organisationen, MW) verteilt werden können" (Luhmann 2000, 392).

Während die Funktionssysteme der Gesellschaft von Inklusion ausgehen (und Exklusion nur geschehen lassen) werden die Mitglieder einer Organisation durch Entscheidung Mitglied. Die Prinzipien der Gleichheit und Freiheit werden in den Organisationen mit Zukunftsoffenheit ausgestattet: Alle Kinder und Jugendlichen sind in das Erziehungssystem eingeschlossen, welchen Abschluss sie aber erreichen werden, wird in der Organisation Schule entschieden werden.

Andauernde Irritationen für Organisationen entstehen vor allem durch andere Organisationen. Daher wird verständlich, dass Organisationen ein symbiotisches Verhältnis zu anderen Organisationen suchen und es zur Netzwerkbildung kommt (vgl. organisationale Felder im Neo-Institutionalismus).

2.1.2 Das Verhältnis von Organisation und Individuum

Sowohl Organisation als auch Gesellschaft und Interaktion sind soziale Systeme, die im Modus der Kommunikation operieren. Das Individuum hingegen ist ein psychisches System, das im Modus des Bewusstseins operiert, während die dritte Systemkategorie, biologische Systeme, im Modus Leben operieren. Die sozialen, psychischen und biologischen Systeme stehen durch strukturelle Koppelung im Austausch miteinander.

Abb. 2: Systemtypen

Die Kommunikation in Organisationen ist an die psychischen Systeme ihrer Mitglieder gekoppelt und umgekehrt ist das Bewusstsein der Mitglieder an die Kommunikation in der Organisation gekoppelt. In der ersten Perspektive ist die *Mitgliedschaft* gemeint, in der zweiten Perspektive ist die Frage der *Motive*[22] angesprochen.

Nur durch eine Organisationsentscheidung können Personen *Mitglieder* der Organisation werden. Durch die Festlegung von Verhaltensprämissen werden bestimmte Verhaltenserwartungen an die Mitglieder gerichtet. Im allgemeinen Kontext Organisation sind hier in der Regel Personalentscheidungen für Stellen gemeint, im Kontext Schule sehe ich auch die Schüler als Mitglieder, die durch Entscheidung aufgenommen werden. Trotz allgemeiner Schul*pflicht* werden Kinder selbst in die Grundschule erst mittels eines Verfahrens und einer Entscheidung als Schüler aufgenommen.[23]

Die Organisation besteht fort, auch wenn sich ihre Mitglieder austauschen.

---

[22] Die Motive einer Mitgliedschaft sind unterschiedlich und werden jeweils in den sozialen und psychischen Systemen bearbeitet, in der Regel sind die Motive ökonomischer Natur oder stellen ein Karriereinteresse dar. Für Luhmann ist Karriere ein Integrationsmodus, eine öffentliche Symbolisierung, um Erfolg oder Misserfolg kommunizierbar zu machen. Im Schulsystem scheint das Karriereinteresse der *Lehrer* eher untergeordnet zu sein. Eine vorwiegend kollegiale Organisationsform – wie häufig in professionellen Berufen vorzufinden – erlaubt das Anstreben einer Karriere kaum, da es nur in geringfügigem Umfang formale Aufstiegschancen gibt. Ein Ersatzmotiv könnte vielleicht eine höhere Beteiligung am Kommunikationsprozess sein, da der Zugang zum und die Teilhabe am Kommunikationsprozess unterschiedlich und abhängig von Ansehen, Erfahrung und Position sind.

[23] Der Unterscheidung von Tacke zwischen Mitgliedern (Personal) und Teilnehmern, die in Organisationen ‚bearbeitet' werden (wie Insassen, Patienten, Schüler) (Tacke 2004, 26), schließe ich mich, bezogen auf Schüler, nicht an. Auch von Schülern wird erwartet, dass sie sich den Erwartungen der Organisation fügen, obgleich ihre Mitgliedschaft wegen der Schul*pflicht* – wenn – nur auf eingeschränkter Freiwilligkeit beruht.

2.2 Das Modell der Institution im Neo-Institutionalismus

Der Neo-Institutionalismus ist neben der Systemtheorie ein Theorieangebot, das aus soziologischer Perspektive einen Erklärungsbeitrag zu organisationalen Prozessen liefert. Die Grundidee des Neo-Institutionalismus besagt, dass organisationales Handeln durch Institutionen beeinflusst ist, die wiederum in die Gesellschaft eingebettet sind.

2.2.1 Das Verhältnis von Gesellschaft – Institution – Organisation

Die Gesellschaft als Umwelt der Organisationen übt über die Institutionen einen Einfluss auf die Organisationen aus. Die Organisationen wirken auf Institutionen, in dem sie z. B. selbst zur Institution werden. Die Institutionen, aber auch die Organisationen wirken wiederum auf die Gesellschaft, in dem sich Werte (z. B. Chancengleichheit) oder Organisationsformen (z. B. Jahrgangsklassen) weltweit durchsetzen. Die Organisation wird entweder als korporativer Akteur beschrieben oder aber in der Organisation handeln Akteure, die durch institutionalisierte Skripte konstituiert sind.

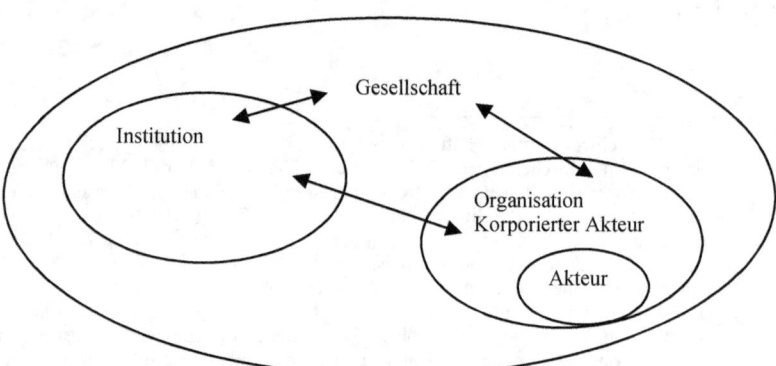

Abb. 3: Das Verhältnis von Institution und Organisation im Neo-Institutionalismus

Im Vergleich zu der zuvor beschriebenen Systemtheorie, die auf der grundlegenden Differenz zwischen sozialem System und Umwelt aufbaut, Organisation also in der Unterscheidung zur sozialen Umwelt analysiert, wird in der Theorie des Neo-Institutionalismus eine weitere soziale Einheit in die Umwelt von Organisationen eingeführt, nämlich die der Institution.

Die von der Systemtheorie vorgenommene Unterscheidung der Gesellschaft in funktionale Systeme (Wirtschafts-, Rechts-, Erziehungssystem etc.) hingegen wird nicht übernommen. Im Gegenteil werden strukturelle Ähnlichkeiten über die „gesellschaftlichen Sektoren" hinweg beschrieben. Eine interessante These des Neo-Institutionalismus ist, dass durch Isomorphien eine Angleichung sowohl der Organisationsformen als auch der Werte über die gesellschaftlichen Sektoren und über die Staaten hinweg vollzogen wird.[24]

Werden in der Luhmannschen Systemtheorie die Aufgaben der Organisation als ein Prozessieren von Entscheidungen über *Kommunikation* beschrieben, werden in den hier vorgestellten Theorien des Neo-Institutionalismus *Akteure* – als korporativer Akteur Organisation oder als durch Skripte konstituierte individuelle Akteure der Organisation – eingeführt, die Entscheidungen *handelnd* ausführen.

Ergänzend soll erwähnt sein, dass das Forschungsprogramm des Neo-Institutionalismus[25] – anders als die Luhmannsche Systemtheorie – nicht darauf zielte, eine Theorie der Gesellschaft vorzulegen, sondern einen Beitrag zur Erklärung gesellschaftlicher Bedingungen von Organisation zu leisten.

2.2.2 Der Begriff der Institution

Der für die Theorie des Neo-Institutionalismus zentrale Begriff der Institution steht für soziale Regeln, die *entscheidend* Handlungsprozesse in Organisationen beeinflussen. Senge (2006) nimmt nach den drei Dimensionen sachlich, sozial und zeitlich[26] eine Definition des Begriffs „Institution" vor: Institutionen sind *maßgebliche* Regeln, die für ein Phänomen bedeutsam sind (gegenüber Regeln, die fast unwichtig sind). Sie stellen *verbindliche* Regeln dar, die von den Akteuren eingehalten werden (gegenüber Regeln, die fast unverbindlich sind). Die Regeln sind für

---

24 Vgl. World-Polity-Forschung (Krücken 2006).
25 Mit Ausnahme des World-Polity-Ansatzes (vgl. Krücken 2006).
26 Sie bezieht sich in der Verwendung der drei Dimensionen auf Niklas Luhmann, der die These aufstellt, dass jedes Phänomen in seinem Sinngehalt durch diese drei Dimensionen vollständig erfasst werden kann (Luhmann 1994).

den Zeitraum der Beobachtung *dauerhaft* (gegenüber Regeln, die fast einmalig sind).

Jede Anweisung für soziales Handeln stellt eine Regel dar. Von der besonderen Form Institution kann nur dann gesprochen werden, wenn die Regel alle drei Dimensionen auf der Seite der Maßgeblichkeit, der Verbindlichkeit und der Dauerhaftigkeit erfüllt. In der empirischen Wirklichkeit stellt jede der drei Dimensionen ein Kontinuum dar (maßgeblich vs. unwichtig, verbindlich vs. beliebig, dauerhaft vs. einmalig), das in seinen absoluten Werten weder auf der einen noch auf der anderen Seite empirisch beobachtbar ist.

Der Neo-Institutionalismus befindet sich einerseits in einer funktionalistischen Theorietradition, nach der Institutionen einen Beitrag zu gesellschaftlichen Strukturen und Prozessen leisten. Andererseits werden Institutionen in einem sozialen Prozess durch Handlungen konstruiert, somit verweist der Prozess der Institutionalisierung auf die handlungstheoretische Theorietradition.

W. Richard Scott (1995) unterscheidet in seinem Institutionenmodell drei Arten von Institutionen, die sich nach ihrer Funktion und in ihrem Wirkmechanismus unterscheiden:

Regulative Institutionen sind Gesetze, Verträge, Verfügungsrechte, die durch Zwang (durch den Staat) durchgesetzt werden.

Normative Institutionen sind Normen und Werte, die durch moralische Verpflichtung (internalisiert) oder moralischen Druck (extern) Verbindlichkeit erlangen.

Kognitive Institutionen sind geteilte Vorstellungen der sozialen Wirklichkeit, Glaubens- und Bedeutungssysteme. Die Wahrnehmungen und Handlungen der Akteure werden durch kognitive Muster, Skripte, gesteuert. Ihre Durchsetzungskraft beziehen sie aus der Selbstverständlichkeit ihres Charakters, es handelt sich um kognitive Routinen die quasi automatisch und unhinterfragt das regelhafte Handeln bewirken.

Der Neo-Institutionalismus hebt besonders die Bedeutung der kognitiven Institutionen für Organisationen hervor. Er entgegnet damit Theorieansätzen, die Handeln in Organisationen als zweckrational beschreiben. Organisationshandeln ist vor allem durch Wahrnehmungsmuster und Handlungsroutinen geprägt, die durch ihre Selbstverständlichkeit nachhaltige Geltung erlangen und dem Bewusstsein nicht unmittelbar zugänglich sind. Daher kann zweckrationales Entscheiden, das ein bewusstes Abwägen der Zweck-Mittel-Relation erfordert, nicht der vorherrschende Operationsmodus von Organisationen sein.

Senge (2006, 41) kritisiert die unterstellte Ebenengleichheit des Scottschen Modells. Kognitive Institutionen seien eine Art Oberkategorie, der sich auch regulative und normative Institutionen unterordnen lassen. Soziale Wirklichkeit wird durch Skripte oder Modelle strukturierend wahrgenommen, darunter fallen auch regulative und normative Regeln. Zudem scheint die Unterscheidung zwischen regulativen und normativen Institutionen nicht trennscharf, da sich Gesetze auf geteilte Normen und Werte beziehen müssen, um sie überhaupt gesetzlich verankern zu können.

Obgleich ich der Kritik von Senge folge, erscheint mir eine Betrachtung der unterschiedlichen Modellebenen insofern interessant, als diese sich durch einen abnehmenden Materialisierungsgrad auszeichnen. Gesetze sind in Gesetzsammlungen nachzulesen, über Werte und Normen findet in den Medien ein Austausch statt, hingegen werden kognitive Skripts wegen ihrer Selbstverständlichkeit nicht ausdrücklich thematisiert.

Auch scheint mir eine wechselweise Beeinflussung (oder auch Nicht-Beeinflussung) der Ebenen untersuchungswürdig. Insbesondere die Schule als eine Organisationsform, die sehr stark durch regulative Institutionen beeinflusst ist, bietet reichhaltiges Untersuchungsmaterial. Zum Beispiel kann eine veränderte Erlasslage Ausdruck einer veränderten Handlungsroutine sein oder erst eine Handlungsroutine beeinflussen: Entspricht die Gesetzesänderung, dass Kinder vom Schulbesuch wegen mangelnder Deutschkenntnisse zurückgestellt werden können, der (bisher ungesetzmäßigen) Praxis oder bewirkt sie erst Zurückstellungen? Z. B. können veränderte Werte eine Gesetzesänderung bewirken, aber dennoch nicht die Handlungsroutine verändern: Die gesetzliche Ermöglichung des jahrgangsübergreifenden Arbeitens in den ersten beiden Schuljahren ist Ausdruck professionellen Selbstverständnisses der besseren Lernchancen, findet aber in der Praxis keine Anwendung.

Zusammenfassend lässt sich sagen: Institutionen haben eine *handlungssteuernde* Kraft, die Regeln für Handlungen vorgeben, ein Spektrum von Handlungsmöglichkeiten anbieten, ohne aber die Handlung selbst zu determinieren. Obwohl Institutionen von Menschen geschaffen wurden, treten sie ihnen als externalisierte Welt gegenüber und erscheinen dadurch veränderungsresistent. Institutionen bedürfen des ständigen Aufrufens ihrer Handlungsregel und gewinnen durch diese Wiederholung an Festigkeit. Von dem Grad der Institutionalisierung und von der Stärke der Legitimität und der damit verbundenen Durchsetzungsmacht hängt die Befolgung einer Institution ab.

2.2.3 Der Begriff der Kognition

Eine Kernaussage des modernen Neo-Institutionalismus besagt, dass nicht Normen und formale Regeln, sondern die kognitive Dimension die zentrale Kategorie ist, die Handeln in Organisationen erklären kann.

„Neo-institutionalistische Untersuchungen nehmen die kognitive Sinngebung als Ausgangspunkt und fragen dann danach, welche normativen Regeln und regulativen Sanktionen mit der analysierten Kodierung von Realität verbunden sind oder durch sie erzeugt werden" (Klatetzki 2006, 49).

Der Begriff der Kognition bezeichnet unterschiedliche mentale Phänomene wie Aufmerksamkeit, Wissen, Denken, Sinn, Wahrnehmung, Bedeutung, Erinnerung. Im Kontext des Neo-Institutionalismus bezeichnet Kognition Wissen als mentale Repräsentation der Wirklichkeit, das zu Problemlösungen befähigt. Hier sind vor allem Regeln, Rahmen, Schemata und Skripte gemeint, eine Form „kondensierten" Wissens, das sich durch drei Eigenschaften auszeichnet:

Wissen ist selbstverständlich

Das weiter oben schon im Scottschen Modell vorgestellte Wissen, das sich auf automatisierte Routinen bezieht, wird als praktisches Wissen bezeichnet, das selbstverständlich und unbewusst angewandt wird. Es unterscheidet sich von einem bewussten, diskursiven Wissen. Mit Hilfe von Skripten werden Wenn-dann-Regeln aufgestellt, die das Entscheidungshandeln in Organisationen durch Programmierung entlasten.

Wissen erzeugt Realität

In einer konstruktivistischen Position wird vertreten, dass durch die Anwendung von Wissen Realität erzeugt wird. Realität wird im Gedächtnis nicht einfach abgebildet, sondern in einen Sinnzusammenhang gestellt, dadurch wird Realität aktiv konstruiert.

Wissen ist extern

Das organisationale Wissen ist nicht an das Bewusstsein von Individuen geknüpft. Eine Organisation besitzt Wissen, aber kein Bewusstsein.

„Kognitionen werden jetzt nicht mehr durch die Haut des menschlichen Körpers begrenzt aufgefasst („internalism"), sondern sie werden vielmehr in den sozialen Beziehungen zwischen Individuen („überindividuell") und in den kulturellen Artefakten (Büchern und anderen Instrumenten) außerhalb des Individuums verortet. Mentale Repräsentationen und die damit verbundenen Problemlösungskapazitäten entstehen durch die Interaktion von Akteuren und die strukturierende Wirkung von Kulturobjekten („distributed cognition")" (Klatetzki 2006, 54).

Da sich der Neo-Institutionalismus nicht des Operationsmodus der Kommunikation bedient und dadurch Wissen nicht in die Kommunikation verlegt, fällt es innerhalb der Theorie schwer, das externe Wissen zu verorten. Scott unternimmt den Versuch, institutionelle Träger („carrier") zu benennen, die in die Institutionen eingebettet sind und unabhängig vom Wissen des einzelnen Akteurs fortbestehen: Kultur, soziale Strukturen und Routinen (Scott 1995, 52).

Lynn G. Zucker (1983) hingegen vertritt die Position, den Institutionenbegriff auf der Interaktions- und Handlungsebene – auf der Mikroebene – zu begründen. Soziale Realität wird in der Interaktion hervorgebracht, indem die Akteure soziale Phänomene *kognitiv* kodieren, darauf wechselseitig Bezug nehmen und so fort. Es kommt zu einer Anwendung von Wissensbeständen auf Wissensbestände und zu einem Reden über Reden. Die durch Kommunikation entstandene Realität hat mithin den Charakter eines sich selbst erzeugenden, selbstreferentiellen und sich selbst validierenden kognitiven Systems (vgl. Barnes 1983). Wenn man dieser Argumentation folgt, sind auch die regulativen und normativen Dimensionen (Gesetze, Werte, Macht, Moral) des Scottschen Modells in der Interaktion konstruiert und der kognitiven Dimension unterzuordnen. Institutionen wie auch Organisationen sind kollektive kognitive Konstruktionsprozesse.

2.2.4 Der Begriff der Organisation

Die neo-institutionalistische Theorie der Organisation befasst sich vor allem mit dem Verhältnis von Organisation und *Gesellschaft*. Sie entwickelte sich in Abgrenzung zu einer handlungs- und akteurszentrierten Theorie, die die Handlungsweisen der Akteure (der Manager) *innerhalb* der Organisation als struktur- und entscheidungsgebend ansieht. Die Beobachtung, dass nicht nur zwischen den individuellen Akteuren, sondern auch zwischen den Organisationen Strukturähnlichkeiten in den Entscheidungen augenfällig sind, führte zu der Auffassung, dass auf einer höheren Strukturebene, in der Umwelt von Organisationen, Regeln vorgegeben sein müssen.

„Der Neo-Institutionalismus gehört daher zu den so genannten „open-system"-Ansätzen, weil er nicht die Organisation als autonome Einheit mit ihren internen Strukturen und Prozessen ins Zentrum der Beobachtung stellt, sondern das *Verhältnis von Organisation und Umwelt*" (Mense-Petermann 2006, 63).

Die innerhalb des Neo-Institutionalismus unterschiedlichen Auffassungen über die institutionellen Umwelten der Organisation bestimmen in der Folge auch den Begriff der Organisation. Unterschiedliche Positionen sollen hier vorgestellt werden:

Organisation als „Bausatz" institutioneller Elemente

Institutionelle Umwelten stellen vorfabrizierte Schablonen dar, die von Organisationen aus strategischen Überlegungen heraus übernommen werden. Durch die Übernahme der institutionellen Muster erlangen die Organisationen einen Zugewinn an Legitimität oder Ressourcen.

Meyer/Rowan (1977) beschreiben sogar, dass Organisationen die institutionellen Vorgaben nur zeremoniell übernehmen, aber in ihrer tatsächlichen Praxis nach anderen Mustern handeln. Insbesondere bei widersprüchlichen Anforderungen der institutionellen Umwelt und der innerorganisationalen Prozesse kann es dann zu einer „losen Kopplung" von Formal- und Aktivitätsstrukturen kommen.

Meyer/Rowan ordnen Organisationen auf einem Kontinuum an, das auf der einen Seite Organisationen zeigt, die stark von technischen und markwirtschaftlichen Kriterien abhängig sind, und auf der anderen Seite solche, die mehr auf die Legitimität und moralische Anerkennung durch die Gesellschaft bauen müssen. Für die letzteren sind die institutionellen Vorgaben stärker bindend.

In diesem frühen Theoriestadium des Neo-Institutionalismus werden Organisationen als Produkt von Entscheidungen (welche Bausteine/Muster wurden ausgewählt?) und Handlungen (wie werden die Bausteine kombiniert?) von *Akteuren* beschrieben. Es ist eine mesosoziologische Betrachtungsweise, die Strukturen und Prozesse in Organisationen erklären möchte.

Organisation als Reifikation (Verkörperung) institutioneller Umwelten

Während in früheren Jahren von der aktiven Einverleibung institutioneller Regeln durch Organisationen und ihre Akteure ausgegangen wurde, beschreibt Meyer in späteren Jahren die Akteure selbst (individuelle und korporative) als sozial – durch institutionelle und kulturelle Vorstellungen – konstituiert. In diesem Sinne sind Organisationen Reifikationen ihrer institutionellen Umwelten. Meyer nimmt hier eine makrosoziologische Perspektive ein und versucht die Bedeutung von Organisationen für weltgesellschaftliche Prozesse zu erklären.

Organisation als Institution

Zucker (1988), die einen mikrosoziologischen Ansatz vertritt, betrachtet die „Formale Organisation" als eine Institution. Organisationen nehmen keine institutionalisierten Vorgaben aus der Umwelt auf, sondern generieren diese. Sie strukturieren soziale Systeme, in dem sie neue Formen und Kategorien produzieren, die von anderen Organisationen aufgegriffen werden und damit gesellschaftsweite Anerkennung finden. In diesem Ansatz wird das Akteurshandeln nicht als Produkt gesellschaftlich gegebener institutioneller Umwelten gesehen, sondern das Akteurshandeln selbst produziert gesellschaftliche, kulturelle Strukturmuster.

Die Grenzen der sozialen Einheit Organisation verschwinden in der institutionalisierten Umwelt. Der Fokus des wissenschaftlichen Interesses liegt in der Erklärung von Gemeinsamkeiten der Strukturen von formalen Organisationen. Mit Ausnahme des Ansatzes von Zucker nimmt der Neo-Institutionalismus eine Außenperspektive auf Organisationen ein, die den Unterschied zwischen den Organisationen, den organisationalen Wandel und die Eigenlogik der Organisation vernachlässigt.

„Der Neo-Institutionalismus bedarf also der Ergänzung durch Theorieangebote, die das Verhältnis von Organisation und Umwelt als *wechselseitiges* Konstitutions- und Strukturationsverhältnis fassen" (Mense-Petermann 2006, 73).

2.2.5 Der Begriff der Legitimität

Der Begriff der Legitimität spielt im Neo-Institutionalismus eine große Rolle, weil der Erfolg oder das Überleben einer jeden Organisation in mehr oder minder starkem Umfang von ihrer Legitimität, d. h. ihrer Integrität und Vertrauenswürdigkeit, die ihr sozial zugeschrieben wird, abhängt. Die Tradition des Begriffs führt auf Max Weber zurück, der in seiner Herrschaftssoziologie die Stabilität von Herrschaft daran geknüpft sah, wie stark ihr ein Herrschaftsglaube der Beherrschten zugrunde liegt. Ohne Herrschaftsglauben, ohne Legitimation durch die Beherrschten sei die Legitimität der Herrschaft nicht gegeben.

An diese Vorstellung knüpfen Meyer/Rowan an, indem sie beschreiben, dass Organisationen, um erfolgreich zu sein, gezwungen sind, bestimmten Erwartungen (Institutionen) im Außenbereich, aber auch im Innenbereich der Organisation zu entsprechen. Dabei kann es zur Übernahme eines Legitimationsvokabulars kommen, ohne dass die Aktivitätsstruktur diesen Institutionen angepasst ist, somit kommt es zur weiter oben beschriebenen Entkoppelung von Außen- und Innenwelt.

DiMaggio/Powell (1983) beschreiben, dass Organisationen eines gemeinsamen Feldes sich zunehmend angleichen. Der als Isomorphismus beschriebene Prozess wird durch die Suche nach Legitimität ausgelöst. Die Mechanismen, die dann die ähnlichen, mit Legitimität ausgestatteten, Strukturen transportieren, sind Zwang (durch Gesetze), Professionalisierung (durch habituelle Werte der Hochschulabsolventen) und Mimesis (durch Nachahmung über Benchmarks).

Wird bisher der Begriff der Legitimität vorausgesetzt und nur erklärt, dass Organisationen aus Gründen der Stabilität oder des Erfolgs Legitimität zu erlangen suchen, unternimmt Suchman (1995) eine Begriffsdefinition. Legitimität sei eine Zuschreibung auf Handlungen der Organisation, die als wünschenswert, korrekt oder angemessen bewertet werden, also innerhalb eines sozial anerkannten Werte- und Normensystems stehen. Weiterhin unklar bleibt, wie Legitimität zustandekommt.

2.3 Die Aufgabe der Organisation

2.3.1 Das Prozessieren von Entscheidungen

Der Operationsmodus der Organisation wurde als selbstreferentielle Verknüpfung von *Entscheidungen* in der systemtheoretischen Perspektive eingeführt. In diesem Abschnitt soll daher die Kommunikation der Entscheidungen näher analysiert werden und ihr Beitrag zur Unsicherheitsabsorption (March/Simon 1958) vorgestellt werden.

Jede Entscheidung trägt in sich ihr Gegenteil, denn eine Sache kann erst entschieden werden, wenn es einen Unterschied gibt, eine Alternative (*das Paradox der Entscheidung*). Damit überhaupt entschieden werden kann und nicht ständig die Alternative mitgedacht werden muss, wird das Paradox durch die Zuordnung zu den Schemata Probleme bzw. Interessen invisibilisiert. Schließlich wird durch die Zurechnung der Entscheidung auf einen Entscheider – und dazu dienen in der Organisation Stellen und Kompetenzen – das Paradox aufgelöst.

Eine Entscheidung konstruiert einen anderen Zusammenhang von Vergangenheit und Zukunft als er in der Welt ohnehin gegeben ist, durch die Entscheidung wird die Welt anders aussehen als sie ohne Entscheidung erscheinen würde. Zum Beispiel wird die Entscheidung zur vorzeitigen Einschulung als Problem wahrgenommen, weil sowohl der vorzeitige als auch der reguläre Einschulungszeitpunkt der für das Kind richtige sein könnte. Aus dem Professions- und Erfahrungswissen heraus trifft die Stelle der Schulleiterin/des Schulleiters eine Entscheidung für das Kind (es wird eingeschult oder noch nicht eingeschult), die die Zukunft des Kindes festlegt.[27] Ob die Entscheidung die richtige war oder nicht, wird sich erst erweisen, wenn die Zukunft zur Vergangenheit geworden ist und auch dann nicht ohne die Alternative mitzudenken, die sich nicht erproben konnte.

Entscheidungen können also nur in der Dimension der Zeit kommuniziert werden. Im Moment der Entscheidung ist das Ereignis schon vergangen. Die Entscheidung definiert die Zukunft als eine andere ohne Entscheidung, in der Vergangenheit ist die Entscheidung eine Alternative, in der Zukunft die Differenz, die eintritt. Die Gegenwart lässt sich nur in der Differenz von Vergangenheit und Zukunft bestimmen.

„So gesehen fallen Gegenwart und Entscheidung zusammen. Die beiden Paradoxien erläutern sich gegenseitig. Die Entscheidung kopiert die *Zeitparadoxie*, indem sie sie in sich selbst dupliziert. Die Vergangenheit wird als Alternative rekonstruiert, die Zukunft als Differenz. Die Vergangenheit wird ihrer Bestimmtheit beraubt, die Zukunft ihrer Unbestimmtheit. Die Alternative, die sich in der aktuellen Situation aus der Vergangenheit „ergibt", organisiert das Erinnern und das Vergessen. Die Differenz, die als Zweck in die Zukunft gelegt wird, organisiert die Voraussicht" (Luhmann 2000, 157).

Damit Vergangenheit erinnert – aber auch vergessen – werden kann, bedarf es eines Systemgedächtnisses. Eine Entscheidung kann nur aufgrund rekursiver Vernetzung zustande kommen, indem sie sich auf Vergangenheit und Zukunft (vergangene und zukünftige Entscheidungen) bezieht. Das Gedächtnis kann nur vergessen und erinnern, wenn es immer wieder reimprägniert wird, es muss die Entscheidungen erinnern, die bedeutsam für die Zukunft bleiben und diejenigen vergessen, die ihre Bedeutung für die Zukunft verlieren. Somit bedingen sich Systemgedächtnis und Entscheidung wechselseitig, das Systemgedächtnis ist ein Kommunikationsprodukt, das sich in der Kommunikation immer wieder neu konstruiert.

Das Unbekanntsein der Zukunft ist eine Konstitutive der Entscheidung, eine Entscheidung wäre nicht notwendig, wenn sich die Zukunft von selbst ergäbe. Wenn die allgemeine Schulpflicht mit einem Schulbesuchsrecht zu einem bestimmten Lebensalter gleichgesetzt wäre, Kinder also in die Schule „hineinwachsen" würden, gäbe es beispielsweise keine Aufnahmeentscheidungen.

Die Vergangenheit kann laufend angepasst werden, weil sie immer aktuell im Gedächtnis erinnert wird, d. h. vergangene Entscheidungen

---

27 In der Zukunft des Kindes wird es natürlich weitere Entscheidungen geben, die aber immer die einmal gefällte Entscheidung in der Kommunikation mitführen müssen.

werden im Hinblick auf einen aktuellen Kenntnisstand neu bewertet, daher begleitet das Gedächtnis jede Operation der Informationsverarbeitung. Die Gegenwart muss Information und Entscheidung werden, damit sie die Zeithorizonte trennen und sich selbst Form geben kann. Vergangenheit und Zukunft können immer nur *aktuell* beobachtet werden, dabei arbeitet die Organisation mit Gedächtnis und Oszillation (Imagination). Die allgemein verbreitete Vorstellung hingegen sieht die Vergangenheit als abgeschlossen und als unabänderbar, die Zukunft dagegen als offen für Änderungen – die absichtsvoll oder zufällig herbeigeführt werden – an. Die Entscheidung arbeitet mit einer Zeitvorstellung, die die Vergangenheit aktuell interpretiert und erinnert und die Zukunft als entschiedene festhält.

Durch die Kommunikation von Entscheidungen verwandeln Organisationen die Unsicherheit der Zukunft in eine (vorläufige) Sicherheit. Sie leisten somit einen Beitrag der Unsicherheitsabsorption (March/ Simon 1958) und dienen nicht einer Zweckorientierung. Da eine Entscheidung auch in Aussicht auf künftige Entscheidungen gefällt werden muss, regeneriert sie ständig neue Unsicherheit. Luhmann bezieht sich hier auf das Modell von Heinz von Foerster (1993), nach dem Organisationen nicht-triviale Maschinen sind, die ihren Output in einer Reflexionsschleife wieder als Input in die Organisation aufnehmen. Veränderungen in der Organisation kommen also nicht nur wie weiter oben beschrieben durch Irritationen der Umwelt zustande (die dann *innerhalb* des Systems verarbeitet werden), sondern auch durch die *eigenen Entscheidungen*, die durch strukturelle Koppelungen einerseits von der Umwelt wahrgenommen bzw. kommuniziert werden, andererseits aber auch innerhalb der Organisation kommuniziert werden und dadurch einen neuen Jetzt-Zustand produzieren, der nach weiteren Entscheidungen verlangt.

Zum Beispiel kann die Zurückstellung eines Kindes in die Vorklasse die Lernsituation der ersten Klasse entspannen, offen bleibt, ob die Entscheidung von der Umwelt (den Eltern, dem psychischen System des Kindes, dem Herkunftskindergarten etc.) getragen wird und ob nicht künftig mit weiteren anderen Problemen (der Beschulung in der Vorklasse oder im kommenden ersten Schuljahr) zu rechnen ist.

Die Organisation interpretiert den eigenen Entscheidungsbeitrag vorrangig als Unsicherheitsabsorption, also als Beitrag zur Sicherheit und vermutet nur dann Unsicherheit, wenn sich Entscheidungen als „Fehlentscheidung" erweisen. Den Ort der Unsicherheit verlagert sie in die Umwelt, dabei wird die Tatsache verdunkelt, dass der Widerspruch Unsicherheit/Sicherheit selbst eine kommunikative Konstruktion des Systems ist.

Jede Entscheidungsfindung wird vom Systemgedächtnis begleitet, wobei es die Eignung für künftige Entscheidungen überprüft. Durch diesen Grundsatzcharakter der Organisationsentscheidung für künftige gleichartige Entscheidungen werden nicht Einzelfälle, sondern immer Vorgänge entschieden. Dadurch reduziert sich die Informationsverarbeitung, weil im Rückgriff auf frühere Entscheidungen gleichförmig entschieden werden kann. Durch die Kopplung der Entscheidungen an Entscheider, wird mit dem Merken der Entscheidungen im Systemgedächtnis immer auch die hierarchische Struktur der Organisation erinnert und reimprägniert.

Entscheidungen, die eines Konsenses bedürfen, kommen in Organisationen fast immer als Verständigungen zustande, das heißt, es wird eine Form gefunden, in der eine Entscheidung getroffen werden kann, ohne dass die mit dem Konflikt verbundenen Argumente dadurch in Vergessenheit geraten, die daher unter Umständen zu neuen Verständigungen bzw. Entscheidungen führen werden. Falls keine Konsensbildung möglich ist, kann über Hierarchien (Notstandskompetenzen) eine formal bindende Entscheidung getroffen werden. In diesem Sinne ist die Funktion von Hierarchien in Organisationen nicht Ausdruck von Herrschaft oder externer Interessen, sondern dient in erster Linie einer inneren Ordnung, um Entscheidungen fällen und Unsicherheiten behandeln zu können.

2.3.2 Entscheidungsprämissen

Das Prinzip der operativen Schließung und Systembildung besteht darin, durch Grenzziehung die Komplexität der Umwelt zu reduzieren, um eigene sekundäre Systemkomplexität zu entwickeln. Entscheidungsprämissen dienen der systeminternen Komplexitätssteigerung. Unter Entscheidungsprämissen versteht Luhmann eine Entscheidung, die für kommende Entscheidungen Redundanzen anbietet und daher den Prozess der Informationsverarbeitung als Voraussetzung einer Entscheidung entlastet. Die künftigen Entscheidungen werden durch Entscheidungsprämissen nicht festgelegt, wohl aber *strukturiert*. Vorrangig interessieren Entscheidungsprämissen, die durch Entscheidung eingeführt wurden und weitgehend dem Begriff der Planung entsprechen. Hierin eingeschlossen sind (a) Entscheidungsprogramme (als Konditional- oder Zweckprogramme), (b) Entscheidungen über Personal und (c) Entscheidungen über Kompetenzen und Kommunikationswege.

Das Konstrukt der *Stelle* symbolisiert die Konsistenz des Verhältnisses der Entscheidungsprämissen zueinander – auch wenn Stelleninhaber sich ablösen oder aber Entscheidungsprogramme oder Entscheidungskompetenzen verändert werden. Die Stelle an sich ist ohne Information, sie muss mit Entscheidungsprämissen (Personal, Programm, Kompetenz) gefüllt sein. Sie besteht auch bei einem Wandel der Entscheidungsprämissen fort, sofern sie nicht wegfällt. Luhmann bezeichnet die Form der Stelle als „bewegliche Redundanz".

(a) Entscheidungsprogramme werden herkömmlich als Aufgaben der Organisation bezeichnet. Sie definieren Bedingungen der sachlichen Richtigkeit der Entscheidungen. Durch Entscheidungsprogramme wird das Systemgedächtnis strukturiert, damit es Wiederholungen erkennen und Verfahren sich merken kann. Hierunter können Lehrpläne, Stundentafeln und Verordnungen zur Leistungsbewertung etc. subsumiert werden.

(b) Die Entscheidung für eine Person *(Personal)* ist eine Entscheidungsprämisse für künftige Entscheidungen dieser Person. Bisher wählen Schulen in der Regel ihr Personal nicht aus. Durch die Zertifizierung des Staatsexamens wird die Eignung der Person vorausgesetzt.

(c) Die dritte von Luhmann genannte Entscheidungsprämisse ist die der *Kompetenzen und Kommunikationswege*. Durch das Modell der operativen Schließung wird die Komplexität der Umwelt reduziert und eine eigene Systemkomplexität aufgebaut. Auf der strukturellen Ebene wird diese Komplexität vom System durch Kompetenzen und auf der operativen Ebene durch Kommunikationswege kontrolliert.

Damit ist auch das Problem der Größe von Organisationen angesprochen. Aus eigener Dynamik benötigen Organisationen ständig neue Stellen und nur durch Finanzknappheit wird dieser Tendenz Einhalt geboten. Auch in der Organisation Schule werden ständig neue Stellen für neue Differenzierungen gefordert: Stunden für Migrantenkinder, für rechtschreib- oder rechenschwache, für überaktive oder verhaltensauffällige, für (grob- oder fein-) motorisch beeinträchtigte oder allgemein lernschwache und so fort.

Es gibt sowohl fachliche als auch hierarchische Kompetenzen. Das fachliche Können wird mit der Person für eine Stelle auf dem Arbeitsmarkt rekrutiert, die hierarchische Kompetenz wird intern zugewiesen. Die Kommunikationswege erlauben es, Entscheidung an Entscheidung anzuknüpfen, Zuständigkeiten auszubilden und dadurch erst die Autopoiesis zu ermöglichen. Im Prinzip führt Arbeitsteilung in Organisationen dazu, dass Können in Kommunikation umgewandelt wird. Kommunikationswege haben den Sinn des Transports von Kompetenz. Stellen sind Adressen für Können. Die hierarchische Struktur gibt Kommunikationswege vor, aber auch andere Kommunikationswege – wie horizontale fachliche oder auch informelle – sind möglich.

In Organisationen gibt es auch *unentscheidbare* Entscheidungsprämissen, nämlich das, was allgemein als Organisationskultur beschrieben wird. Diese Entscheidungsprämissen lassen sich nicht an ein bestimmtes Ereignis im Zeitverlauf knüpfen („das war schon immer so") und können, da sie nicht durch Entscheidung eingeführt wurden, auch nicht durch Entscheidung geändert werden. Es kann nur mit ihnen gebrochen werden.

2.4 Das Verhältnis von Organisation und Interaktion – Interaktion in der Organisation

Die Operationsweise der Organisation wurde als Kommunikation von Entscheidungen vorgestellt, die Autopoiesis der Organisation geht davon aus, dass sich Organisationen durch Kommunikation von Entscheidungen reproduzieren. Aber nicht alle in der Organisation stattfindenden Kommunikationen lassen sich auf Entscheidungen zurückführen. Zum Beispiel können Entscheidungen Thema einer Interaktion sein, es wird *über* eine Entscheidung kommuniziert, ohne die Form einer Entscheidung zu benutzen. Daher bleibt es notwendig, zwischen der Operationsweise der Interaktion – der Kommunikation unter Anwesenden – und der der Organisation weiterhin zu unterscheiden. In der Vergangenheit unterschied man zwischen formaler und informaler Organisation, es wurde sozusagen zwischen organisationalen und geselligen Interaktionen unterschieden. Mit dem Begriff der informalen Organisation verband sich die Vorstellung der Gruppe[28] als besonderes soziales System, dabei wurden formale Organisationen als Form rationalen Entscheidens gedacht.

Konstituierend für Interaktionen in Organisationen ist die Mitgliedschaft, die den Umgang miteinander regelt. Die Mitglieder begegnen sich nicht aufgrund eines persönlichen Motivs, sondern aufgrund des Motivs ihrer Mitgliedschaft. Die Interaktionen reflektieren die organisationsinternen Rollen mit, und persönliche Rollen können nur innerhalb dieses Rahmens kommuniziert werden. Die Stetigkeit der Kontakte ist durch Organisationsinteresse begründet, ein persönliches Kontaktinte-

---

28 In den später folgenden Abschnitten wird uns die informale Organisation beim Thema Organisationsentwicklung und der mikropolitischen Perspektive noch einmal begegnen. Auch der Begriff der Gruppe wird noch einmal daraufhin abgeklopft, ob er für die Sozialform Unterricht in Jahrgangsklassen ertragreich sein könnte.

resse wird in diesem Zusammenhang interpretiert, z. B. als Interesse am Einfluss der Person und weniger als Ausdruck der Sympathie.

„Damit ist aber eigentlich nicht mehr gesagt, als dass die gesamte Interaktion auf einer Ebene der *Beobachtung zweiter Ordnung* abläuft, auf der ständig mitbedacht werden muss, wie indirekt die Interessen, Einstellungen und Handlungsbereitschaften sind, die Anwesende füreinander zum Ausdruck bringen oder aneinander zur Kenntnis nehmen. Man muss Interaktionsverhalten und Entscheidungsprozess laufend zugleich unterscheiden und aufeinander beziehen können, um sich in Organisationen zurechtzufinden, und die Fähigkeit so zu beobachten, kann geradezu als Bedingung für *vollständige* Inklusion ins System gesehen werden" (Kieserling 1999, 362).

Interaktion, obgleich sie in Organisationen stattfindet, lässt sich nicht in der Entscheidungskommunikation der Organisation auflösen.

„Dies liegt im spezifischen systemischen Charakter der Interaktion begründet. Ihre Eigenstruktur lässt Instrumentalisierung, direkte Intervention durch die Organisation, nicht zu" (Vanderstraeten 2004, 58).

Die Interaktionen der Lehrer sind durch ihre Mitgliedsrolle bestimmt, Kontakte entstehen z. B. durch die Arbeit in einem Jahrgangsteam, die Beziehungen können aufgrund mikropolitischer Überlegungen gepflegt werden. Abstimmungen in Klassenkonferenzen sind geprägt von „kollegialen" Überlegungen, folgt man etwa dem Vorschlag des Klassenlehrers, kann man mit künftiger Zustimmung bei eigenen Anträgen rechnen.

Die Organisation beschränkt die Möglichkeiten der Interaktion, auch die Interaktion wirkt auf die Möglichkeiten der Organisation. Besonders deutlich kommt diese Differenz von Interaktion und Organisation im Vorfeld von Entscheidungen zu Entscheidungsprämissen zum Tragen. Hier existiert die organisationale Regel, nach Mehrheit und/oder mittels Hierarchiestufen zu entscheiden. Bevor eine Entscheidung getroffen wird, wird durch Interaktionen versucht, einen Konsens, Mehrheiten oder Verständigungen zu erzielen.

„Die Frage, wie lange man sich um Einigung bemühen und wann man auf Abstimmung zusteuern soll, hat in der Interaktion hohe taktische Relevanz. Sie trennt faktisch zwischen zwei verschiedenen Sozialmodellen, die aber nicht völlig isoliert werden können, da man vorher schon weiß oder ahnt, dass nachher das andere Modell in Geltung sein wird" (Kieserling 1999, 376).

Das Ergebnis der Entscheidung wird im Systemgedächtnis aufgehoben, z. B. als Entscheidungsprämisse für künftige Entscheidungen. Das Gedächtnis der Interaktionsteilnehmer erinnert den Prozess der Entscheidungsfindung, vor allem wenn es um eine konfliktreiche Entscheidung ging. In der Interaktion wird der Konflikt in personalisierter Form – und nicht als Sachkonflikt – erinnert.

"Folglich erscheint jede weitere Meinungsverschiedenheit unter den Beteiligten als Reproduktion einer Gegnerschaft, die themenunspezifisch definiert ist. Für das System im Ganzen heißt dies, dass es den Konflikt zugleich vergessen und erinnern kann, und beides ist möglich, weil organisatorisches und interaktionelles Gedächtnis unterschiedlich konditioniert sind" (Kieserling 1999, 387).

2.5 Die Aufgabe der Organisation im Erziehungssystem

Die Funktion der Organisation im Erziehungssystem ist die *Anschlussfähigkeit* in der Kommunikation an die anderen sozialen Systeme, wie die der Gesellschaft und der Interaktion herzustellen. Durch Grenzziehung bildet die Organisation eigene interne Strukturen aus, die es ihr wiederum erlauben, die *Systemgrenzen zu bearbeiten*.

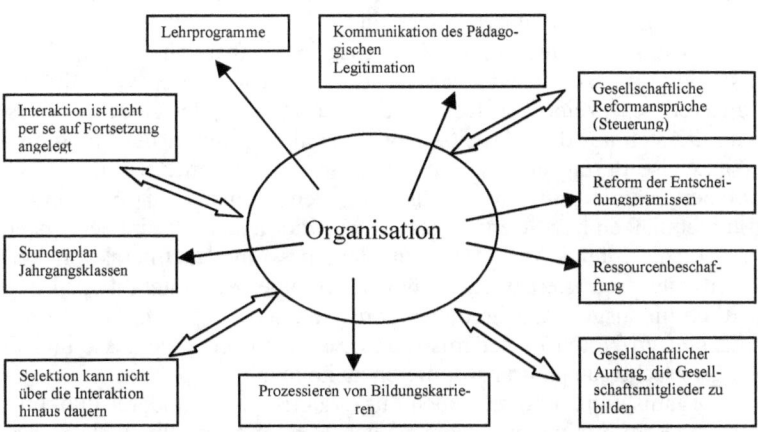

Abb. 4: Die Funktion der Organisation des Erziehungssystems

Organisationen sind die einzigen sozialen Systeme, die mit ihrer sozialen Umwelt kommunizieren können. (Es gibt kein „Gespräch" des Erziehungssystems mit dem Wirtschaftssystem, nur vermittelt über deren Organisationen; die Kommunikation der Interaktion kann nur Kommunikation unter Anwesenden im Moment der Anwesenheit sein.)

In Beziehung zur Gesellschaft sind die Organisationen des Erziehungssystems darauf angewiesen, Ressourcen zu sichern, die vom Wirtschaftssystem bereitgestellt werden. Im Sinne des Neo-Institutionalismus müssen sie daher darauf achten, die Legitimität ihrer Ansprüche zu begründen. Damit ist der Bereich der Steuerung angesprochen, der das Verhältnis von Leistungen (gebildete Gesellschaftsmitglieder) und Ressourcen thematisiert. Die besondere Schwierigkeit der Organisationen des Erziehungssystems liegt darin, dass ihre Leistungen, der Erfolg pädagogischer Kommunikation, nur in der Fremdreferenz des psychischen Systems (des Kindes) kommuniziert werden kann.

Damit ist der Bereich der Interaktion angesprochen. Hier ist die Aufgabe der Organisation, durch Programme und Strukturbildung eine relative Stabilität der Interaktion zu gewährleisten. Neben Organisation setzt das Erziehungssystem auch auf Profession als Respezifikation der Verhaltenserwartung in der Kommunikation, wie weiter unten ausgeführt wird. Die besondere Systemgrenze, die in der Interaktion des Unterrichts wiederum zur Bearbeitung kommt, ist die zwischen sozialen und psychischen Systemen. (Diese Grenze kann nicht überschritten werden, da psychische Systeme im Modus Bewusstsein operieren und damit kommunikativ unerreichbar sind.)

Für die Fragestellung der Arbeit ist der Aufgabenbereich der Organisation von besonderem Interesse, der das Prozessieren von Bildungskarrieren beschreibt. Die Komplexität der Bildung der einzelnen Personen, die sich auf dem Arbeits- bzw. Ausbildungsmarkt bewerben, muss ersatzweise durch die Kommunikationsprodukte von Zertifikaten symbolisiert werden, die wiederum für den Zugang zu Ausbildungs-/Studienplätzen bzw. Berufen stehen. Auf der anderen Seite der Systemgrenze zur Interaktion ist festzuhalten, dass in der Interaktion keine Zertifikate produziert werden können, die über den Interaktionsprozess zeitlich hinausgehen. Allerdings ist die Interaktion notwendige Voraussetzung, um Noten in Zeugnisse und Zeugnisse in Abschlüsse und Zugangsberechtigungen transformieren zu können.

Organisationen können auch mit Organisationen anderer Funktionssysteme kommunizieren, wobei sie den Anspruch auf eine pädagogische Deutung von Ereignissen der Umwelt ausüben. Ihre Entscheidungen sind durch die Entscheidungsprämissen vorstrukturiert, damit halten sie Anschluss an ihre eigene Entscheidungskommunikation (Eigenlogik). Zu den Entscheidungsprämissen gehören auch pädagogische Programme. Da diese Programme durch Entscheidung eingeführt wurden, können sie auch in der Organisation durch Entscheidung verändert werden. Organisationen sind einerseits Adressaten von Reformvorhaben, andererseits sind Organisationen die Orte der Kommunikation, in denen über die Veränderung von Entscheidungsprämissen organisationaler Wandel stattfinden kann.

2.6 Rationalität und Wandel

Der Begriff der Organisation ist in Auseinandersetzung mit dem Weberschen Bürokratiemodell entwickelt worden. In diesem Abschnitt soll daher noch einmal grundlegend der Begriff der Rationalität thematisiert werden, auch weil er in der Handlungstheorie des Rational-Choice eine zentrale Rolle spielt. Im zweiten Teil des Abschnitts interessiert – auch im Hinblick auf den für die Arbeit zentralen Befund der *persistierenden* Ungleichheit in der Bildungsbeteiligung – die Frage, wie kommt es zu organisationalem Wandel im Erziehungssystem.

2.6.1 Rationalität

Rationalität im Neo-Institutionalismus ist kein individuelles Kalkül, sondern eine sozial vereinbarte kollektive Vorstellung, ein Glaube, dem aus Gründen der Legitimität von Organisationshandeln entsprochen werden sollte.

Veronika Tacke (2006) unterscheidet zwei Vorstellungen von Rationalität im Neo-Institutionalismus, die sie mit den Arbeiten von James March bzw. von John Meyer verbindet. Während sich der Begriff bei March aus einer Kritik der Rational-Choice-Theorien entwickelte, widmet sich Meyer der weltweiten Verankerung von Rationalitätsvorstellungen, die sich in der Institutionalisierung verselbstständigt haben.

Der Theorie des rationalen Entscheidens des individuellen Akteurs liegt die Vorstellung zugrunde, dass der Akteur alle Möglichkeiten im Hinblick auf seine Ziele in eine kalkulierte Zweck-Mittel-Relation setzt und danach entscheidet. Dagegen argumentiert der Neo-Institutionalismus, dass schon die Ziele durch institutionelle Rahmung geprägt sind.

„Das ‚Wünschen' (Präferenzen) und ‚Wollen' (Motivationen) sowie das ‚Können' (Kognitive Kapazitäten) der Akteure sind *Resultat* (kursiv, MW) ihrer Einbettung in institutionelle Kontexte" (Tacke 2006, 91).

Da der individuelle Akteur auch die Komplexität aller Handlungsalternativen nicht abschätzen kann, ist schon aus kognitiven Gründen eine Reduktion bzw. Bündelung der Informationen Voraussetzung für eine Entscheidung. Diese Aufgabe übernehmen in früheren Arbeiten (und in der Luhmannschen Theorie) Organisationen:

„Sie entlasten von Unsicherheiten des Entscheidens, indem sie Entscheidungslasten zerkleinern (Arbeitsteilung) und Entscheider in strukturierte Entscheidungsumwelten setzen (Handlungsprogramme); zudem sorgen sie für eine generalisierte Motivation (durch Geldzahlungen und andere Anreize)" (vgl. March/Simon 1958; Luhmann 1968).

In der Weiterentwicklung der Theorie werden diese Aufgaben der symbolisch vermittelten Strukturierung der Realität den Institutionen zugewiesen, die für das Entscheidungsverhalten Regeln der Angemessenheit zur Verfügung stellen. Basiert die individualistische Logik (des Rational-choice-Ansatzes) auf einer „Konsequenzenorientierung" steht jetzt in der institutionalistischen Perspektive eine Logik der „Angemessenheitsorientierung" zur Verfügung. Gleichwohl bleibt das Handeln der Bezugspunkt für Rationalitätsannahmen, aber die Regeln der Angemessenheit verleihen dem Handeln einen sozial kommunizierbaren Sinn und durch die Anwendung kollektiv verbindlicher Regeln statten sie die Handlungen mit Legitimität aus. Obwohl der Rationalitätsanspruch sich nicht im Handeln realisieren lässt, ja sogar Entscheidungshandeln blockieren kann, muss er aber aus Legitimitätsgründen in der Begründung von Handlungen mitgeführt werden. In diesem Sinne ist der Rationalitätsanspruch selbst zu einer Institution geworden.

Meyer und andere untersuchten in den 1970er Jahren Schulen und fanden empirisch vor, dass die Organisationsweise von Schulen weniger Effektivitätskriterien als Legitimitätsanforderungen entsprach. Die Organisation Schule übernimmt deshalb organisationale Schablonen aus ihrer Umwelt, weil diese einen Legitimitätsanspruch – und zwar unabhängig von der Effektivität derselben – transportieren. Dabei glaubt die Organisation selbst an den Rationalitätsanspruch („rationalized myths"). In der Abgleichung mit den konkreten Arbeitsaufgaben, können diese Strukturen hinderlich sein, so dass sie nur an der Oberfläche von Organisation – zur Gesellschaft hin – aufgebaut werden, während sich die Arbeitsweise auf der operationalen Ebene mit anderen Strukturmerkmalen fortsetzt. Es findet der weiter oben beschriebene Effekt der Entkoppelung von formalen Strukturen und Arbeitsstrukturen statt. So gesehen handeln Organisationen nicht rational, sondern *pragmatisch*.

Weber ging im Unterschied hierzu zwar davon aus, dass rationales bürokratisches Handeln einer Zustimmung bedarf, also an die Zweckmäßigkeit *geglaubt* werden muss, dennoch konnte er sich nicht vorstellen, dass weiterhin an diese geglaubt würde, selbst dann, wenn der Anspruch der Zweckrationalität nicht eingelöst würde.

In der Theorie der Autopoiesis der sozialen Systeme wird von Kausalrationalität auf *Systemrationalität* umgestellt. Da eine zirkuläre Beziehung im Verhältnis von Organisationssystemen und ihren Umwelten besteht, findet sich die Rationalität einer Organisation gerade in einer Einstellung auf eine *nicht* rational operierende Umwelt. Empirisch lässt sich belegen, dass Entscheider gar nicht nach den Modellen rationaler Entscheidung richten – es bleibt schlicht keine Zeit.

Die Autopoiesis produziert und reproduziert immer wieder neue Gelegenheiten und Beschränkungen für Entscheidungen und dadurch neue Sicherheiten und Unsicherheiten in der Organisation. Sie regelt somit selbst das Verhältnis zur ihrer Umwelt, indem sie immer wieder die Differenz von Selbst- und Fremdreferenz herstellt. Aber die Autopoiesis selbst ist nicht rational, (dadurch würde der Begriff der Rationalität überflüssig, bzw. man würde unterstellen, die Wirklichkeit selber wäre rational).

Die Rationalität der *Kausalität* verweist auf einen Endloshorizont von immer neuen Ursachen bzw. neuen Wirkungen, nur durch einen Einschnitt des Beobachters können andere Ursachen oder Wirkungen ausgeschlossen werden. Dagegen rechnet die Kybernetik auf *Strukturen* zu, nicht auf Ereignisse. Das bedeutet, dass von der Zweckzurechnung auf Strukturzurechnung umgestellt wird. Zweckrationalität (Ursache – Wirkung) und Systemrationalität (System – Umwelt) sind logisch unabhängig und stehen orthogonal zueinander.

2.6.2 Wandel der Institution und der Organisation

Wie wird institutioneller Wandel in der Theorie des Neo-Institutionalismus erklärt, ohne auf exogene Faktoren wie technologische Neuerungen oder ökonomische Krisen zurückzugreifen? Die wissenschaftliche Aufmerksamkeit des Neo-Institutionalismus lag zunächst einmal darauf zu beschreiben, wie es zu einer Institutionalisierung von Handlungsmustern kommt und wie diese in andere organisationale Felder diffundieren. Der Fokus lag damit auf der Generalisierbarkeit von Institutionalisierungsprozessen und weniger auf der Wahrnehmung von heterogenen Entwicklungen.

Konstitutiv für den Neo-Institutionalismus ist der Akteur, der beim Prozess der Institutionalisierung wie beim Prozess der institutionellen Weiterentwicklung eine entscheidende Rolle spielt. Auf der Ebene der Mikrofundierung sind Institutionen sozial konstruierte Handlungsmuster, die durch ständige Interaktion habitualisiert und in der Folge institutionalisiert werden. Warum es zu Übernahme der Handlungsmuster kommt, wird unterschiedlich erklärt. Entweder erhoffen sich die Akteure Vorteile, fürchten gar Sanktionen (Meyer/Rowan), oder aber sie übernehmen die Strukturen unbewusst (Zucker).

Die Übernahme unbewusster Handlungserwartungen, die als äußere Realität erscheinen, sind einer Veränderung weniger zugänglich als die bewusste Übernahme, die durch mit Macht ausgestattete Institutionen hervorgerufen wird. Die reflektierte oder strategische Übernahme erlaubt, eine Handlungsalternative mitzudenken.

„Die neoinstitutionalistische Organisationsforschung geht davon aus, dass Institutionen nur dann ermöglichend oder beschränkend wirken können, wenn entsprechende Erfahrungen im Wissen der Akteure vorhanden („sedimentiert"), die Institutionen also kognitiv verfügbar sind" (Meyer/Hammerschmid 2006, 168).

Es bedarf immer wieder aufs Neue der Kognition der Akteure, die eine aktuelle Situation definieren und interpretieren, um institutionelle Erwartungen in Entscheidungsverhalten umzusetzen.

Institutionenwandel ergibt sich dann aus der Nicht-Übereinstimmung von institutioneller Erwartung und Interpretationsleistung des Akteurs. Diese Inkompatibilität kann Ausdruck einer allgemeinen gesellschaftlichen Entwicklung sein. Es können aber auch widersprüchliche institutionelle Erwartungen an den Akteur gestellt werden, zum Beispiel durch Diffusion „universaler" Institutionen in unterschiedliche lokale Kontextsituationen.[29]

Ob der institutionelle Wandel – verursacht durch die Nicht-Übereinstimmung von erwarteten Handlungsmustern und Problemdefinition der Akteure – auf strategische Intervention bestimmter Akteursgruppen zurückzuführen ist, oder sich aber aus dem komplexen gesellschaftlichen Wandel emergent ergibt, ist erstens abhängig von Grad der Institutionalisierung der Handlungsmuster und wird zweitens je nach wissenschaftlicher Position im Neo-Institutionalismus different diskutiert. Die strategieorientierte und machtpolitische Sichtweise hat die Figur des „institutional entrepreneurs" kreiert, der ausgestattet mit Ressourcen seine Interessen politisch durchzusetzen versucht. Hier ist vor allem an gesetzliche Regelungen gedacht. Die eher konstruktivistische Sichtweise führt den institutionellen Wandel eher auf den gesellschaftlichen Wandel zurück, der aber durch den Akteur definiert und interpretiert werden muss. Hier sind eher kulturelle Werte und Normen angesprochen.

Aus systemtheoretischer Perspektive kann sich der Wandel in Organisationen immer nur auf die Ebene der Struktur beziehen und nicht auf die Ebene der Operationen, da eine Entscheidung im Moment der Entscheidung vergangen und daher nicht wandelbar ist (sie könnte natürlich durch eine andere Entscheidung abgelöst werden). Strukturwandel in Organisationen kann daher nur den Wandel der Entscheidungs*prämissen*

---

29 Kasap-Cetingök analysiert die Diskussion um die Verlängerung der allgemeinen Schulpflicht auf 8 Jahre in der Türkei im Kontext der religiösen Schulen, die vorher nach der 5. Klasse anschließen konnten.

wie der Entscheidungsprogramme sowie der Kompetenzen und Kommunikationswege meinen.

Organisationen sind der Adressat für Reformbemühen. Weder das Funktionssystem der Erziehung an sich ist reformfähig noch die unmittelbare Interaktion im Unterricht. Reformen, die einen Strukturwandel beabsichtigen, zielen auf die Programme der Organisationen des Erziehungssystems, dabei bedienen sie sich häufig eines umfangreichen semantischen Apparats, in dem nur die Zukunft ungewiss und riskant erscheint, das Risiko der Beibehaltung der bewährten Strukturen aber in der Regel unsichtbar bleibt. Reformen beschreiben nicht die Zukunft, sondern sich selbst als Mittel oder Verfahren, um eine Zukunft zu erreichen. Wenn die (Reform-)Zukunft dann Gegenwart sein wird, wird sie nicht so gut sein wie die Reform es gedacht hatte, was allein schon durch die lose Kopplung von Entscheidung und Entscheidungsprämissen bedingt ist, die ein direktes Durchgreifen von Entscheidungsprämissen auf Entscheidungen nicht erlaubt. In Bezug auf die Schule ist der unmittelbare Durchgriff von den (Entscheidungs-)Programmen der *Organisation* auf das System der *Interaktion* des Unterrichts durch strukturelle Kopplung unmöglich, da jedes System selbstreferentiell arbeitet.

Da die Zukunft ungewiss erscheint, werden besonders im Erziehungssystem häufig Reformen als Experimente ausgeschildert.

„Damit wird der Eindruck erzeugt, es werde nichts festgelegt und alles sei offen und reversibel je nachdem, zu welchen Ergebnissen das Experiment kommt. (…) Eher scheinen Reformexperimente dazu zu dienen, dem Eifer der Reformer entgegenzukommen und zugleich den normalen Betrieb gegen die Effekte abzuschirmen. (…) Die Reformschulen überleben als Schulen. Sie werden nur durch mehr oder weniger bürokratische Regulierungen normalisiert" (Luhmann 2000, 340).

Für Luhmann scheint das Hauptergebnis von Reformen das Nachsichziehen weiterer Reformen zu sein, dabei findet eine Evaluation der Reform selten statt und der Umstand, dass schon ähnliche Reformen versucht wurden, gerät in Vergessenheit.

Die Aufgabe der Reformer besteht also darin, in der sozial konstruierten Realität Mängel zu kommunizieren und einen Zusammenhang zu Änderungen durch vorgeschlagene Maßnahmen herzustellen, damit werden Reformen als Defizienzbeschreibungen mit der Annahme einer positiven Veränderung konzipiert.

„Reformen können auf zwei unterschiedliche, ja gegensätzliche Weisen ausgeflaggt werden: als bessere Anpassung an Ideen (zum Beispiel humanere Arbeitsbedingungen) oder als bessere Anpassung an Realitäten (zum Beispiel schrumpfende Märkte)" (Luhmann 2000, 336).

In den 1960er Jahren wurden erstmals Schulreformen nicht durch pädagogische Ideen, sondern durch sozialpolitische Argumentationen begründet.

Wie das System auf die Reformplanungen reagiert, entscheidet im Modell der Autopoiesis die Evolution und nicht die Intention der Reformer. Das Modell der instrumentellen Rationalität von Organisationen überschätzte die Umsetzungskraft von Reformen bei weitem. So wird Planbarkeit im Rahmen der Autopoiesis neu bestimmt.

„Die Dinge laufen nicht nur anders als geplant, sondern sie verlieren im weiteren Zeitlauf den Charakter des Geplantgewesenseins. An den neu auftretenden Informationen verwischt sich die Differenz von beabsichtigten und unbeabsichtigten Effekten; und dies nicht nur, weil die Welt an sich („als Natur") zu komplex ist, sondern gerade deshalb, weil ständig von bestimmten Systemen durch Planung in sie eingegriffen und so für Verwirrung gesorgt wird ..." (Luhmann 2000, 347).

Dabei ist Evolution aber kein Ersatz für Planung. Evolution ist zu langsam, keineswegs ein linearer Prozess und schon gar kein Prozess, der ein gutes Ende nimmt. Durch Autopoiesis und Entscheidung produziert das System seine Zukunft, Reformprojekte sollen nicht entmutigt werden, nur sollten sie einrechnen, dass durch künftige Entscheidungen immer offen bleibt, wie die Reformprojekte Gestalt annehmen werden. In diesem Sinne meint Evolution die Nichtprognostizierbarkeit der künftigen Entscheidungen. (Man bedenke die unbeabsichtigten Folgen der Bildungsreform der 1970er Jahre.)

In diesem Sinne sollte die Aufgabe der Reformer die Beobachtung der geplanten Strukturänderungen im System sein, und zwar nicht im Sinne von Zielerreichung oder Zielverfehlung, sondern im Blick auf auftauchende Restrukturierungsmöglichkeiten.

„Ein planendes System muss sich selbst in Evolution beobachten können, und dazu sind vor allem systemtheoretische Analysen hilfreich" (Luhmann 2000, 354).

Auch für die Selbstbeschreibungen (z. B. für die gesetzlich vorgeschriebenen Schulprogramme) gilt, wenn man sie

„als eine Art Reproduktion des Systemgedächtnisses begreift, ..., dass die Aufmerksamkeit von normativen auf zeitliche Probleme übergeleitet wird .... Entsprechend verschieben sich ... die Anforderungen vom Festhalten und Durchsetzen des als richtig Erkannten auf Probleme der laufenden Modifikation, man könnte auch sagen: auf Probleme der laufenden ‚Reselektion' der Entscheidungsprämissen. In jeder neuen Situation muss auch die Vergangenheit des Systems einem ‚redescription' unterzogen werden" (Luhmann 2000, 442).

2.7 Interaktion und Organisation in der Schule

Charakteristisch für das Schulsystem ist, dass beide Sozialsysteme Interaktion und Organisation für jeweils einen Bereich, nämlich Unterricht und Verwaltung, stehen, aber eben durch strukturelle Kopplung miteinander verbunden sind. Obgleich jeweils ein Sozialsystem die Kommunikation strukturiert, beschränkt oder eröffnet die Kommunikationsweise des anderen Systems die Möglichkeiten der Arbeitsweise des ersteren.

2.7.1 Interaktion in Schulklassen

Die Interaktion in Schulklassen ist durch organisationale Setzung gerahmt. Einmal ist die regelmäßige Anwesenheit von Lehrer und Schüler durch Mitgliedschaft gewährleistet. Die Motive für den Unterricht sind weniger das Interesse an der Sache, noch an Personen, sondern werden durch die Mitgliedsrolle (Arbeit bzw. Schulabschlüsse/-bildung) moderiert. Das asymmetrische Lehrer-/Schülerverhältnis in Jahrgangsklassen regelt die Möglichkeit der Teilnahme an der Interaktion Unterricht und wirkt, weil seit Generationen bekannt, als eine Selbstverständlichkeit im Erziehungsprozess.

Trotz dieser institutionellen Prägung kann die Interaktionsordnung der Unterrichtsstunde erst in der Interaktion selbst hergestellt werden. Z. B. muss die asymmetrische Rollenverteilung als Autorität des Lehrers im Unterrichtsgeschehen kommuniziert werden. Die Schüler selbst müssen den Lernprozess aktiv konstruieren, was nicht äußerlich erzwungen werden kann. Daher ist das Ergebnis von Unterricht in hohem Maße von der Dynamik der Unterrichtsinteraktion abhängig und lässt sich nicht monokausal prognostizieren oder herbeiführen.

„Die Interaktionsordnung der Schulklasse wird *sowohl durch strukturelle als auch operative*, d. h. interaktiv erbrachte *Formen der Determinierung* geprägt" (Vanderstraeten 2004, 66).

Um der Unsicherheit der Lehrer-Schüler-Interaktion etwas mehr Stabilität zu verleihen, kann einerseits mit dem Ausbau von Profession und/oder andererseits mit Organisation reagiert werden. Während Professionalisierung darauf setzt, die Interaktionskompetenz des Lehrers zu verfeinern, setzt Organisation auf Entlastung der Interaktion.

Traditionell organisationale Strukturelemente sind Stoffverteilung und Stundentafel. Beide Strukturierungen sind an die Form der Jahrgangsklasse gebunden. Stoffverteilung und Stundentafel zeichnen sich durch Unpersönlichkeit als Merkmal von Organisationen aus: Unabhängig von individuellen Schülern und Schülerinnen und Lehrpersonen ist sichergestellt, dass z. B. im 2. Schuljahr im Zahlenraum bis 100 gerechnet wird und das jedes Schuljahr aufs Neue. Die Dyade der Interaktion zwischen Lehrer und Schulklasse wird durch ein drittes Element, die Stoffverteilung, stabilisiert. Die Positionen Stofforientierung versus Kindorientierung lässt sich auf dem Hintergrund Organisation versus Interaktion abbilden. Eine höhere Kindorientierung verstärkt die Seite der Interaktion und schwächt die Seite der Organisation. In jedem Fall zeichnet sich Unterricht durch eine unterschiedliche Interaktionsdichte aus. Am einen Ende des Kontinuums wird die Klasse als ganzes als Alter Ego der Interaktion gesetzt, am anderen Ende lösen sich die Schüler in einzelne Personen auf, wobei beide Formen empirisch nicht in Erscheinung treten.[30]

Durch die Schulpflicht ist die körperliche Anwesenheit der Schüler gesichert, andererseits leidet die motivationale Haltung durch die organisationale Einbindung, daher muss auch die Motivation der Schüler in der Unterrichtsinteraktion hergestellt werden. Wiederum kann mit Stärkung der Interaktionsseite, durch persönliche Zuwendung, oder durch organisationale Verstärkung, durch Prüfungen und Zertifizierungen, gearbeitet werden. Die Komplexität der Unterrichtssituation nimmt zu, je mehr individuelle Interaktionen zugänglich gemacht werden.

„Unterrichtspraxis ist also immer mehrdimensional, sie verlangt eine Konzipierung der Lehreraktivität auf der instruktiven, der motivationalen, der instrumentalen und der disziplinären Dimension, und eine sequentielle und simultane Abstimmung aller Dimensionen. Überdies verlangt sie diese Abstimmung im Hinblick auf die Klasse als eine Ganzheit sowie auf den einzelnen Schüler. Diese Perspektiven mögen sich gelegentlich widersprechen: was für die Mehrheit der Klasse gilt, gilt nicht unbedingt für jeden Schüler" (Niederberger 1984, 17).

Das Besondere der Interaktion in Schulklassen liegt in der Verschränkung von Interaktion und Organisation. Das führte in der Vergangenheit sogar zu der Überlegung, ob nicht zwischen Interaktion und Organisation ein weiterer Systemtyp – der der sozialen Gruppe – einzuführen wäre (Tyrell 2008). Hier würden nicht nur die organisational gerahmten – die Schulklasse als Ganzes und die Lehrer-Schüler-Interaktionen – sondern auch die persönlichen Interaktionen wie Freundschaftsbeziehungen der Klassenkameraden und persönliche Lehrer-Schüler-Beziehungen ihren Ausdruck finden ('Vergesellschaftung' versus 'Vergemeinschaftung').

---

30 In diesem Zusammenhang lässt sich das für Praktiker überraschende Ergebnis, dass die Anzahl der Schüler einer Klasse keine unmittelbare Auswirkung auf den Leistungserfolg ausübt, interpretieren, die Anzahl der Schüler ist offenbar nur in Zusammenhang mit der Interaktionsdichte wirksam.

Aktuell zu beobachten ist, dass das Unterrichtsgeschehen weniger durch ein mehr an persönlicher Interaktion, sondern durch Stärkung der organisationalen Rahmung des Unterrichts entwickelt werden soll. Der Einsatz von Bildungsstandards, Leistungsstudien und externer Evaluation wird auf die Ebene der Interaktion zu neuen Bearbeitungen führen. Die Interaktion selbst wird durch Hinweis auf ein externes Element entlastet, weil quasi objektiviert, andererseits wird sich die Interaktion im Hinblick auf externe Instrumente der Qualitätssicherung ändern.

2.7.2 Wo Interaktion ist, soll Organisation werden – Zur Organisationsentwicklung

Der Paradigmenwechsel von der Input- zur Rahmensteuerung führte auch zu einem veränderten Verständnis der Schule als Organisation. Bei der Lektüre von Beiträgen aus den 1980er Jahren wird Organisation noch nahe an Bürokratie, gesetzlichen Rahmungen und Einhaltung von Vorschriften analysiert. Auf der anderen Seite wird auch damals die Unerreichbarkeit bürokratischer Kontrolle der Unterrichtssituation festgestellt, die sich nur in der professionellen (oder handwerklichen) Interaktion realisieren lässt (Niederberger 1984). Organisation wird hier im Sinne einer Hierarchisierung und Zentralisierung als Gegensatz zu Professionalisierung gesehen.

Organisationsentwicklung im Sinne eines modernen Qualitätsmanagements lenkt die Aufmerksamkeit auf die Prozessvariablen des „Schulehaltens". Die Steuerung durch Inputvariablen soll durch Qualitätskriterien abgelöst werden, die im Kollegium der Lehrer erarbeitet und implementiert werden. Statt Hierarchisierung soll die kollegiale Kommunikation auf horizontaler Ebene gestärkt werden („Autonomie", „Eigenverantwortung", „Dezentralisierung"). Die Kontrolle der Einhaltung der Qualitätskriterien soll über Standardisierung extern gewährleistet werden. Während im Modell der Inputsteuerung Professionalisierung vs. Hierarchisierung (Bürokratisierung) diskutiert wurde, gerät nunmehr Professionalisierung in Widerspruch zu Organisationalisierung (auf der horizontalen Ebene der Professionellen).

Das Konzept der Organisationsentwicklung, Schule als lernende Organisation, sieht vor, dass kollektive Problemlösungen für Unterricht, Personal- oder Organisationsprozesse über schuleigene Steuergruppen entwickelt werden. Aus Einzelarbeit und Hierarchie soll Netzwerkarbeit entstehen. Es ist ein normatives Konzept, das an die Schulen eine Erziehungsabsicht heranträgt,[31] selbst wenn Organisationen lernfähig sind, können Organisationen nicht erzogen werden. Es sind auch nicht die Organisationen, an die die Erziehungsabsicht adressiert ist, sondern die Individuen, die Lehrer, die lernen sollen. Dadurch aber verändert sich nicht die Organisation als solche, sondern nur die Personen (im Sinne der Umwelt von Organisationen) oder das Personal (im Sinne von Entscheidungsprämissen). Ob diese Veränderung zu einer weitreichenden Strukturänderung führt, ist vor allem auch an eine Veränderung der Kompetenzen gebunden.

Aus organisationaler Perspektive erscheint das Konzept der Schule als „lernender Organisation" rational, aus der Perspektive des Erziehungssystems sogar in besonderer Weise geeignet, den pädagogischen Zugang der Organisationsentwicklung sicherzustellen. Betrachtet man aber den Ansatz der lernenden Organisation in der Theorie der strukturellen Differenzierung von Gesellschaft / Erziehungssystem / Organisation / Interaktion fällt auf, dass die Aufgabe des Lernens dem Erziehungssystem zugesprochen ist und sich in der Interaktion des Unterrichts vollzieht. So argumentiert Tacke:

„In der Folge wird der strukturelle Unterschied von Organisation (=Management) und Erziehung (=Profession) zum Schaden der Lehrerprofession übersehen" (Tacke 2004, 33).

Durch die Forderung nach Autonomie der Schulen entwickeln sich Schulen immer mehr zu Organisationen und übernehmen professionsfremde Aufgaben des Managements. Da Schulen professionelle Monokulturen sind, werden diese Aufgaben faktisch von Lehrern übernommen.

„Soziologisch betrachtet, wirkt die Profession dort, wo sie das Konzept des Organisationslernens bereitwillig aufgreift, an ihrer eigenen De-Professionalisierung mit" (Tacke 2004, 37).

Dieser Widerspruch mag auch dem nur sehr verhaltenen Engagement der Lehrerschaft für die Schulprogrammarbeit zugrunde liegen. Schule ist durch zwei strukturell unterschiedliche Merkmale der Respezifikation gekennzeichnet: Profession und Organisation. Der Begriff des Organisationslernens verwischt genau diesen für Schule konstitutiven Unterschied.

Warum können sich Schulen aber der Forderung nach Organisationsentwicklung nicht verschließen? Bemerkenswert ist, wie in die Schule, die vor allem durch das soziale System der Interaktion geprägt ist,

---

31 Vgl. den Unterschied von Sozialisation und Erziehung in Kapitel 1.

verstärkt Organisation Einzug hält. Aus neo-institutionalistischer Perspektive kann man von einem Legitimitätsproblem der Schule sprechen, begründet durch den semi-professionellen Status des Lehrerberufs. Im Gegensatz zu den klassischen Professionen behandelt der Lehrer keine einzelnen Fälle, sondern Klassen und daraus kann auch die geringe Reputation des Lehrerberufs in der Öffentlichkeit resultieren.

Nach Brüsemeister (2005) lässt sich diese politische Entscheidung vor allem deshalb erfolgreich implementieren, weil der Mythos der Effizienz in der Organisationsgesellschaft alle Ebenen der gesellschaftlichen Kommunikation durchdrungen hat und sozusagen den Resonanzboden für politische Programme bietet.

Auf gesellschaftlicher Ebene hat sich ein Rationalitätsmythos in allen Feldern verbreitet, so dass z. B. Eltern nicht einfach mehr den Bildungsprogrammen vertrauen, sondern die Leistung des Schulsystems durch externe Output-Kontrollen fordern. Auf der Ebene der Organisation versprechen die Beratereinrichtungen den Schulverwaltungen höhere Effizienz und tragen zur Legitimitätsbeschaffung bei. Schulen stehen wegen des semi-professionellen Charakters der Unterrichtsinteraktion und wegen des Technologiedefizits der mangelnden Durchgriffskausalität auf den Lernerfolg der Schüler unter einem besonderen Legitimitätsdruck. Auf der Ebene der Interaktion ist es Aufgabe der Profession die von den Schulverwaltungen und Beratereinrichtungen entworfenen Managementmethoden und operativen Logiken auf das berufliche Handlungsfeld des Lehrers abzustimmen.

2.8 Institution und Akteur

Abschließend soll eine erziehungswissenschaftliche Position vorgestellt werden, die das Bildungswesen als *institutionellen Akteur* begreift. Fend legt 2006 eine Neue Theorie der Schule vor, in der er eine strukturtheoretische Darstellung akteursorientiert, verstehensorientiert und gestaltungsorientiert ergänzen möchte. Während er in seiner ersten Theorie der Schule (1981) noch einen Gegensatz zwischen den Untersystemen der Verwaltung und der unterrichtenden Lehrer sah, versucht er nunmehr das Bildungswesen als eine Einheit zu verstehen, in dem jede Ebene systematisch aufeinander bezogen ist. Er nimmt Anleihen bei verschiedenen Theorietraditionen vor und bewegt sich zwischen Strukturtheoremen und Handlungstheoremen, um die Figur des *Bildungswesens* als institutionellen Akteur zu konzipieren.

In Rückblick auf Max Weber erklärt er Institutionen als Vergesellschaftungsleistung, als Auftragshandeln der Gesellschaft an die individuellen Akteure, in sozialen Ordnungssystemen zu handeln.

„Institutionelle Akteure repräsentieren das Insgesamt des Gesellschaftshandelns im Rahmen einer umschriebenen sozialen Ordnung – hier das Bildungswesen. Dieses Gesellschaftshandeln ist so reguliert, dass es auf eine Gesamtwirkung ausgerichtet ist. Das normativ geleitete Zusammenhandeln der Akteure ist aufeinander abgestimmt, um diese Gesamtwirkung zu erreichen" (Fend 2006a, 142).

Je nach Blickwinkel kann der institutionelle Akteur die Gesamtheit des Bildungssystems meinen, oder aber die Individuen, die im Bildungssystem handeln, jedoch nicht nach persönlichen Vorlieben, sondern im Rahmen der institutionellen Regelungen.

Zur Genese von Institutionen bezieht er sich auf Norbert Elias, der den Prozess der Zivilisation weder als ‚rational' geplant noch als regellos beschreibt:

„Pläne und Handlungen der einzelnen Menschen greifen beständig freundlich oder feindlich ineinander. *Diese fundamentale Verflechtung der einzelnen, menschlichen Pläne und Handlungen kann Wandlungen und Gestaltungen herbeiführen, die kein einzelner geplant oder geschaffen hat. Aus ihr, aus der Interdependenz der Menschen ergibt sich eine Ordnung von ganz spezifischer Art, eine Ordnung, die zwingender und stärker ist, als Wille und Vernunft der einzelnen Menschen, die sie bilden* (Im Original gesperrt)" (Elias 1979, 314).

Während für Max Weber soziale Ordnungen noch mit Zweckmäßigkeit verbunden sind, verneint Elias dieses. Entscheidend für Fend ist hier die subjektbasierte Sicht der Geschichte, auch der Geschichte der Institutionen.

Neben diesen normativen Regelungen, die Gesetzescharakter einnehmen, werden epistemische Strukturen als handlungsleitend im Bildungswesen beschrieben, also Vorstellungen der institutionellen Akteure über Deutungsangebote der Welt und der eigenen Person. (Diese Vorstellungen wurden von Scott als kognitive Institutionen definiert.)

Die *individuellen* Akteure sind die eigentlichen Handlungsträger, die schöpferisch handeln können. Wenn mehrere Akteure im Sinne einer sozialen Ordnung ‚auftrags'-handeln, entsteht eine neue Qualität:

„Wenn die Handlungen eines Kollektivs von Akteuren unter einheitlichen Zielen in vernetzten Beziehungen stehen, dann sprechen wir von einem solchen institutionellen Akteur. Damit ist das Gefüge normativ geleiteten Zusammenhandelns gemeint, das sich nicht allein aus der Aggregation von Einzelhandlungen ergibt" (Fend 2006a, 180).

Über das Konzept der *Rekontextualisierung* müssen die institutionellen Vorgaben des Bildungswesens auf der jeweiligen Handlungsebene

(Verwaltung – Schulführung – Lehrkräfte – Schüler) im Sinne von Umwelten adaptiert werden. Insofern sind institutionelle Strukturen Gelegenheitsstrukturen, die einen Handlungsspielraum der individuellen Akteure zulassen, und die, in einen sozialräumlichen und historischen Kontext eingebunden, auch veränderbar sind.

„Mit dem Konzept der *Rekontextualisierung* wird der Mehrebenenansatz präzisiert. Das Handeln auf der jeweiligen Ebene impliziert immer, dass die übergeordnete Ebene für die untergeordneten als Kontext präsent ist, aber im Rahmen der ebenenspezifischen Umweltbedingungen und Handlungsressourcen reinterpretiert und handlungspraktisch transformiert wird. Die übergeordnete Ebene bleibt also erhalten, wird aber gleichzeitig verändert. Rekontextualisierung meint deshalb Handeln im Rahmen von Ordnungen des Zusammenhandeln angesichts gegebener Umwelten, vermittelt durch die Selbstreferenz, die Interessen und Ressourcen der Handelnden" (Fend 2006a, 181).

Fend analysiert das Bildungswesen als gestuftes System, das – durch den Gesellschaftsauftrag des Gemeinsamhandelns (Institution) – auf jeder Ebene aufeinander bezogen ist, aber auf jeder Ebene mit Handlungsinstrumenten, Kompetenzen und Verantwortungen rekontextualisiert werden muss. Dabei verflüchtigen sich meines Erachtens die Unterscheidungen zwischen den emergenten Ordnungsniveaus *Interaktion* (Unterricht) als Kommunikation unter Anwesenden und *Organisation* (Leitung und Verwaltung) als Bindung der Kommunikation an die über die Mitgliedschaftsrolle formalisierten Verhaltenserwartungen.

In der Organisation werden die *Systemgrenzen* – zu Interaktion (wie kann Unterricht organisiert werden und wie können Organisationen pädagogisch gestaltetet werden) – und zu Gesellschaft (wie erfüllt das Erziehungssystems seine Funktion die Gesellschaftsmitglieder zu erziehen und wie stellt es Anschlussfähigkeit an die anderen Funktionssystemen her) bearbeitet. Im Prozess der Differenzierung durch die Bearbeitung der Systemgrenzen und durch Ausbildung innerer Strukturen entwickelt die Organisation eine *Eigendynamik* (vgl. Kuper 2004).

2.9 Resümee

In der vorliegenden Arbeit werden Entscheidungen zu Bildungsverläufen als Ergebnisse eines organisationalen Verhandlungsprozesses untersucht. Von der Organisation erhobene Bildungsstatistiken werden einer Re-Analyse unterzogen. Dieses Vorgehen erlaubt zwar nicht, den Prozess der Entscheidungskommunikation selbst zu rekonstruieren, sondern kann nur von den Effekten ausgehen. Durch das Aufzeigen von Unterschieden in der Bildungsbeteiligung können Zusammenhänge und Strukturen der Entscheidungskommunikation explorativ analysiert werden. Die empirisch vorfindbaren Bildungsentscheidungen der einzelnen Grundschulen werden untereinander im Kontext eines lokalen Schulsystems vergleichbar.

Die Bildungsentscheidungen werden auf der Systemebene der Organisation verortet. In mehrfacher Weise nutzt die Untersuchung die Unterscheidung in System und Umwelt. Die Grenzziehungen zu Gesellschaft und Interaktion (des Unterrichts) wurden schon thematisiert: Der Befund einer sozialen Ungleichheit in der Bildungsbeteiligung berührt die Systemgrenze der Gesellschaft. Implizit stellt sich die Frage, wie das Bildungssystem gemäß dem meritokratischen Prinzip seinen gesellschaftlichen Auftrag, alle Gesellschaftsmitglieder zu bilden, bearbeitet. Bildungsentscheidungen stellen auch implizit die Frage nach der Homogenität (oder möglichen Heterogenität) der Organisationseinheit des Unterrichtens (Gruppe, Klasse, Kurs, Schule) und streifen damit die Systemgrenze der Interaktion des Unterrichts.

Mit dem System Organisation kann sowohl die einzelne Grundschule als auch das lokale Schulsystem gemeint sein. Im ersten Fall ist das lokale Schulsystem Umwelt der Organisation Einzelgrundschule, während im zweiten Fall die Einzelschule Umwelt des lokalen Schulsystems ist. Die Organisation Schule kann also in unterschiedlichen Verwaltungseinheiten gedacht sein, dabei ist das Theorem der System/Umwelt-Differenz nicht hierarchisch geordnet. Zur Umwelt der Organisation Schule gehören auch die Familien der Schüler und demnach die soziale Herkunft der Schüler. Die Fragestellung der Untersuchung lautet: Erstens, lassen sich Unterschiede in den Bildungsentscheidungen auf der Systemebene der Organisation feststellen? Und zweitens, können Strukturen empirisch beobachtet werden, die sich aufgrund von früheren Entscheidungen oder Entscheidungsprogrammen herausgebildet haben und innerhalb der Organisation in der Entscheidungskommunikation fortgesetzt werden? Eingeschlossen ist dabei die Frage, ob die Bildungsgerechtigkeit dadurch beschädigt wird, gleichzeitig aber auch die Option, dass diese Strukturen durch Entscheidungen oder Entscheidungsprogramme veränderbar sind.

3 Bildungsentscheidungen

3.1 Einleitung

Bildungsentscheidungen konstituieren in der Abfolge individuelle Bildungskarrieren, die unterschiedlichen Zugang zu gesellschaftlich erstrebenswerten materiellen Gütern und immateriellen Werten eröffnen. Zu jedem Zeitpunkt der Schullaufbahn werden Selektionsentscheidungen getroffen, die über die Aufnahme, den Verbleib, den Weg und den Ab- (oder Über-)gang befinden und in unterschiedlichem Ausmaß von den Bildungseinrichtungen bzw. von den Familien der Kinder zu verantworten sind. Obgleich in der vorliegenden Arbeit vor allem die Schnittstellen des Schulstarts (der Aufnahme in die Grundschule) und des Übergangs (der Aufnahme in die Sekundarschule) fokussiert sind, soll die Abfolge der Entscheidungen in ihrer Permanenz und Komplexität skizziert werden. In der Forschung und auch in den persönlichen Schulbiographien werden vor allem die Entscheidungen an den Übergängen oder negative Selektionen thematisiert bzw. erinnert. Dass aber das Voranschreiten im Bildungssystem kein „natürliches" Heranwachsen ist, sondern permanent von den Promotions- und den Selektionsentscheidungen prozessiert ist, soll die Abbildung 5 verdeutlichen.

In dieser Abbildung wird das Raster der Schuljahre zugrunde gelegt, obwohl streng genommen nur bestimmte Entscheidungen zum Jahresende getroffen werden und andere während des ganzen Schuljahrs stattfinden können. Auch stimmt diese Strukturierung nicht mit der Arbeitsweise des Kindergartens[32] überein, deutlich ist aber, dass im letzten Kindergartenjahr die jahrgangsübergreifende Arbeitsweise des Kindergartens mit dem Jahrgangsprinzip der Schule schrittweise synchronisiert wird. Zusätzlich werden die differenten Bildungsorte angegeben, da mit einer Bildungsentscheidung auch die Inklusion in eine Lerngruppe bzw. die Exklusion aus einer Lerngruppe gefällt wird und somit eine schulorganisatorische Maßnahme darstellt. Die Entscheidungen können vorübergehend sein (Vorlauf, Förderkurs) oder fortdauernd. Die Veränderung der Lerngruppe kann in ihrer Bedeutung eine unterschiedliche Tragweite einnehmen, wie Überspringen/Wiederholen einer Klassenstufe oder Aufstufen/Abstufen des Bildungsgangs, wobei bekanntermaßen

---

32 Vgl. Diehm 2004.

die negativen Auswahlentscheidungen empirisch sehr viel häufiger auftreten als die positiven.

Kindergarten 3 Jahre[33]		Zuweisung				
	Entscheidung					
1. Jahr	Aufnahme/Nichtaufnahme	Zu Hause		Kindergarten		
2. Jahr	Aufnahme/Nichtaufnahme Vorzeitige Einschulung/ Eingangsstufe	Zu Hause		Kindergarten		
3. Jahr	Aufnahme/Nichtaufnahme Regeleinschulung	Zu Hause	Kindergarten	Vorlauf	Grundschule	Eingangsstufe
Grundschule 4 Jahre		Zuweisung				
	Entscheidung					
1. Jahr	Aufnahme/Zurückstellung	Kindergarten		Vorklasse		Grundschule
2. Jahr	Vorrücken/Wiederholen Förderschulüberprüfung ja/nein	Regelschule				Förderschule
3. Jahr	Versetzen/Wiederholen Förderschulüberprüfung ja/nein	Regelschule				Förderschule
4. Jahr	Versetzen/Wiederholen/ Förderschulüberprüfung ja/nein Eignungsempfehlung/ Schulwahl Zustimmung der Klassenkonferenz ja/nein	Regelschule				Förderschule

---

33 Wenn der Stichtag des Eintritts der dritte Geburtstag ist, verbleiben Kinder *regelmäßig* länger als 3, aber kürzer als 4 Jahre im Kindergarten.

Sekundarschule 5 oder 6 Jahre	Zuweisung					
Entscheidung						
1. Jahr	Aufnahme Versetzen/ Querversetzen/ Wiederholen Förderschulüberprüfung ja/nein	Förderstufe	IGS	Hauptschule	Realschule	Gymnasium	Förderschule
2. Jahr	Versetzen/ Querversetzen/ Wiederholen Förderschulüberprüfung ja/nein Bildungsgangempfehlung	Förderstufe	IGS	Hauptschule	Realschule	Gymnasium	Förderschule
3. Jahr	Versetzen/ Wiederholen/ Förderschulüberprüfung ja/nein Wechsel des Bildungsgangs	IGS	Hauptschule	Realschule	Gymnasium	Förderschule
4. Jahr	Versetzen/ Wiederholen/ Wechsel des Bildungsgangs	IGS	Hauptschule	Realschule	Gymnasium	Förderschule
5. Jahr	Versetzen/ Wiederholen/ Wechsel des Bildungsgangs Abgangszeugnis ohne Abschluss Hauptschulabschluss ja/nein qualifiziert ja/nein	IGS	Hauptschule	Realschule	Gymnasium	Förderschule
6. Jahr	Versetzen/ Wiederholen/ Wechsel des Bildungsgangs Abgangszeugnis ohne Abschluss Realschulabschluss ja/nein qualifiziert ja/nein	IGS		Realschule	Gymnasium	Förderschule

Abb. 5: Entscheidungen des Bildungswegs (Hessen 2007 bis zur 10. Klasse)

3.1.1 Die Schwierigkeit des Vergleichs

Untersuchungen zu Bildungsentscheidungen und ihre Abhängigkeit von der sozialen Herkunft sind in Deutschland allein deshalb sehr schwer zu *vergleichen*, weil sie sich auf unterschiedliche Bundesländer – mit unterschiedlichen schulrechtlichen Regelungen und Schulangeboten –

beziehen. Nur sehr wenige Studien beziehen mehrere Länder in die Untersuchung mit ein.

In der Regel wurden die Untersuchungsstichproben aus *einem* Bundesland, aus einem Landkreis oder aus einer Stadt gezogen.[34] Ist dadurch der rechtliche Rahmen *innerhalb* der Studie vereinheitlich, bleibt dennoch ein unterschiedliches Schulangebot, das auf eine sozialräumliche Dimension zurückzuführen ist. Kritisch anzumerken ist,

„dass die Rahmenbedingungen, vor deren Hintergrund die Eltern ihre Bildungsentscheidungen treffen, in den allermeisten Studien keine oder nur eine unzureichende Erwähnung finden. Das heißt, weder die Übergangsregelungen noch das Schulangebot oder die Erreichbarkeit der Schulen werden in der Regel ausreichend beschrieben bzw. gehen in die Analyse bzw. die Ergebnisinterpretation mit ein" (Mahr-George 1999, 38).

Durch die Zeitspanne von mehr als zwei Jahrzehnten, in denen die Stichproben der hier zitierten Untersuchungen erhoben wurden, verstärken sich die Schwierigkeiten eines Vergleichs. Zuverlässige Aussagen können streng genommen nur für einen bestimmten Sozialraum in einem gegebenen Zeitraum gemacht werden.[35]

3.1.2 Unterscheidungen

Die Untersuchungen lassen sich unterscheiden in solche, die Bildungslaufbahnen betrachten, also gestufte Bildungsentscheidungen analysieren, und in solche, die nur eine „Gelenkstelle" fokussieren. Im letzteren Fall ist der Messzeitpunkt von Bedeutung, der gewählt wird, um die Entscheidungsstelle zu identifizieren. Neuere Untersuchungen modellieren einen Prozess der Entscheidungsfindung durch mehrere Messzeitpunkte (Projekte von Holtappels und van Ophuysen bzw. von Roßbach und Blossfeld (BiKS), sowie Ditton und Krüsken 2006 und Kleine/Paulus/Blossfeld 2009).

Allen Untersuchungen gemeinsam ist, dass sie Bildungsbeteiligungen in Abhängigkeit von der sozialen Herkunft erforschen und damit implizit die Frage der Chancengleichheit stellen. Einige Studien basierend auf dem SOEP,[36] dem Mikrozensus oder den Schulstatistiken, analysieren unmittelbar die ungleiche Verteilung der sozialen Gruppen

---

34 Mahr-George 1999, 34f.
35 Die unterschiedliche Definition der sozialen Gruppen und ihre differente Terminologie soll hier nicht thematisiert werden.
36 Das Sozio-oekonomische Panel (SOEP) wird vom DIW Berlin seit 1984 in Zusammenarbeit mit Infratest Sozialforschung jährlich erhoben.

nach Bildungsgängen bzw. Bildungsabschlüssen, während andere, die sich auf eigens erhobene Daten aus Leistungsstudien oder Forschungssamples stützen, den Zusammenhang zwischen Bildungsbeteiligung und sozialer Herkunft durch die Dimension der Leistungsperformanz kontrollieren können. Dabei ist zu berücksichtigen, dass die Leistungsperformanz selbst abhängig von unterschiedlichen Entwicklungsmilieus der familiären, vorschulischen und schulischen Umwelt ist.

Für die Fragestellung der hier vorgelegten Arbeit ist von zentralem Interesse, ob neben individuellen Daten der Schüler (deren Eltern, deren Lehrer) auch Daten der höheren Systemebenen analysiert wurden, insbesondere ob Daten der Schulen mit einbezogen wurden. Daten auf der Ebene der Klasse verweisen sehr schnell auf unterrichtliche Forschungsfragen, während Schuldaten eher auf Fragen der Schulorganisation einer Einzelschule oder eines Schulverbundes hinweisen können. Beziehungen zwischen den Ebenen des hierarchisch gegliederten Bildungssystems quantitativ zu belegen, stellt hierbei eine besondere Herausforderung dar.

Die Untersuchungen unterscheiden sich – ohne dies jeweils explizit zu reflektieren – durch unterschiedliche Perspektiven in der Fragestellung. Sie fragen nach

- dem Erfolg (oder dem Scheitern) innerhalb des Schulsystems oder individueller Bildungsverläufe (*Schullaufbahnen*)
- den Determinanten der Bildungsnachfrage (*Bildungsentscheidungen*)
- der Verteilung der sozialen Gruppen innerhalb des Bildungssystems (*soziale Ungleichheit*) (vgl. Timmermann 2001).

Es ist nicht beabsichtigt in diesem Kapitel einen allgemeinen Überblick über die Forschungsstand zu geben, hier seien auf die Vorarbeiten von Mahr-George (1999), Kristen (1999) und Maaz et al. (2006) verwiesen. Vielmehr werden hier Studien ausgewählt, die dazu geeignet sind, *schulorganisatorische Effekte* der Schule oder des umliegenden Schulsystems auf die Bildungsbeteiligung zu referieren.

3.2 Übersicht zur Befundlage der empirischen Forschung

3.2.1 Schullaufbahnuntersuchungen – Erfahrungen des Scheiterns

Eine Forschung, die Schullaufbahnen der individuellen Bildungsverläufe über die Gesamtzeit der Schulbildung nachzeichnen möchte, befindet sich in der sehr schwierigen Situation, dass einerseits Längsschnittdesigns über diese Zeitspannen kaum finanzierbar bzw. realisierbar sind und andererseits die Schulstatistiken nur summarische Daten, aber keine Individualdaten erheben.[37] Gerade die Genese der sozialen Ungleichheit im Bildungsverlauf und der Befund, dass sich Ungleichheiten im Verlauf verstärken (IGLU vs. PISA), wirft die Frage nach *kumulativen* Effekten im System aber auch in den individuellen Bildungsbiografien auf.

Um in den Blick zu nehmen, wie viele Schüler durch jeweils einzeln beobachtbare Entscheidungen des Bildungsverlaufs in der *Summe* Erfahrungen des Scheiterns machen,[38] soll hier eine der singulären Schullaufbahnuntersuchungen[39] zitiert werden, die Bellenberg (1999) in Nordrhein-Westfalen 1996 durchführte. Sie *rekonstruiert* die Bildungsverläufe von circa 2000 Zehntklässlern aller Schulformen und Schülern der Jahrgangsstufe 13 der Gesamtschule und des Gymnasiums[40] und berichtet:

Nur 31% der Hauptschüler absolvieren eine *altersgemäße* Schullaufbahn mit fristgerechter Einschulung, ohne Klassenwiederholung weder in der Grundschule noch in der Sekundarschule und ohne Schulformwechsel.

In Bezug auf die Durchlässigkeit der Schulformen erscheint die Realschule als die Schulform, die die meisten Absteiger integrieren muss:

---

37 Nach einer Vereinbarung der Länder auf Empfehlung der KMK (03/2003) soll die Schulstatistik auf Individualdaten umgestellt werden (zitiert nach Avenarius et al. 2003, 49).
38 Verstärkt durch die professionelle Trennung nach Schulstufen schon in der Lehrerausbildungszeit, geht häufig die Sicht für den gesamten Bildungsverlauf verloren.
39 Roßbach und Tietze (1996) für die Grundschule, Lehmann et al. (1997) für die Sekundarstufe, aktuelle Studie BiKS (Roßbach/Blossfeld) Vor- und Grundschulalter.
40 Durch die Befragung in Abschlussklassen können Bildungswege der Schüler, die vorzeitig das Schulsystem verlassen, nicht nachgezeichnet werden. Insbesondere in der Hauptschule haben schon vor Abschluss der 10. Klasse einige aufgrund von Späteinschulung oder Wiederholen einer Klassenstufe die 10jährige Schulpflicht erreicht und gehen ohne Abschluss ab. Auch in der Oberstufe wurden nur die Schüler befragt, die die 13. Klasse erreicht haben.

„In den zehnten Klassen der Realschulen stellen *Schulformwechsler* ein Viertel der gesamten Schülerschaft, wobei es sich fast ausschließlich um ehemalige Gymnasiasten handelt" (Bellenberg 1999, 273).

Schümer (2004) bestätigt auf der Basis der in PISA 2000 erhobenen Daten 15-jähriger Schüler in Deutschland in der Tendenz diese Befunde:

„In einem Schulsystem, das großen Wert darauf legt, dass Lerngruppen hinsichtlich ihrer Fähigkeiten und Leistungen möglichst homogen zusammengesetzt sind, und für das die negative Auslese von Schülern kennzeichnend ist, kommt es zwangsläufig zu einer Konzentration von Schülern mit „Misserfolgskarrieren" in den weniger anspruchsvollen Schulen des Systems" (Schümer 2004, 76f.).

40% der Realschüler (der Gesamtschüler, der Schüler aus Schulen mehrerer Bildungsgänge) haben mindestens einen Misserfolg erfahren (in der Regel Wiederholen oder Schulformwechsel), in der Hauptschule teilen 64% die Erfahrung des Scheiterns, wobei 14% sogar zweimal von einer negativen Selektion betroffen waren (18,5% von ihnen wurden vom Schulbesuch zurückgestellt!) (Schümer 2004).

Ergänzend sollen Roßbach und Tietze (1996) zitiert werden, die für die Schullaufbahnen der Grundschule berichten, dass die Grundschule wesentlich segregationsärmer als in vorangehenden Jahrzehnten geworden ist, vor allem die Wiederholerquoten extrem gesunken sind (3,3% auf einer Jahrgangsstufe, Roßbach und Tietze 1996, 18), auch die Überweisungsquote auf die Sonderschule für Lernbehinderte beträgt nur 1% einer Jahrgangsstufe. Eine Ausnahme der fortbestehenden Segregation stellt der Schulbeginn mit 7% Zurückstellungsquoten dar.

„Allerdings erzeugen Segregationsquoten, die nur auf den Schulbeginn oder eine einzelne Jahrgangsstufe bezogen sind, ein unzureichendes und auch zu positiv gefärbtes Bild. Betrachtet man nämlich unter kumulativen Gesichtspunkten die Segregationen, die aus einem Einschulungsjahrgang heraus während seines vierjährigen Durchlaufens der Grundschule erfolgen, dann zeigt sich, dass am Ende der vierten Klasse fast jeder fünfte Schüler (19,1%) eines Einschulungsjahrgangs in der einen oder anderen Form mindestens einmal segregiert wurde" (Roßbach und Tietze 1996, 182f.).

Der im Auftrag der ständigen Konferenz der Kultusminister der Länder erstellte Bildungsbericht 2006 bestätigt auf der Basis der PISA 2003-Daten der 15-Jährigen, dass über die Schulformen hinweg durchschnittlich 31% der 15-Jährigen eine verzögerte Schullaufbahn erfahren haben, darunter waren 10% Wiederholungen (ohne Zurückstellungen in die Vorklasse!) in der Grundschule zu verzeichnen. Dabei ist die Spannweite der Daten zwischen den Ländern beachtlich: Ein Anteil von 22% in Thüringen und ein Anteil von 48% Schleswig-Holstein der 15-Jährigen mit verzögerten Schullaufbahnen, für Wiederholungen in der Grundschule wird ein Minimum von 6% (Thüringen) und ein Maximum von 18% (Schleswig-Holstein) berichtet.[41]

Für die Fragestellung der institutionellen Einflüsse auf Selektionsentscheidungen ist festzuhalten, dass erstens der Umfang der getroffenen Entscheidungen von Bundesland zu Bundesland deutlich variiert und dass zweitens die Schulformen in der Sekundarstufe quantitativ und *qualitativ* ganz unterschiedlich von den Selektionsentscheidungen betroffen sind. Drittens erscheinen die einzelnen Maßnahmen auf einen Jahrgang bezogen quantitativ geringfügig, in der Summe der Entscheidungen auf Schullaufbahnen bezogen aber sehr bedeutsam, und zwar in zweifacher Weise: Gesamtgesellschaftlich stellt sich die Frage, ob Bildungszeiten und Mittel nicht verschwendet werden und individuell, ob die Entfaltung der Persönlichkeit, die Kulturaneignung und die bewusste Lebensplanung nicht durch Erfahrungen des Scheiterns eher beschädigt als gefördert werden.

3.2.2 *Untersuchungen zum Übergang in die Sekundarstufe – Die Bedeutung der Schulklasse*

In den 1990er Jahren erschienen Studien, die den Einfluss der Klasse im Hinblick auf die Leistungsentwicklung und auf Übergangsentscheidungen analysierten. Sie waren beeinflusst durch die Untersuchungen Slavins (1987), der die Leistungsentwicklung im Vergleich von homogenen zu heterogenen Klassenzusammensetzungen analysierte.

Ditton (1992) untersuchte in einem Mehrebenenansatz[42] den Zusammenhang zwischen Bildungsentscheidungen und sozialräumlicher Gliederung.[43] Für die in der vorliegenden Arbeit gestellte Frage des Einflusses der organisationalen Strukturen auf Bildungsentscheidungen sind von besonderem Interesse die Unterschiede, die Ditton zwischen den Klassen aufzeigen konnte:

---

41 Tab. D2-6web in www.bildungsbericht.de und eigene Berechnungen
42 Durch die Untersuchungsmethode der Mehrebenenanalyse konnten Beziehungen zwischen Leistungsvariablen und Variablen sozialstruktureller Daten auf der *jeweiligen* Ebene, *zwischen* den Ebenen – und auch *Interaktionseffekte zwischen den Ebenen* identifiziert werden.
43 Auf der Individualebene wurden in einer 1985 in Bayern durchgeführten Befragung Daten zu Schülern, deren Eltern und Lehrern erhoben, diese wurden auf Klassenebene aggregiert und mit sozialräumlichen Daten des Grundschulbezirks in Beziehung gesetzt.

1. Er identifizierte bildungsnähere und bildungsfernere Kontexte,[44] die die Varianz der Bildungsaspiration und -empfehlung auf der Aggregatsebene der Klasse (vor allem des Bildungsgangs Gymnasium) fast zur Hälfte erklären können.

„Im bildungsnäheren Kontext sind die Bildungsaspirationen unabhängig von der Motivation, *den Leistungen* (kursiv MW) und Zensuren der Schüler höher" (Ditton 1992, 215).

2. Die Leistungsdifferenzen zwischen den Schulklassen sind hoch signifikant, dabei sind die Unterschiede zwischen Kindern der unteren Sozialgruppe und den anderen Kindern in Klassen mit einem hohen Arbeiteranteil *ausgeprägter* (kursiv MW), während die Zusammensetzung der Klasse auf die Kinder der mittleren und oberen Sozialgruppe keine Auswirkung zeigt (Ditton 1992, 179).

3. Die Abhängigkeit der Noten von der sozialen Herkunft ist in Schulklassen mit weit divergierender Notengebung stärker ausgeprägt:

„Eine stärker differenzierende Leistungsbewertung bedeutet offenbar zum Großteil verstärkte soziale Selektivität" (Ditton 1992, 181).

Eine größere Streuung in der Leistungsbewertung und eine verstärkte Differenzierung nach der sozialen Herkunft bedeutet auch eine größere Streuung in der Motivation und in den tatsächlichen Leistungen der Schüler.

4. Die Schulleistungen der heterogenen Klassen scheinen gegenüber denen der homogenen Klassen überlegen zu sein, zumindest in Bezug auf die Leistungen der Spitzenschüler in allen sozialen Gruppen. Dagegen können die Lehrer in homogeneren Schulklassen als Erfolg

„den geringeren Anteil an Kindern der unteren Sozialgruppe mit unterdurchschnittlichen und den größeren Anteil mit guten Schulleistungen verbuchen" (Ditton 1992, 101).

5. Die Lehrerempfehlung differiert nach homogenem oder heterogenem Klassenkontext: im homogeneren Kontext ist sie weniger sozial selektiv als die Erwartungen der Eltern. Die Elternaspiration der oberen Sozialgruppe ist unbeeindruckt vom Kontext und auch von der differierenden Lehrerempfehlung.

---

44 Der Index wurde aus dem mittleren Bildungsniveau der Väter (Referenz: Klasse), Anteil mithelfender Familienangehöriger und Anteil der 4-Personen-Haushalte (Referenz: Gemeinde) gebildet.

Interessant an den Analysen Dittons ist, dass er Bildungsentscheidungen als *pädagogische* Selektionsentscheidungen auf der Ebene der Klasse modelliert. Innerhalb der jeweiligen Klasse differenziert sich die Position der Kinder nach Schulleistungen. Je nach mikropolitischem Selektionsklima der Klasse kommt es zu homogeneren oder heterogeneren Entwicklungen, die sowohl die Leistungsbewertung, die Leistung, die Schülermotivation und auch die Übergangsempfehlung betreffen. Er argumentiert professionsethisch und führt diese Entwicklung auf die Haltung der Lehrer, auf ihre Vorstellung der Begabungsverteilung und ihr professionelles Selbstverständnis zurück. Das Ergebnis, dass höhere soziale Selektivität in der Klasse mit Spitzenleistungen und umgekehrt größere soziale Verträglichkeit mit besserer Förderung der Lernschwächeren einhergeht, ist nicht unabhängig von den – hier nicht untersuchten – Unterrichtsmethoden und den Möglichkeiten der Differenzierung zu sehen.[45]

Auch Roßbach und Tietze (1996) beobachten den Einfluss der Klasse auf die Leistungsentwicklung und auf die Übergangsraten in die Sekundarstufe und versuchen diesen zu quantifizieren.[46]

Extrem auffällig waren in ihren Berechnungen die Unterschiede der Durchschnittswerte zwischen den Klassen, die beträchtliche Niveauunterschiede anzeigen und zudem von Jahrgangsstufe zu Jahrgangsstufe eine nichtlineare Steigerung erfahren (Roßbach und Tietze 1996, 256). Die Fragestellung lautete nun, wie viel der Varianz ist auf die schulischen Bedingungen der Klasse oder aber auf individuelle Merkmale der Schüler zurückzuführen? In einer Varianzanalyse (mit der Klassenzugehörigkeit als Faktor) kommen die Autoren zu folgenden Ergebnissen:

---

45 Helmke konnte Optimalklassen identifizieren, in denen Leistungsstreuung gering und Leistungsentwicklung überdurchschnittlich war. Aber auch hier mit der Einschränkung, dass die begabungsstärkeren Schüler relativ benachteiligt waren (Helmke 1988, zitiert nach Ditton 1992, 218).

46 Sie analysieren Segregationsentscheidungen während der Grundschulzeit in einem System-Umwelt-Modell, das auf der einen Seite ein System Primarstufe mit Grundschulen und Sonderschulen für Lernhilfe und ihren Klassen beinhaltet und auf der anderen Seite die Umwelten eines lokalen Primarschulsystems wie die Familien der Eltern, aber auch Gemeindefaktoren und das Netzwerk umgebender Bildungsinstitutionen einbezieht. Im Fokus der Untersuchung stehen die *Grundschulklassen*. Auf der Ebene des Primarschulsystems werden durch Sekundäranalysen der amtlichen Schulstatistiken in Hinblick auf Zurückstellungsquoten, Wiederholerquoten, Übergänge in die Sonderschule und Übergänge in die Sekundarstufe analysiert. Auf der Individualebene werden die Leistungsentwicklung der Schüler, individuelle Merkmale der Schüler und ihrer Familien erhoben. Aus 200 Primarschulsystemen wurden 24 Klassen ausgewählt. Die Erhebung wurde 1985/1986 in NRW durchgeführt.

„Während sich die klassenspezifischen Niveaus in den Schulnoten statistisch im Zufallsbereich bewegen (d. h. Noten werden klassenbezogen gegeben, daher ergeben sich keine systematischen Unterschiede *zwischen* den Klassen MW), ergeben sich höchst signifikante Unterschiede bei den *Schulleistungstestwerten* bzw. bei den *Übergängen zu den höheren Schulen*. Die Anteile erklärter Varianz (ETA-Quadrat) liegen hier mit 12,8 bis 19,1% rund doppelt so hoch wie bei den Schulnoten" (Roßbach und Tietze 1996, 256).

Anders als Modelle, die Bildungsentscheidungen ausschließlich auf die soziale Herkunft (Familie) und die individuelle Leistungsentwicklung (Individuum) zurückführen, identifizieren die hier genannten Studien einen organisationalen Einfluss – *den der Schulklasse* – sowohl bei der Analyse der Leistungsentwicklung als auch bei den Bildungsentscheidungen. Bildungslaufbahnen sind nicht nur im sozialen System der Gesellschaft und auf der Ebene der individuellen Familien zu entscheiden, sondern werden auch innerhalb unterer Systemebenen – hier insbesondere der Schulklasse – kommunikativ ausgehandelt, und zwar in zweifacher Hinsicht: auf der Interaktionsebene des Unterrichts, die Leistungsentwicklung betreffend, als auch auf der Organisationsebene, die eigentliche Bildungsentscheidung moderierend.

3.2.3 Untersuchungen zum Übergang in die Sekundarstufe – Unterschiede zwischen Bildungsaspiration und Empfehlung

Die meisten Untersuchungen zu Bildungsentscheidungen beziehen sich auf den Übergang in die Sekundarstufe. Dafür sprechen insbesondere zwei Gründe, erstens die These, dass die besondere soziale Selektivität des deutschen Bildungssystems in Zusammenhang mit der frühzeitigen Festlegung auf differenzierte Schullaufbahnen steht[47] und zweitens die relativ großen *Einflussmöglichkeiten der Eltern* auf die Bildungsentscheidung zu diesem Entscheidungszeitpunkt. Den Eltern ist durch die Änderung der Gesetzgebung die freie Wahl des Bildungsgangs in fast

---

47 „Je früher Schüler und Schülerinnen auf verschiedene Bildungswege verteilt werden, desto kürzer wird das Zeitfester, das für schulische Interventionen zum Ausgleich herkunftsbedingter Leistungsunterschiede zur Verfügung steht, und desto stärker schlagen die sozialschichtabhängigen Lebenspläne, die Eltern für ihre Kinder entwerfen, auf die Übergangsentscheidung durch. ... Mit frühen Differenzierungsentscheidungen nehmen, wenn man nichts zusätzlich unternimmt, die sozialen Disparitäten der Bildungsbeteiligung zu ... je stärker sich die Schulformen als Entwicklungsumwelten unterscheiden und je weniger die Förderung im unteren Kompetenzbereich gelingt, desto größer werden gleichzeitig die herkunftsbedingten Disparitäten des Kompetenzerwerbs" (Baumert und Arlert 2003, 190).

allen Bundesländern ermöglicht worden, dennoch besteht weiterhin – durch die Feststellung der Eignung für den Besuch des jeweiligen Bildungsgangs – ein an die Grundschule gerichteter Selektionsauftrag.

Mahr-George (1999)[48] modellierte die Bildungsentscheidung der Eltern als Folge einer gestuften Entscheidung: Wahl des Bildungsgangs – Wahl der Schulform – Wahl der konkreten Schule – Realisation der Wahl (Bestätigung der aufnehmenden Schule). Die dritte Stufe (Wahl der konkreten Schule) ist durch das Schulangebot begrenzt, die vierte Stufe (Realisation der Wahl) wird erst durch die Entscheidung des Schulleiters/der Schulleiterin der aufnehmenden Schule zum Abschluss gebracht. Je nach Schulstruktur einer Region wird die Entscheidung durch das Angebot moderiert.

Bei den Schulwahlkriterien der Eltern scheinen die Leistungen der Kinder an erster Stelle zu stehen, wobei auch die soziale Herkunft einen direkten Einfluss auf die Bildungsentscheidung ausübt. Bei Kontrolle der schulischen Leistungen des Kindes begünstigt ein formal hoher Bildungsabschluss der Eltern sowohl die Wahl als auch die Realisation eines gymnasialen Bildungsgangs.

Interessanterweise scheint der Einfluss des elterlichen formalen Bildungsniveaus von Entscheidungsstufe zu Entscheidungsstufe abzunehmen (Mahr-George 1999, 223). Dieser Befund kann meines Erachtens unterschiedlich interpretiert werden, die Übergangsentscheidung gestaltet sich sozial ausgewogener, wenn die institutionellen Akteure stärker in Erscheinung treten und damit für mehr Bildungsgerechtigkeit sorgen, oder aber der Einfluss des formalen Bildungsniveaus der Eltern nimmt deshalb ab, weil generell der Einfluss der Eltern sinkt.

Die Unterschiede zwischen den Eignungsempfehlungen der Lehrer und Lehrerinnen und der Bildungsaspiration der Eltern ist auch Gegenstand eines von der DFG geförderten Projekts „Disparitäten der Bildungsbeteiligung und des Schulerfolgs"[49] (Ditton et al. 2005). Um unterschiedliche Realisationsmöglichkeiten der Bildungsaspirationen nach Bildungsgang, Migrationsstatus und Geschlecht nachzuzeichnen, werden Daten zu mehreren Messzeitpunkten erhoben. Wie erwartet, wünschen sich mehr Eltern höhere Bildungsgänge als Lehrkräfte voraussichtlich empfehlen werden.[50] In Bezug auf den Migrationshintergrund erhalten Kinder, deren beide Eltern in Deutschland geboren sind, ver-

---

48 Die Untersuchung fand im Frühjahr 1996 in sechs rheinland-pfälzischen Regionen an Grundschulen, die am Modellversuch Regionale Schule (Teilintegrierte Schulform mit Bildungsgang Haupt- und Realschule in der Sekundarstufe I) beteiligt waren, statt.
49 Die Studie wird in Bayern durchgeführt.
50 Ende der 3. Jahrgangsstufe

gleichbare Empfehlungen wie Kinder, von denen ein Elternteil im Ausland geboren ist.

„Kinder, deren beide Elternteile *nicht* (kursiv MW) in Deutschland geboren sind, erhalten dagegen sehr viel häufiger Empfehlungen für die Hauptschule und seltener Empfehlungen für die Realschule, vor allem aber seltener für das Gymnasium als die beiden anderen Gruppen" (Ditton et al. 2005, 290).

Geradezu konträr verhalten sich auffälligerweise die Elternaspirationen: Für Familien,

„in denen beide Elternteile nicht in Deutschland geboren sind, ist die Quote der Gymnasialwünsche höher (42,4%) als in Familien mit zwei in Deutschland geborenen Elternteilen (35,8%)" (Ditton 2005 et al., 291).

Diese erhöhte Bildungsaspiration bleibt auch im binären logistischen Regressionsmodell[51] erhalten: Bei Kontrolle der Leistungsvariablen und der sozialen Statusvariablen haben Familien, in denen beide Eltern im Ausland geboren sind, eine vier Mal häufigere gymnasiale Aspiration als Familien, in denen beide Eltern in Deutschland geboren sind.

Auch die Effektstärke des sozio-ökonomischen Status der Familie ist groß: Bei Kontrolle der Leistungsvariablen sind die Chancen einer Familie der obersten Statusgruppe, eine gymnasiale Empfehlung zu bekommen, fast vier Mal größer als die Chancen einer Familie der mittleren Statusgruppe.

Unabhängig davon, ob man die Differenz zwischen der Bildungsaspiration der Eltern und der wahrscheinlichen Empfehlung der Lehrkraft als mangelnde Informiertheit der Eltern oder als größere Durchsetzungschance der Familien der höchsten Statusgruppe interpretiert, bleibt festzuhalten, dass die Diskrepanz dieser Entscheidungspositionen in Migrantenfamilien am höchsten ist. Offen bleibt die Frage, wie Momente einer institutionellen Diskriminierung (vgl. Gomolla und Radtke 2002) hier wirksam sein könnten.

Die 2006 veröffentlichten Ergebnisse belegen, dass Angehörige der oberen Statusgruppe zu fast 80% ihre Aspiration verwirklichen konnten, dass sie sich bei gleichen schulischen Leistungen häufiger als Familien aus der Arbeiterschicht für den Besuch einer höheren als der empfohlenen entscheiden und dass Eltern von Kindern mit deutscher Muttersprache ihr Kind bei einer Realschulempfehlung eher am Gymnasium anmelden als die Vergleichsgruppe (Ditton und Krüsken 2006).

Zusammenfassend ist festzustellen, dass Untersuchungen, die die Differenz zwischen Bildungsaspiration und Eignungsempfehlung analysieren, immer wieder den Einfluss der sozialen Herkunft auf die Bil-

---

51 Methodische Erläuterung im folgenden Kapitel

dungsentscheidung bestätigen. Im Sinne von Bourdieus Reproduktionsansatz scheinen Familien vor allem mit höherem kulturellen Kapital eher ihre Wahlen durchsetzen zu können – und zwar unabhängig vom Leistungsstand des Kindes und auch gegen die Eignungsempfehlung des Lehrers – als Familien mit geringerem kulturellen Kapital.

Im Unterschied zu Untersuchungen, die nur die Schul*wahl* analysieren, thematisieren Untersuchungen, die die Differenz der Eignungsempfehlung des Lehrers/der Lehrerin und der (elterlichen) Schulwahl modellieren, implizit, dass selbst bei freier Schulwahl die Bildungsentscheidung weiterhin in Aushandlung mit dem schulischen System zu fällen ist: *mit* oder *gegen* die Eignungsempfehlung, aber keinesfalls *ohne* dieselbe.

3.2.4 Soziale Ungleichheit – Unterschiede des regionalen Kontextes der Länder

Auf der Datenlage des Mikrozensus[52] fragt Böttcher (1991) nach der Chance oder Wahrscheinlichkeit eines Angehörigen einer bestimmten Sozialgruppe, eine bestimmte Schulform zu besuchen.[53] Beachtenswert hierbei sind die Unterschiede zwischen den Bundesländern:

„Stark differenzierende Schulstrukturen bilden den Rahmen für soziale Selektionsprozesse, die nicht nur für die betroffenen Individuen von Bedeutung sind ..., sondern auch kollektive Effekte wenigstens insofern haben, als sie nämlich zur Reproduktion von Ungleichheit beitragen" (Böttcher 1991, 152).

1989 besuchen in Bayern und Rheinland-Pfalz[54] circa zwei Drittel der Arbeiterkinder eine Hauptschule, hingegen in Hessen nur ein Drittel. Während in Bayern nur 7,9% aller Arbeiterkinder ein Gymnasium besuchen, sind es in Hessen 15,4% und in Nordrhein-Westfalen 11,9%.[55]

---

52 Mikrozensus von 1989
53 Auf der Basis der PISA-Daten 2000 wird 10 Jahre später berichtet, dass Angehörige der oberen Dienstklasse eine mehr als 4 Mal so große Chance ein Gymnasium statt eine Realschule zu besuchen haben als Angehörige einer Facharbeiterfamilie (bei Kontrolle der kognitiven Fähigkeiten eine 3,4 Mal größere Chance, bei Kontrolle der kognitiven Fähigkeiten und der Lesekompetenz eine 3 Mal größere Chance (Tab. D1-7web in www.bildungsbericht.de)
54 Es existiert kein Gesamtschulangebot in Bayern und Rheinland-Pfalz zum Erhebungszeitpunkt.
55 In Hessen besuchen 15% der Arbeiterkinder eine Gesamtschule, in Nordrhein-Westfalen 7,1%.

Ein Vergleich zwischen Schulwahlen in Berlin (Ost) und Brandenburg[56] (Merkens und Wessel 2002) zeigt die unterschiedliche Bewertung der Gesamtschule in den beiden Ländern: In Berlin steht die Gesamtschule nach dem Gymnasium an zweiter Stelle, in Brandenburg hingegen an dritter Stelle der Elternwünsche. Hier rangiert die Realschule auf Platz 2 – nach dem Gymnasium, aber *vor* der Gesamtschule.

„Auf der Gesamtschule wird in Brandenburg erwartungsgemäß ein hoher Anteil an Hauptschulabschlüssen gewünscht. (...) In Berlin soll der größte Anteil der gewünschten Realschulabschlüsse auf der Gesamtschule realisiert werden, wohingegen in Brandenburg dieser Abschluss zum größten Teil auf der traditionell dafür vorgesehenen Realschule realisiert werden soll. Bei Betrachtung der gewünschten Abschlüsse auf der Realschule fällt auf, dass diese Schulform in Brandenburg eher als ‚offene Schulform' angesehen wird, die die Möglichkeit bietet, ein Abitur anzuschließen. Die Gesamtschule erfährt ganz offensichtlich *mit dem Wegfallen eines Schultyps (Hauptschule)* (kursiv MW) in Brandenburg bei den Eltern eine andere Interpretation" (Merkens und Wessel 2002, 273).

Eine Analyse der PISA-Daten 2000 der 15-jährigen (vgl. Schümer 2004) zeigt, dass sich die Ergebnisse von Schulen ein und derselben Schulform aufgrund der demographischen Gegebenheiten und der in den neuen Bundesländern vorherrschenden *Schulstruktur* lange nicht so stark voneinander unterscheiden wie in den alten Ländern:

„Abgesehen von der sehr kleinen Zahl von Hauptschulen ... existieren neben dem Gymnasium ausschließlich Schulen mit mittlerem Anforderungsniveau, und zwar insgesamt 74% (in den alten Ländern sind es nur 30%). Folglich kommt eine Konzentration von Schülern mit ungünstigen Lernvoraussetzungen schon aufgrund der Schulstruktur in den neuen Ländern wesentlich seltener vor als in den alten Ländern mit ihren drei- oder viergliedrigen Schulsystemen" (Schümer 2004, 96).

Bezogen auf die Fragestellung der institutionellen Einflüsse lässt sich belegen, dass der Besuch eines bestimmten Bildungsgangs nicht unmittelbar an eine „Eignung" des Schülers gekoppelt ist, sondern durch *die gesetzlichen Regelungen und das Schulformangebot eines Bundeslandes moderiert wird*. Dabei hat die Anzahl der angebotenen Bildungsgänge

---

56 Merkens und Wessel (2002) untersuchen in Berlin (Ost) und Brandenburg Bildungsentscheidungen, die in den genannten Bundesländern erst nach der 6. Klasse getroffen werden müssen. Interessanterweise werden in diesen Ländern schon in der vierten Klasse prognostische Grundschulempfehlungen durch die Lehrerinnen erteilt, die einen Einfluss auf die Elternentscheidungen ausüben. 85% der Eltern hatten schon nach dem vierten Schuljahr eine Entscheidung für den Bildungsweg ihres Kindes getroffen, aber nach der sechsten Klasse entschieden sich nur 69% der Eltern so wie sie es am Ende des 4. Schuljahrs angegeben hatten. Anscheinend ist hier eine beachtliche Unentschiedenheit gegeben, die auch auf die besondere Situation der neuen Bundesländer zurückzuführen ist.

Einfluss auf die soziale Zusammensetzung der Schüler in dem Sinne, dass das Angebot von mehreren Bildungsgängen zu größerer Differenzierung der Schülerpopulation führt und die Wahrscheinlichkeit einer Häufung von Schülern ungünstiger Lebenschancen in einer Schule steigt. Führte der Ausbau des Gymnasiums und der Gesamtschulen einerseits zu größeren Bildungschancen für diejenigen, die einen Aufstieg in diesen Bildungsgängen realisieren konnten, trug er andererseits – unbeabsichtigt – zu ungünstigeren Lernbedingungen für die bei, die in dem niedrigsten (von vier oder mehr) Bildungsgängen verblieben.

3.2.5 Wirkungen der sozialen Selektivität auf die Schulleistungen

Soziale Ungleichheit im Bildungssystem wird in der Regel durch den empirischen Zusammenhang der sozialen Abhängigkeit des *Zugangs* zu Bildungswegen und des *Erfolgs* von Bildungslaufbahnen belegt. Schümer stellt nun die Frage, ob die Leistungen der Schüler nicht nur von ihren individuellen Lernvoraussetzungen, sondern auch von der *Zusammensetzung ihrer Lerngruppen* abhängig sind. In der Vergangenheit wurden Befunde auf der Ebene der Klassen berichtet und im Zusammenhang mit homogener und heterogener Klassenzusammensetzung (Leistungsdimension, aber auch Sozialdimension) diskutiert. Die Daten der PISA-Erhebung 2000 erlauben mittels einer Mehrebenenanalyse, das Zusammenwirken von individuellen Daten und *Schuldaten* zu analysieren.[57] Schümer berichtet in einem Zwei-Ebenen-Modell lineare Effekte der Zusammensetzung der Schülerschaft auf individuelle Leseleistungen getrennt nach alten und neuen Bundesländern, wobei die Effekte in den alten Bundesländern stärker sind (siehe oben), auf die ich mich hier beziehe.

Auf der Individualebene können 61,6% der Varianz der Leseleistungen durch die kognitiven Fähigkeiten und die familiäre Herkunft erklärt werden. *Weitere 9% der Varianzaufklärung sind auf die Lernumwelt der Schule zurückzuführen.* Den entscheidenden Einfluss übt die Schulform aus: Schüler gleicher individueller Vorraussetzungen (kognitive Voraussetzungen *und* Herkunftsdimension) erreichen beispielsweise in der Hauptschule 462,6 Punkte in der Leseleistung, in der Realschule 506,5 Punkte und im Gymnasium 535,6 Punkte.

---

57   32.589 Schüler aus 1.379 Schulen (Schümer 2004, 83)

„Demnach gibt es – aufgrund der schulformspezifischen Eingangsselektivität – erhebliche Differenzen zwischen den verschiedenen Schulformen hinsichtlich der Auswirkungen ihrer spezifischen Lernmilieus auf die einzelnen Schüler" (Schümer 2004, 87).

Wird neben der Schulform die Zusammensetzung der Schulen *nach mittlerem Niveau* der kognitiven Fähigkeiten ihrer Schüler und nach dem Anteil der Schüler aus bildungsfernen Elternhäusern betrachtet, ergeben sich weitere Auswirkungen:

„Demnach gibt es auch *zwischen Schulen derselben Schulform* (kursiv MW) Unterschiede in der kognitiven und soziokulturellen Zusammensetzung der Schülerschaft, die sich auf die Leistungen auswirken" (Schümer 2004, 87).

Schümer untersucht auch nichtlineare Effekte der Zusammensetzung der Schülerschaft auf die Leseleistung, in dem sie die Merkmale der Schülerpopulation in Quintile unterteilt und berechnet, welchen Effekt die Zugehörigkeit zum 5. Quintil (sehr ungünstige Bedingungen[58]) auf die Leseleistung ausübt.[59]

„Schulen mit einer Konzentration von Schülern aus unterprivilegierten Gesellschaftsschichten gibt es prinzipiell nicht nur in Hauptschulen, sondern auch in Realschulen und Integrierten Gesamtschulen, und eine ungünstige Zusammensetzung ihrer Schülerpopulation wirkt sich prinzipiell negativ auf die Leistungen der Schüler aus. Schulen mit extrem ungünstig zusammengesetzten Schülerpopulationen sind aber unter den Hauptschulen ganz erheblich überrepräsentiert" (Schümer 2004, 102).

Der Vergleich zwischen den Bundesländern (insbesondere zwischen alten und neuen Bundesländern) bestätigt die Hypothese, dass durch die Einrichtung von Gesamtschulen (in einem viergliedrigen Schulsystem) *Creaming*-Prozesse zu Ungunsten der Hauptschulen stattgefunden haben, die wiederum die Entstehung von Problemschulen begünstigen.

Im Tenor bestätigen Baumert, Stanat und Watermann (2006) diese Aussage, wenn sie institutionelle und kompositionelle Effekte in der Leistungsentwicklung ermitteln. Sie untersuchen, ob Schüler *unabhängig von und zusätzlich zu* unterschiedlichen persönlichen, intellektuellen, kulturellen, sozialen und ökonomischen Ressourcen unterschiedliche Entwicklungschancen haben, wenn sie unterschiedliche Schulformen und/oder Schulen besuchen, die unterschiedlich in der sozialen Herkunft

---

58 Zum 5. Quintil gehören beispielsweise Schulen mit 65% Schülern mit geringen kognitiven Fähigkeiten, 31% Schülern aus bildungsfernen Haushalten, 35% Schülern, die zu Hause nicht deutsch sprechen.
59 Die Ergebnisse werden hier nicht berichtet, da der nichtlineare Trend der geschätzten Koeffizienten auf die unterschiedlichen Quintilsabstände der Schulformen zurückzuführen ist. „Da die Quintile schulformübergreifend definiert wurden, ist ihre Besetzung innerhalb der Schulformen unterschiedlich" (Baumert et al. 2006, 179).

oder in der kognitiven Leistungsfähigkeit ihrer Schülerschaft zusammengesetzt sind.

Sie unterscheiden fünf Komponenten der *Kontextbedingungen für Schulen*, diese wirken in den seltensten Fällen direkt auf die Lernprozesse, sondern werden in der Interaktion zwischen Eltern, Lehrkräften und Schülern vermittelt:

- soziokulturelle Zusammensetzung
- Konzentration sozialer Risikofaktoren durch belastende Familienverhältnisse
- ethnisch-kulturelle Zusammensetzung
- Fähigkeits- und Leistungsniveau
- Konzentration lernbiographischer Belastungsfaktoren.

Im Unterschied zu Forschungsfragen der *internationalen* Schuleffektivitätsstudien, die die soziale Zusammensetzung der Schülerschaft analysieren (die allerdings stark mit dem Fähigkeitsniveau kovariiert), müssen in einem gegliederten Schulsystem wie dem *deutschen* die differenziellen Schulumwelten, die auch durch die Schulform und die institutionell vorgegebenen Lernbedingungen erzeugt werden, Berücksichtigung finden. Zentral ist demnach in Deutschland die Abgrenzung von Institutions- und Kompositionseffekten. Bei den Kompositionseffekten ist das Leistungs- und Fähigkeitsniveau der Schulen von herausragender Bedeutung, gleichwohl die soziale Zusammensetzung wirksam ist. Interessanterweise interagieren Schulformzugehörigkeit und Kompositionseffekte zu schulformspezifischen Mustern. Das Gymnasium ist relativ unabhängig von Kompositionseffekten.

„Das Spiegelbild stellt die Hauptschule dar. Dies ist die Schulform, deren Arbeitserfolg am stärksten durch kritische Kompositionsmerkmale beeinflusst und beeinträchtigt wird" (Baumert et al. 2006, 174).

„Die Schulstruktur hat in gegliederten Systemen einen erheblichen Einfluss auf die Entstehung unterschiedlicher schulischer Lern- und Entwicklungsumwelten (…). Eine zunehmende schulstrukturelle Differenzierung erhöht intentionswidrig das Risiko, dass an einzelnen Schulen Lern- und Entwicklungsmilieus entstehen, die zu einer kumulativen Benachteiligung von Schülerinnen und Schülern führen. Diese Problemgruppe ist in zweigliedrigen Schulsystemen praktisch nicht anzutreffen" (Baumert et al. 2006, 177).

Das Ergebnis irritiert die landläufige Argumentationsfolge – wegen unterschiedlicher Leistungsniveaus wird nach Bildungsgängen differenziert – und wendet sie geradezu in ihr Gegenteil – wegen stark gegliederter Bildungsgänge differenzieren sich zunehmend Leistungsniveaus (nach unten).

Bei der Betrachtung der Werte der mittleren Lesekompetenz PISA 2003 im 10. Perzentil (unter dem 10. Perzentil liegen die Messwerte der 10% Leistungsschwächsten) im Bundesländervergleich fällt auf, dass die niedrigeren Werte in der Regel die Länder verzeichnen, die mehr als *drei* Schulformen in der Sekundarstufe anbieten.[60] Eine Differenzierung in ein „vielfältiges" Schulangebot scheint den unerwünschten Effekt eines Absinkens des unteren Leistungsbereichs nach sich zu ziehen.

Trotzdem sollte Vorsicht bei der Interpretation der Zusammenhänge geboten sein. Vor allem sollte darauf geachtet werden, dass die so genannten Kompositionseffekte nicht als Wesens- oder Kulturmerkmale der Schüler in den öffentlichen Diskurs einfließen. Auch sollte der hier gewählte systemtheoretische Zugang dazu dienen, die Ebene der Interaktion des Unterrichts und die Ebene der Organisation der referierten Ergebnisse auf Schulsystemebene zu trennen. Eine wie auch immer geartete Zusammensetzung von Schülern realisiert erst *im Unterricht* mit der Lehrkraft die Entwicklung der potentiellen Kompetenzen der Individuen. Denkbar wäre zum Beispiel, dass das Anspruchsniveau in den negativ ausgelesenen Schulen und die Erwartungshaltung der Lehrkraft niedriger sind als in den anderen Schulen.

3.2.6 Soziale Ungleichheit – Lokale Kontexte

Während in den 1960er Jahren noch die Differenz der Bildungsbeteiligung zwischen Stadt und Land thematisiert wurde, wurden, angeregt durch die Theorie der ökologischen Sozialisationsforschung,[61] die ersten Studien zur innerstädtischen Ungleichheit des Schulbesuchs ab Anfang der 1980er Jahre von Meulemann/Weishaupt (1982) publiziert. Ausgehend von den Standorten der weiterführenden Schulen ist festzustellen, dass Gymnasien und Realschulen in den zentral gelegenen, ehemals bürgerlichen Stadtteilen der Großstädte liegen. Durch die Abwanderung von Familien in die Randzonen oder ins Umland der Städte führte die Standortverteilung der Gymnasien zu einer rapiden Entkoppelung von Wohn- und Schulort (Weishaupt 1983). Eine Studie über die Standortverteilung der bis 1977 in Nordrhein-Westfalen eingerichteten 29 Gesamtschulen hatte zum Ergebnis, dass Arbeiterviertel als Standorte oder Einzugsbereiche der Gesamtschulen deutlich überwiegen (vgl. Kuthe et al. 1979). Die Schlussfolgerung, dass „diese Schulgründungen zur Ver-

---

60 $r = .75$ (Codierung 1 = Länder mit 2 oder 3 Schulformen, 0 = Länder mit mehr als 3 Schulformen); Quelle: D6-5web, www.bildungsbericht.de und eigene Berechnungen
61 Als ein herausragender Vertreter sei Urie Bronfenbrenner (1981) genannt.

ringerung von Angebotsdisparitäten zwischen den Wohngebietstypen beitragen" (Weishaupt 1996, 57), muss aus heutiger Sicht des Stands der Bildungsexpansion und eines stark gegliederten Schulsystems neu bewertet werden.

Die Bereitschaft der Eltern, weite Schulwege in Kauf zu nehmen, ist sozialgruppenabhängig: „(...) ohne gut erreichbares Angebot sinkt deutlich die Bereitschaft der unteren sozialen Gruppen" (Weishaupt 1996, 58).[62]

Während obige Thesen auf ein Angebot/Nutzungs-Verhältnis abzielen, versucht Weishaupt auch den Einfluss von lokalen Milieus auf die Bildungsbeteiligung nachzuweisen. Er bezieht sich hier auf das Konzept der Sozialraumanalyse, das beinhaltet, dass sich soziale Strukturen mehrdimensional räumlich niederschlagen, also eine räumliche Differenzierung mit einer sozialen Ausgliederung einhergeht. Sozialökologische Faktoren erklären zusätzlich die Realschulbesuchsquote (1977!), nicht aber die Besuchsquote des Gymnasiums, die sich ausschließlich durch die Sozialstruktur des Stadtviertels erklären ließ.

Den Versuch, Gymnasialempfehlungen in Zusammenhang mit sozialstrukturellen Daten einzelner *Stadtteile* zu erklären, unternahm Schulz (2000), indem er zwei sozialstrukturell gegensätzliche Berliner Stadtteile – Steglitz und Kreuzberg – verglich. Er setzte die Daten zum Sozialindex,[63] zum Anteil nichtdeutscher Schüler und zu den Gymnasialempfehlungen der Jahre 1991/1992 und 1998/1999 aller Grundschulen in Beziehung.

Erwartungsgemäß zeigen die Grundschulen der privilegierten Region Steglitz einen höheren Prozentsatz an Gymnasialempfehlungen (38%) als die Grundschulen der ärmeren Region Kreuzberg (28%). Allerdings relativiert sich dieser Unterschied nach acht Jahren auf eine Differenz von 6 Prozentpunkten.[64] Der Zusammenhang von Sozialindex

---

62 Göschel et al. (1980) zeigen, dass das sozialgruppenspezifische Bildungsverhalten der Eltern schon bei der Wahl des Kindergartens zu Tage tritt (zitiert nach Weishaupt 1996, 58).
63 „Die Basis zur sozialstrukturellen Einteilung der Einschulbereiche bildeten die Sozialstrukturatlanten von Berlin für die Jahre 1990, 1997 und 1999 ... Die für uns methodisch relevante und verfügbare statistische Analyseebene sind die Verkehrszellen. Diese gehören zu insgesamt sechs hierarchisch aufeinander aufbauenden Bezugsräumen (die Verkehrszellen repräsentieren die vierte Ebene), welche Berlin gliedern" (Schulz 2000, 467).
64 Weder die Entwicklung noch die relativ ähnlichen Werte an Gymnasialempfehlungen im Vergleich zu den extremen Unterschieden der Sozialstruktur und des Anteils nichtdeutscher Kinder kann mit dem vorhandenen Datenmaterial befriedigend erklärt werden. Es scheint mir, als ob sich eine Angleichung der Grundschulempfehlungen analog der Notenvergabe an den Klassen-(Schul-)Standard vollziehen würde.

bzw. Anteil der nichtdeutschen Kinder und Gymnasialempfehlungen wurde im genannten Zeitraum stärker, wobei die Varianz der Gymnasialempfehlungen der Grundschulen untereinander beachtlich ist.

Untersuchungen, die einen lokalen Kontext wählen, können Modellcharakter haben und explorativ verallgemeinerbare Aussagen generieren. Durch die Herausarbeitung kontextspezifischer Merkmale machen sie darauf aufmerksam, dass auch auf der Systemebene eines lokalen städtischen Schulsystems Bildungsbeteiligungen und -verteilungen kommunikativ ausgehandelt werden. Die Chancen eines Schülers, eine bestimmte Schullaufbahn einzuschlagen, ändern sich je nach Stadt und vor allem je nach (innerstädtischem) Stadtteil.

3.2.7 Schullaufbahnen als institutionelle Diskriminierung

Gomolla und Radtke (2002) modellieren Schullaufbahnen als Effekte institutioneller Rahmungen und organisationaler Entscheidungen. Sie können exemplarisch aufzeigen,[65] dass die Verteilung einer städtischen Schülerpopulation in Abhängigkeit von politischen Entscheidungen und Eigenlogiken der Schulen zu sehen ist.

1. Der Bildungsexpansion liegt vor allem ein Schüler*rückgang* zu Grunde, der *in den Schulen* zu Problemen der Bestandssicherung führte. Die freien Schülerplätze konnten nunmehr an Schüler vergeben werden, die zuvor als weniger geeignet galten. Dabei sind die freien Schülerplätze ungleich auf die Stadt verteilt, so dass auch lokale Disparitäten der Bildungsbeteiligung auszumachen sind. Von der Bildungsexpansion sind ausländische und deutsche Schüler gleichermaßen betroffen, wenn auch qualitativ und quantitativ unterschiedlich. Ausländische Schüler besuchen verstärkt Gesamtschulen und Realschulen, deutsche Schüler konnten einen relativ stärkeren Zugang auf das Gymnasium verzeichnen.
2. Durch die Auflösung der Vorbereitungsklassen (reine Ausländerklassen, meist monolingual, die auf den Schulbesuch in deutschen Regelklassen vorbereiten sollten) 1982 reagierte die Grundschule auf das Organisationsproblem der geforderten Homogenität der Klassen mit Aussonderung in die Schulkindergärten (Vorklassen) oder in die Sonderschulklassen für Lernhilfe, was sich in einem abrupten Anstieg der *ausländischen* Schülerzahlen ab 1982 niederschlug.

---

[65] Modellhaft die Schulentwicklung in Bielefeld von 1980 bis 1990

Gomolla und Radtke modellieren Bildungsbeteiligungen nicht in Abhängigkeit von individuellen Merkmalen, sondern im Zusammenhang mit *Organisationsfragen* eines lokalen Schulsystems in einem spezifischen zeitlichen Kontext.

3.2.8 Gelenkstelle Schulstart

Soziale Ungleichheit beim Schulstart ist sehr viel seltener Forschungsgegenstand als vergleichsweise der Übergang in die Sekundarstufe. Der Übergang vom Kindergarten in die Grundschule wird weniger unter dem Gesichtspunkt der sozialen Ungleichheit als unter dem Gesichtspunkt des „richtigen" Einschulungszeitpunktes thematisiert. Es wird von den Wirkungen der Zurückstellung (Hong und Raudenbush 2005), der vorzeitigen Einschulung (Puhani und Weber 2005) oder von Evaluationsstudien der neuen Schuleingangsstufe (Faust 2006) berichtet (siehe Kapitel 4).

Unter dem Gesichtspunkt der *ethnischen Bildungsungleichheit* analysierten Becker und Biedinger (2006) die Osnabrücker Schuleingangsuntersuchungen der Jahre 2000 bis 2005. Die Fragestellung lautet, ob eine Bildungsungleichheit zwischen Kindern, deren *beide* Eltern im Ausland geboren sind und Kindern, von denen mindestens *ein* Elternteil in Deutschland geboren ist, besteht, und mit welchen Einflüssen eine eventuell bestehende Ungleichheit in Zusammenhang zu sehen ist. Insbesondere interessieren Effekte, die auf das Bildungswesen, hier den *Besuch des Kindergartens*, zurückzuführen sind.

In Abgrenzung zu den Autoren der institutionellen Diskriminierung (Radtke und Gomolla) fordern sie zunächst, individuelle Merkmale der Kinder und der Familien in eine Untersuchung mit einzubeziehen, um dann im nächsten Schritt zu überprüfen,

„ob und in welchem Ausmaß die Berücksichtigung von Mechanismen der institutionellen Diskriminierung die Erklärung ethnischer Ungleichheit noch verbessern kann, wenn die individuellen Merkmale kontrolliert werden" (Becker und Biedinger 2006, 663).

Ihre Untersuchungsfrage, *ist die Schulfähigkeit abhängig von der ethnischen Zugehörigkeit?,* beantworten sie wie folgt:

„Die Chance für türkische Kinder, als uneingeschränkt schulfähig beurteilt zu werden, ist weniger als ein Drittel so hoch wie bei deutschen Kindern" (Becker und Biedinger 2006, 676).

Bei Kontrolle des Familienhintergrunds (Ausbildung/Erwerbstätigkeit) bleibt ein ethnischer Unterschied erhalten.

„Unter Berücksichtigung der Kindergartenbesuchsdauer wird der Effekt der ethnischen Herkunft auf die Schulfähigkeit reduziert. Die ethnischen Unterschiede verschwinden schließlich vollständig, wenn zusätzlich die kognitiven Kompetenzen und die deutschen Sprachfähigkeiten der Kinder berücksichtigt werden" (Becker und Biedinger 2006, 678).

Die Autorinnen sehen durchaus, dass der langjährige Besuch eines Kindergartens einen sekundären Herkunftseffekt (vgl. Boudon 1974) ausdrückt, da Eltern über kulturelles und soziales Kapital verfügen müssen, um einen der begehrten Kindergartenplätze so frühzeitig zu erhalten. Zudem benötigen sie ökonomisches Kapital, um die Gebühren zu bezahlen.

Unter der Fragestellung einer institutionellen Diskriminierung ist der Zugang zum Kindergarten nicht nur als ein Merkmal der Familien zu berücksichtigen, sondern auch aus der Perspektive der Institution zu hinterfragen: Erstens, ist das quantitative Angebot in allen Stadtregionen gleich ausgebaut, zweitens, ist das qualitative Angebot in allen Stadtregionen vergleichbar und drittens, ist der Zugang zu den begehrten Plätzen allen Eltern gleichermaßen möglich?

Unter der Fragestellung der vorliegenden Arbeit, deren Gegenstand die Aufnahme in die Grundschule ist, wäre es von Interesse, wie die Eltern *und die Grundschule* die von den Schulärzten diagnostizierte eingeschränkte Schulfähigkeit im Weiteren behandeln, da sie für beide Seiten nur eine Empfehlung darstellt und keinen rechtlich verpflichtenden Charakter hat. Wenn man die Erfahrungen beim Übergang in die Sekundarstufe übertragen wollte, könnte man vermuten, dass die deutschen Eltern sich weniger nach der Empfehlung des Schularztes richten werden und dass die Schule vielleicht auch eher geneigt sein wird, dem Wunsch der Eltern nachzugeben.[66]

---

66 Für die Fragestellung des Beitrags von Becker und Biedinger geriet die Gruppe der zurückgestellten Kinder in den Hintergrund, die im Zusammenhang der vorgelegten Arbeit aber besonders interessiert. Zunächst könnte überprüft werden, wie viele und welche Kinder nach der schulärztlichen Diagnose der eingeschränkten Schulfähigkeit zurückgestellt worden sind. Nach dem Jahr der Zurückstellung könnte man den kognitiven und sprachlichen Lernzuwachs feststellen und differenzierend auswerten. Z. B. haben die zurückgestellten Kinder mehr gelernt als die Kinder, die entgegen der Diagnose eingeschult wurden? Welche Gruppe hat in besonderer Weise von der Zurückstellung profitiert?

3.3 Modelle der Genese von Bildungsentscheidungen in der Tradition des Rational Choice Ansatzes

3.3.1 Das Modell der primären und sekundären Herkunftseffekte

Zur Erklärung von sozialen Ungleichheiten in der Wahl der Bildungsentscheidung findet der von Boudon (1974) entwickelte Ansatz der primären und sekundären Herkunftseffekte vor allem in der empirischen Erziehungswissenschaft weite Verbreitung (Abbildung 6). Die Unterscheidung der Effekte der sozialen Herkunft in eine Dimension der Leistungsperformanz und in eine Dimension der Entscheidungsfindung, kann erklären, dass bei gleicher Leistungsperformanz des Kindes durchaus unterschiedliche Entscheidungen der Eltern gefällt werden.

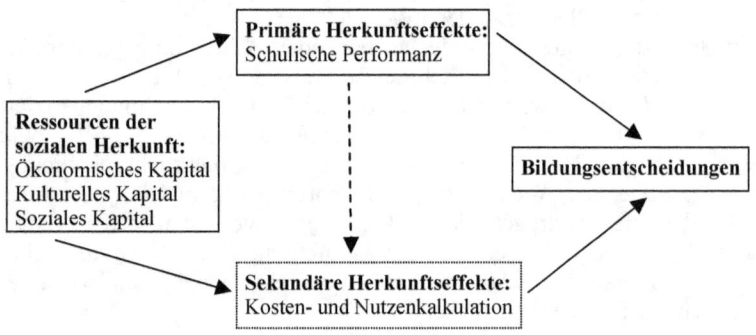

Abb. 6: Modell der Bildungsentscheidung

Quelle: Becker/Lauterbach 2004 modifiziert in Maaz et al. 2006

Das von Becker und Lauterbach gezeichnete Modell integriert mit dem Modellbaustein „Ressourcen der sozialen Herkunft" den Reproduktionsansatz von Bourdieu (1983). Auf dem Hintergrund der beobachteten geringen intergenerationalen Mobilität der sozialen Schichten beschreibt Bourdieu drei Kapitalformen, die in der Gesellschaft ungleich verteilt und vererbbar sind und die Reproduktion des gesellschaftlichen Status der Familie bewirken. Neben den ökonomischen Mitteln, die eine gesellschaftliche Position sichern, ist auch das kulturelle Kapital von herausragender Bedeutung. Darunter versteht er das durch die familiäre

Sozialisation hervorgebrachte Wissen, aber auch Haltungen und Werte der Individuen. Das soziale Kapital drückt die Zugehörigkeit zu einer sozialen Gruppe aus, wodurch bestimmte Beziehungen ermöglicht werden und sich in der Folge mehr Gelegenheiten ergeben, eine günstige Positionierung zu realisieren.

Auf die Bildungsbeteiligung bezogen ergibt sich durch die oben skizzierten primären und sekundären Effekte eine Einschränkung der Chancengleichheit. Erstens sind die Kinder aus Familien mit größerem Kapital besser auf den Schulbesuch vorbereitet und zweitens wird die Zielsetzung der Bildungsanstrengung durch die soziale Herkunft moderiert (Motiv Statuserhalt). Selbst wenn der Einsatz des ökonomischen Kapitals *historisch* gesehen in den Hintergrund getreten, aber nicht zum Verschwinden gekommen ist, wirken die beiden anderen Kapitalformen unbeeindruckt fort.

Der Modellbaustein der Kosten- und Nutzenkalkulation verweist unmittelbar auf den Ansatz des Rational Choice. Die Theorie der rationalen Wahl geht davon aus, dass Menschen mögliche Alternativen gegeneinander abwägen, um zu einer Entscheidung zu kommen, die in einem optimalen Verhältnis von Kosteninvestition zu Nutzenrendite steht. Die Rationalität dieser Wahl ist durch eine Auswahl möglicher Alternativen eingeschränkt, da eine zu große Anzahl von Alternativen eine Entscheidungsfindung eher blockieren könnte und zudem mit so genannten Transaktionskosten für die Informationsbeschaffung verbunden ist. Durch die Kritikpunkte, dass die Kosten und Nutzen nicht konstant in ihrem Wert bleiben, für verschiedene Lebensumstände anders kalkuliert werden und die Faktoren häufig nicht quantifizierbar sind, entwickelte sich das Modell des subjektiv erwarteten Nutzens (SEU Subjective Expected Utility).

Esser (1999) differenziert den Aspekt der Kosten- und Nutzenkalkulation, indem er das Motiv des drohenden Statusverlusts aufnimmt (Abbildung 7). Im Rückgriff auf die Wert-Erwartungstheorie modelliert Esser, dass für eine positive Bildungsentscheidung die *Bildungsmotivation* größer sein muss als das erwartete *Investitionsrisiko*. Während das Investitionsrisiko durch die Kosten im Verhältnis zur Wahrscheinlichkeit der Bildungsrealisation (hier fließt der primäre Effekt der Leistungsperformanz ein) definiert ist, erschließt sich die Bildungsmotivation aus den erhofften Bildungsrenditen (des beruflichen und gesellschaftlichen Erfolges) ergänzt durch die Kosten eines möglichen Statusverlustes, die für unterschiedliche gesellschaftliche Schichten unterschiedlich hoch ausfallen.

Bildungsmotivation		Investitionsrisiko
Erwartete Bildungsrenditen und Kosten des Statusverlustes bei geringerer Bildungsentscheidung als es dem familiär schon erreichten Status entsprechen würde	>	Kosten des längeren Bildungswegs im Verhältnis zur Wahrscheinlichkeit der Erreichbarkeit des Abschlusses

Abb. 7: Bildungsmotivation und Investitionsrisiko

Die Gewichtung von primären und sekundären Herkunftseffekten ist Diskussionsgegenstand der Forschungsliteratur. Während Esser die sekundären Herkunftseffekte bei der Bildungsgangentscheidung betont, heben Becker/Lauterbach (2004, aktualisiert 2007) und Ditton (2007) vor allem den Leistungseffekt hervor und verweisen auf die bildungspolitische Verantwortung, primäre Sozialisationseffekte auszugleichen. Forschungsansätze, die die gegenseitige Einflussnahme untersuchen, bedürfen eines Längsschnittdesigns wie sie z. B. die BiKS Studie (Bildungsprozesse, Kompetenzentwicklung und Selektionsentscheidungen im Vor- und Grundschulalter) an der Universität Bamberg aufweist (Roßbach und Blossfeld, noch nicht veröffentlicht).

3.3.2 Ursachen der Bildungsungleichheit auf der Mesoebene

Gehen die bisher referierten Theorien im Sinne einer Handlungstheorie von Bildungsentscheidungen individueller Akteure aus, werden auch Strukturen und institutionelle Regelungen des Bildungssystems auf der Meso-Ebene international zur Kenntnis genommen. Insbesondere berichten Erikson und Jonsson (1996), dass die Zahl und die Höhe der zu überwindenden Hürden bei den einzelnen Verzweigungen im Schul- und Ausbildungssystem, aber auch die Anzahl der Möglichkeiten für die nach der Grundausbildung weiterführenden Bildungswege, als Ursachen dauerhafter Bildungsungleichheit angesehen werden können.

Gleichermaßen wird die Wirkung der Zusammensetzung der Schülerschaft – und zwar unter dem Gesichtspunkt sozialstruktureller Herkunftsmerkmale – betont. Das übereinstimmend vorgetragene Ergebnis bestätigt, dass sozial heterogene Schülerschaften für die Entwicklung und die Schulleistungen sozial benachteiligter Schulkinder vorteilhaft sind, ohne dass darunter zwangsläufig die Leistungsfähigkeit der sozial Privilegierten leidet. Für Deutschland wird immer wieder auf den abträglichen Einfluss sozialstruktureller Homogenität in den Hauptschulen und in den damit verbundenen selektionsbedingten Lernumwelten hingewiesen (Solga und Wagner 2007 und Schümer 2005 siehe oben).

Das von Becker und Lauterbach entworfene „Heuristische Modell für Genese und Dauerhaftigkeit von sozialer Ungleichheit der Bildungschancen" (Abbildung 8, Bezeichnung der Ebenen ergänzt durch MW) verweist auf die noch offenen Forschungsfragen einer Verbindung (der Irritation und Kommunikation im Sinne Luhmanns) der Mikro – Meso – Makro – Ebenen.

„Andererseits ist auch die Transformationsproblematik, also die Verbindung zwischen Mikro- und Makroebene und damit die Frage nach den *transformierenden Mechanismen,* mit denen sich eine Vielzahl individueller Entscheidungen und Handlungen (etwa Bildungsentscheidungen) in das kollektive Phänomen wie etwa die Persistenz der Bildungsungleichheiten zwischen den Sozialschichten umwandeln, weitgehend ungeklärt" (Becker und Lauterbach 2007, 25).

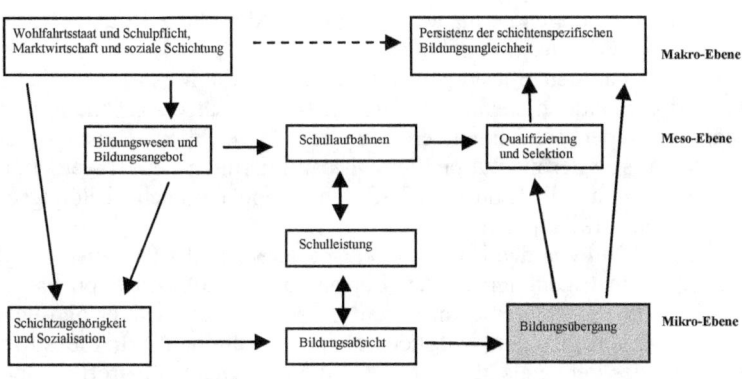

Abb. 8: Heuristisches Modell für Genese und Dauerhaftigkeit von sozialer Ungleichheit der Bildungschancen

Quelle: Becker/Lauterbach 2007, 24[67]

---

67 Die Bezeichnung der Ebenen wurde von mir ergänzt.

3.3.3 Kritik der Modelle der Genese von Bildungsentscheidungen

Aus psychologischer Forschungsperspektive richtet sich die Kritik auf die Vernachlässigung der individuellen Entscheidungsfaktoren:

„... allerdings bleiben weitere Merkmale auf der Individualebene wie z. B. die Persönlichkeit derer, die Entscheidungen treffen, oder deren akademische Selbstkonzepte und Kontrollüberzeugungen usw. unberücksichtigt" (Maaz et al. 2006, 315).

Mehrfach wurde der statische Charakter des Modells reklamiert, das den prozesshaften Charakter der Entscheidungsfindung nicht abbilden kann (Mahr-George 1999).

Meines Erachtens besteht die Hauptschwäche des Modells von Becker und Lauterbach in der Ansiedlung des Merkmals Bildungsübergang auf der Mikroebene bzw. die Modellierung der Bildungsentscheidung als individuelle Handlung. Ich plädiere dafür, die Bildungsentscheidung *gleichermaßen* auf der Mesoebene als Entscheidung der Organisation Schule zu verorten. Die markanten Punkte der Weichenstellung – die Auswahl eines Bildungsabschnitts und die Aufnahmeentscheidung – ziehen die besondere Aufmerksamkeit auf sich, gleichwohl finden Bildungsentscheidungen permanent statt (siehe Abbildung 1), und zwar vor allem in der Organisation Schule.

Lenkt man den Blick vom Individuum auf die Meso-Ebene der Organisation Schule, dienen systemtheoretische Ansätze zur Erhellung des Phänomens der persistierenden sozialen Ungleichheit. Beispielsweise soll der Ansatz der institutionellen Diskriminierung referiert werden, der im Hinblick auf die ethnische Differenzierung ungleiche Bildungsentscheidungen erklären kann.

Ausgehend von den Entscheidungspräferenzen der Organisation, die einerseits ein Eigeninteresse am Fortbestand der Organisation hat und andererseits ein Interesse an einem störungsfreien und erfolgreichen Betriebsverlauf, werden Mitgliedsrollen institutionalisiert, die sowohl die Rolle des Personals als auch die Rolle des Klienten betreffen. Somit hat die Grundschule die Erwartung an die Schülerrolle, dass soziale Kompetenzen im Kindergarten vorsozialisiert werden und dass die Unterrichtssprache Deutsch beherrscht wird. Das organisatorische Problem der angestrebten Homogenität der Klassen löst die Grundschule, indem Eingangsvoraussetzungen definiert und institutionalisiert werden. Sie könnte aber auch anders entscheiden, indem in einer neuen Schuleingangsphase beispielsweise die Heterogenität zum Strukturmerkmal des Unterrichts erhoben wird. Sie kann auch dann anders entscheiden, wenn zum Beispiel der Erhalt von Klassen zum primären Organisationsinteresse wird und daher Schüler aufgenommen werden sollen, die anderenfalls nicht den Kriterien der Mitgliedschaft entsprächen. Die Entscheidungen der Eingangsvoraussetzungen werden zwar prinzipiell, aber nicht stereotyp, sondern flexibel je nach Entscheidungssituation kommunikativ ausgehandelt.

Die Diskriminierung von Migrantenkindern besteht darin, dass es ungleich wahrscheinlicher ist, dass sie die Eingangsvoraussetzungen (in die Grundschule, in die Sekundarschule) erfüllen und sie wird möglich, weil es zu den kognitiven Institutionen (Scott) gehört, eine Sonderbehandlung von Migrantenkindern zu fordern, und zwar innerhalb der Schule als auch innerhalb der Gesellschaft.

„Von Mechanismen der institutionellen Diskriminierung von Migrantenkindern in der Schule soll gesprochen werden,
- wenn regelmäßig von der Organisation Schule vorgenommene (Selektions-) Entscheidungen, die in eigener Logik und Pragmatik getroffen werden, ungleiche Wirkungen auf die Schüler haben, und
- wenn diese in der Organisation selbst hergestellten Unterschiede durch Merkmale/Eigenschaften, die der benachteiligten Gruppe zugeschrieben werden, mit Sinn ausgestattet werden, und
- wenn es sich dabei um das Kollektivmerkmal der nationalen ‚Herkunft/Kultur' handelt" (Gomolla/Radtke 2002, 264).

Untersuchungen, die feststellen, dass bei gleichen Leistungsvoraussetzungen (insbesondere auch Sprache) keine Diskriminierung von Migrantenkindern festzustellen ist (Kristen 2006; Esser 2006; Becker/Biedinger 2006), bestätigen erfreulicherweise, dass die Schule (der Schularzt) keine rassistischen Unterscheidungen vornimmt, treffen aber den Kern der institutionellen Diskriminierung nicht. Das Unterscheidungsmerkmal Ethnie ist nur dann relevant, wenn es unterschiedliche soziale Lebenslagen beschreibt, die es unwahrscheinlicher machen, den Anforderungen an die Mitgliedsrolle (Eingangsvoraussetzungen) genügen zu können. Wenn alle Kinder (deutsche und Migranten) gleichermaßen Deutsch sprächen und drei Jahre den Kindergarten besuchten, – und die Familien in vergleichbaren sozialen Lebenslagen lebten –, würde das Unterscheidungsmerkmal Ethnie auch nicht mehr zu Erklärung sozialer Ungleichheit herangezogen werden.

3.4 Systemtheoretisches Modell der Bildungsentscheidungen

In der vorliegenden Studie wird der Begriff „Bildungsentscheidung" als Kommunikationsprodukt sowohl des Systems der Familie als auch des Systems der Organisation (des Kindergartens/der Schule) im Sinne von Entscheidungen zum Bildungsverlauf eines Kindes verstanden.

Beide Seiten sind sich in der systemtheoretischen Terminologie wechselseitig Umwelt neben anderen Umwelten.[68] Die Systeme stehen in struktureller Kopplung zueinander; durch die Differenz von System und Umwelt kommt es zu Beeinflussungen („Irritationen"), die im jeweils eigenen System kommunikativ bearbeitet werden müssen.

Um das Verhältnis von familiärer Bildungswahl und der Auswahl der Organisation näher zu bestimmen, sollen für die jeweiligen Entscheidungssituationen (Eintritt in den Kindergarten/Schulstart/Übergang in die Sekundarstufe) die spezifischen Kommunikationsstrukturen herausgearbeitet werden. Insbesondere soll die Systemrationalität der Organisation in den Blick genommen werden (vgl. Abb. 9).

Die Entscheidungssituation der Familie findet auf der Systemebene der *Interaktion* statt, die Entscheidungssituation der Bildungseinrichtung hingegen auf der Systemebene der *Organisation*, die *auch nur hier zum Abschluss kommen kann*. Beim Übergang in die Sekundarstufe sind neben der Familie zwei Organisationen betroffen, die abgebende Grundschule, die eine Eignungsempfehlung ausspricht, und die aufnehmende Schule der Sekundarstufe, die über die Aufnahme entscheidet.

---

[68] Zu diesen zählen beispielsweise die psychischen Systeme der Individuen, mit je eigenen Bewusstseinszuständen, die sozialen Kommunikationen zwischen den Personen und in den Organisationen sowie die institutionellen, regionalen und historischen Kontexte.

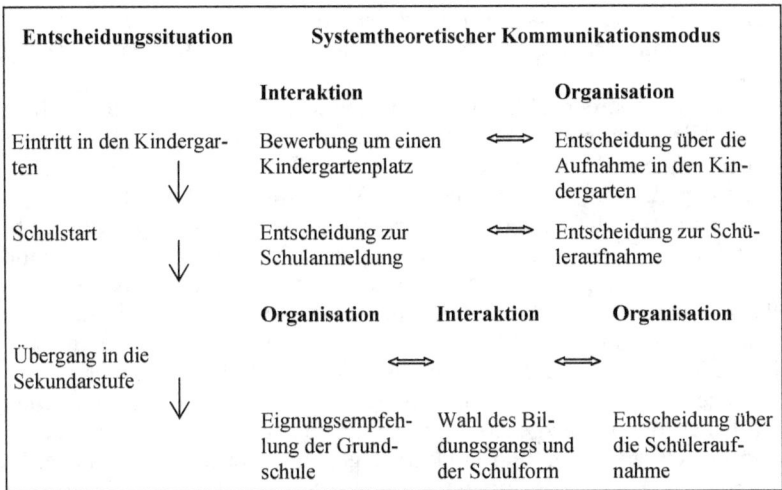

Abb. 9: Zeitliche Abfolge und soziales System der Bildungsentscheidung

3.4.1 Entscheidungskommunikation Eintritt in den Kindergarten

Der Kindergarten bearbeitet den gesellschaftlichen Auftrag einer vorschulischen Erziehung und Betreuung. Die Programme des Kindergartens müssen im Sinne der System/Umwelt-Differenzen anschlussfähig, daher kontextabhängig zu bewältigen sein. Dieser Systematik folgend, beschreibe ich die Entscheidungskommunikation komplementär aus Sicht der Einrichtungen respektive der Familien.

Innerhalb der Organisation werden die Erziehungsprogramme fortgeschrieben. Dafür müssen Stellen besetzt und mit qualifiziertem Personal ausgestattet sein. Auch an die Kinder werden in ihrer Klientenrolle Mitgliedserwartungen gestellt, sowohl im Hinblick auf die Arbeitsfähigkeit der Gruppe als auch im Hinblick auf die Interaktion mit dem einzelnen Kind. Der Erfolg der Kindergartenerziehung symbolisiert sich im guten Ruf der Einrichtung.

Da die Interaktionsdichte der Erziehung von den psychischen Strukturen der Kinder abhängig ist, besteht das Interesse der Organisation, die

Kinder auszuwählen, die eine geringere Dichte an Erziehungsinteraktion erforderlich machen. Der sich mit geringeren Ressourcen einstellende Erfolg der Erziehungsarbeit fördert den guten Ruf, der es der Organisation wiederum erlaubt, aus einem Überhang an Anmeldungen auswählen zu können.

Die Ressourcenabhängigkeit spiegelt sich in der Kostenübernahme eines Kindergartenplatzes durch die Familien bzw. durch die Träger wider. Anders als in Schulen werden keine Plätze vorgehalten, die Regulierung der Anzahl der Kinder im Verhältnis zur Anzahl der Plätze wird durch Noch-Nichtaufnahme bewältigt. Aus dieser Struktur ergibt sich für die vorschulische Einrichtung das Organisationsproblem, alle Plätze so zu vergeben, dass keine zusätzlichen Kosten durch vakante Plätze entstehen. Insbesondere führt die Jahrgangsorganisation der Schule auch im Kindergarten zu Aufnahmezyklen, weil die meisten Plätze im Sommer, nach dem Übergang in die Schule, freiwerden.

Die Legitimität der Kindergartenarbeit ist durch die institutionellen Vorgaben des Gesetzgebers und des Trägers gerahmt. Die Interaktion und die Organisation sind strukturell gekoppelt an die professionellen Standards. Auch die Aufnahmeentscheidung muss an der Grenze zu Gesellschaft als legitim kommuniziert werden. Daher müssen mit Legitimität ausgestattete Kriterien für die Aufnahmeentscheidung vorgetragen werden (z. B. Rangfolge der Anmeldungen, pädagogisches Argument der Gruppenzusammensetzung). Persönliche Motive, aber auch die Handlungslogik der Organisation, werden – wenn überhaupt – nur innerhalb der Organisation kommuniziert.

Da es keine Kindergartenpflicht gibt und keinen damit verbundenen Eintrittszeitpunkt in den Kindergarten, sind hierauf bezogen die Familien und die Organisationen relativ frei in ihrer Wahl. Die Entscheidungen des Familiensystems sind eingebunden in die kulturellen, sozialen und ökonomischen Ressourcen der Familie. Wie sich letztlich die Kinder auf die Einrichtungen verteilen, wird zwischen den Familien und den Organisationen und ihren Umwelten kontextabhängig festgelegt. Die so entstandene Struktur – geradezu weil sie alternative Entscheidungen möglich macht – führt zu Ungleichheiten in der Bildungsbeteiligung sowohl in Bezug auf die Dauer des Kindergartenbesuchs als auch im Hinblick auf die Qualität der besuchten Einrichtungen, die unterschiedliche Bildungsgelegenheiten eröffnen.

3.4.2 Entscheidungskommunikation zum Schulstart

Obgleich zusammen mit der allgemeinen Schulpflicht ein fester Einschulungszeitpunkt vorgesehen ist[69] und aufgrund gesetzlicher Regelung die Kinder die Schule des Wohnbezirks besuchen sollen, muss eine Aufnahmeentscheidung der aufnehmenden Grundschule getroffen werden.

Das Familiensystem kann über den *Zeitpunkt der Anmeldung* entscheiden: Neben der Anmeldung zum Beginn der Schulpflicht kann eine vorzeitige Aufnahme oder aber eine Zurückstellung beantragt werden. Diese Bildungsentscheidung der Familie wird kontextanhängig in Bezug auf ihre Umwelten (psychische Struktur des Kindes, Erziehungsarbeit des Kindergartens, öffentlicher Diskurs über Schulleistungen etc.) getroffen.

Über den Zeitpunkt der Schüler*aufnahme* entscheidet die Grundschule. Mit Hilfe der kognitiven Institution der „Schulfähigkeit" wird die Mitgliedsrolle der Schülerklienten definiert. Da jede einzelne Grundschule relativ „autonom" und wenig standardisiert über die Aufnahme entscheiden kann, definiert sie die Mitgliedserwartungen im Hinblick auf die Umwelten der konkreten Einzelschule. Sie löst damit das Problem der einzelnen Organisation, Schüleranmeldungen auf Schulplätze zu verteilen und gleichzeitig die Fortsetzung der Unterrichtsinteraktion zu gewährleisten. Im Zusammenhang mit professionellem Wissen, den organisationalen Strukturen (Beschulungsangebote: Eingangsstufe, Vorklasse, Flexibler Schulanfang) und den pragmatischen Überlegungen (Klassengröße, Stellenbindung) wird über die Aufnahme entschieden. Die Entscheidung muss einerseits prinzipiell gefällt werden (sie dient potentiell als Prämisse für künftige Entscheidungen) und andererseits muss sie flexibel auf die konkrete Entscheidungssituation zugeschnitten sein.

Wiederum müssen die Entscheidungen der Organisation mit Legitimität ausgestattet sein, dazu dienen die Argumente der sozial konstruierten Schulfähigkeit. Keinesfalls wäre es für die Grundschule, legitim eine vorzeitige Einschulung aus Kapazitätsgründen abzulehnen, da ein Rechtsanspruch auf einen Schulplatz im Schulbezirk besteht.

Das Familiensystem kann auch den Besuch einer Privatschule favorisieren. Über die Schüleraufnahme entscheidet dann die Privatschule. Der Besuch einer anderen öffentlichen Grundschule als der des Wohnbezirks ist nach Gestattungsantrag möglich. Gründe für einen solchen Antrag sind sachlicher Natur wie etwa dort vorhandene Betreuungsmög-

---

[69] Gesetzliche Regelungen vgl. Bellenberg et al. 2005

lichkeiten am Nachmittag. Ein besonderes Schulprofil anzuwählen ist nur in ausgewählten Fällen erlaubt, um eine Wahl aus sozialen Gründen (beispielsweise hoher Ausländeranteil der Wohnbezirksschule), die die soziale Segregation verstärken würde, zu verhindern. Die angewählte Grundschule wird in der Regel für die Aufnahme plädieren, da die „Gestattungskinder" die Schule in der Außenwirkung positiv erscheinen lassen und dadurch in symbolischer Form der Erfolg der Erziehungsarbeit sichtbar wird.

3.4.3 Entscheidungskommunikation zum Übergang in die Sekundarstufe

Der Übergang in die Sekundarstufe zeichnet sich durch ein strukturell komplexeres Verfahren aus. Die abgebende Grundschule stellt ein organisationales Kommunikationsprodukt – die Eignungsempfehlung für einen Bildgang – aus, in dem sie die Mitgliedserwartungen der aufnehmenden Schule antizipiert und durch Klassenkonferenz eine Entscheidung fällt. Dieses Zertifikat berechtigt weder zum Zugang zu einem Bildungsgang, noch verhindert es ihn, da in Hessen das Elterrecht der freien Wahl des Bildungsgangs gilt.

Auch aufgrund dieser widersprüchlichen institutionellen Rahmung – die abgebende Grundschule trifft eine Selektionsentscheidung ohne rechtliche Verbindlichkeit – führt die Lehrkraft mit den Eltern ein Beratungsgespräch über die weitere Bildungskarriere des Kindes. Die Entscheidung wird kontextabhängig gemäß der strukturell gekoppelten Umwelten (professionelle Standards, psychisches System der Lehrkraft, des Schülers, Entscheidungsprämissen der eigenen Organisation, schulstrukturelle und soziale Umwelten) gefällt. Da die Eignungsempfehlung nicht zwingend an einen Notenwert gebunden ist und die Lehrkraft die Voraussetzungen für den Besuch der weiterführenden Schule nicht wirklich überprüfen kann, sondern nach Plausibilitätsannahmen entwickelt, muss sie ihre Prognoseentscheidung unter den Bedingungen einer hohen Unsicherheit fällen.[70]

---

[70] Eine Studie der 1970er Jahre (Heller, Rosemann, Steffens 1978) untersuchte die Höhe der Prognosesicherheit von Bildungsempfehlungen durch Grundschullehrer bzw. durch psychologische Bildungsberater. In Baden-Württemberg wurden ab 1966 dafür eigens Psychologen in Bildungsberatungsstellen eingestellt. Professionslogisch korrelierten die Empfehlungen der Lehrer mit den gegebenen Noten, während die Empfehlungen der Psychologen stärker mit den Ergebnissen von Intelligenztests in Zusammenhang standen. „Trotzdem schneidet der Lehrer in der Prognose des Schulerfolgs nicht schlechter ab als der Bildungsberater. Dieser ist jenem gegenüber im

In der *Interaktion* begründet die Lehrkraft die Bildungsentscheidung wieder mit einer sozialen Konstruktion unterschiedlicher Eignung für unterschiedliche Bildungsgänge. Auch weil die Eignungsempfehlung folgenlos ist, besteht ein hoher Legitimitätsdruck auf Seiten der Organisation, da die Aspiration der Eltern häufig die Empfehlung der Lehrkraft übertrifft, diese wiederum sich aber als Mitglied des Schulsystems an der Struktur der Selektivität orientieren muss. Beachtenswert ist, dass das Verfahren eine Beratung der Eltern verbindlich festlegt.

Das politische System in Hessen billigt den Eltern die freie Wahl des Bildungsgangs zu. Gemäß den familiären Umwelten formulieren die Eltern einen Bildungs*wunsch*. Obgleich ihnen ein Wahl*recht* zusteht, versuchen auch die Eltern in der Interaktion des Beratungsgesprächs einen Konsens herzustellen und einen Widerspruch der Lehrkraft gegenüber der Bildungsgangswahl zu vermeiden.[71] Bisher gibt es keine quantitativen Erhebungen für Hessen,[72] die belegen, wie viele Widerspruchsverfahren ausgesprochen wurden. Im Beratungsprozess (Ditton 2007) werden sich Lehrkraft und Eltern in ihrer Entscheidung anzunähern versuchen, wobei in der Regel die Schule versuchen wird, die Elternwünsche „nach unten" anzugleichen.

Trotz des Rechts der freien Schulwahl entscheiden Eltern *immer* kontextabhängig zur Schule den Bildungsweg ihres Kindes – selbst wenn sie sich gegen die Empfehlung der Schule (der Lehrkraft) entscheiden. Erstens entwickelt sich die Leistungsperformanz des Kindes in der Schule, zweitens obliegt die Definition der *Eignung* der Institution Schule und drittens fällt eine konkrete Sekundarschule die Aufnahmeentscheidung.

Die Aufnahmeentscheidung der Schule der Sekundarstufe ist geprägt vom Organisationsinteresse, eine möglichst gute Position innerhalb des „Bildungsmarktes" einzunehmen, um auch in Zukunft Schüler auswählen zu können. Die Differenzierung des Schulsystems führt dazu, dass weniger leistungsstarke, weniger motivierte und sozial weniger angesehene Schüler in Schulformen „nach unten" verwiesen werden.

Vorteil, insofern er – nicht der Bildungsberater/Schulpsychologe – es ist, der den Schulerfolg beurteilt. So ließe sich erklären, warum Bildungsberater, deren Urteile eigentlich eine höhere prädiktive Validität aufweisen, Schulerfolg nur ungefähr ebenso gut oder so schlecht vorhersagen können, wie die Lehrer." Die Autoren erklären die Unzulänglichkeit der Schulerfolgsprognose durch die Interaktion von Schülermerkmalen und Umweltfaktoren, zu denen sie ausdrücklich die Institution Schule zählen (S. 140, 143). Sie warnen vor einer einseitigen Fixierung der „Eignungsmerkmale" auf Seiten des Schülers.

71 Ich beziehe mich hier auf eine unveröffentlichte Pilotstudie Kasap-Cetingök (2008).
72 Harazd und van Ophuysen (2008) berichten, dass 17% der Eltern in Deutschland sich gegen die Empfehlung der Grundschule entscheiden.

Auch innerhalb derselben Schulform bilden sich informelle Ranglisten aus,[73] die diese Selektion nach unten fortführen. Die Auswahl aus einer Überzahl an Schülern garantiert der Einzelorganisation auch in der Zukunft den Erfolg der Erziehung, der sich in der Kommunikation der Familien als „gute (sprich: bessere) Schule" niederschlägt.[74]

Die Entscheidungsmöglichkeiten der Sekundarschule sind begrenzt durch die gesetzlichen Vorgaben zur Klassengröße der einzelnen Schulformen und der zugeteilten (personellen) Ressourcen, um eine Anzahl von Klassen bilden zu können oder zu sollen (Mindestvorgaben). Der Standort innerhalb der Stadt (der Region) und die Standorte der konkurrierenden Schulen sind wiederum bedeutsame Umwelten für die Entscheidungskommunikation der Eltern.

3.5 Strukturelle Umwelten und institutionelle Einbindung der Organisation

Die Verbindungselemente zwischen den komplementären Perspektiven der Familie und der Organisation Schule stellen institutionelle Verknüpfungen im Sinne Scotts (1995, vgl. Kapitel 2.2) dar:

Unmittelbar einsichtig ist, dass *regulative* Institutionen wie Gesetze und Verordnungen den Zugang zu den Bildungseinrichtungen steuern: prominent seien die Schulpflicht, das Einschulungsalter und die Eignungsempfehlung genannt.

Normative Institutionen wirken, wenn diskriminierende Entscheidungen ausgeschlossen sein sollen und gerechte Beurteilungen der Schüler durch die Lehrkraft und die Organisation gefordert sind. Daher müssen die Begründungen der Organisationsentscheidungen vergleichbar sein und Legitimitätsanforderungen genügen.

Kognitive Institutionen sind geteilte Vorstellungen der sozialen Wirklichkeit, Glaubens- und Bedeutungssysteme. Hierzu könnte man Vorstellungen über die Notwendigkeit des Kindergartenbesuchs, den Glauben an die Verwirklichung des meritokratischen Prinzips, aber auch die kulturalistischen Deutungen des Schulbesuchs von Migrantenkindern rechnen. Hierzu gehören auch Erwartungsstrukturen zur Schulfä-

---

73 Vgl. Kapitel 5.
74 Insofern ist diese Entscheidungspraxis der Organisation nicht bloß zweckrational ökonomisch, sondern folgt auch der Logik der „gelungenen Erziehung", vgl. Kapitel 1.

higkeit eines Kindes und zur Eignung von Schülern für einen bestimmten Bildungsgang.
Systemtheoretisch gesprochen werden Bildungsbeteiligungen auf jeder Ebene der sozialen Systeme kommunikativ ausgehandelt:
- in der *Interaktion* der Familie, der Beratungsgespräche zwischen Eltern und Lehrkräften oder Schulleitung, des Unterrichts
- in der *Organisation* der Schule, die in ein lokales Schulsystem eingebettet ist
- im *Erziehungssystem* als Teilsystem der Gesellschaft.

In den beiden folgenden empirischen Kapiteln werden auf der Ebene eines lokalen Schulsystems die *gefällten Bildungsentscheidungen* als Ergebnis der Kommunikation der sozialen Systeme analysiert. Somit werden weder die Interaktionen der Beratungen und Überlegungen, noch der Unterricht beobachtet, sondern die Kommunikationsergebnisse auf der *Organisationsebene* im Kontext eines lokalen Schulsystems untersucht. Im Einzelnen handelt es sich in Kapitel 4 um Entscheidungen zum Schulstart und in Kapitel 5 um Entscheidungen zum Übergang in die Sekundarstufe. Der Analyse liegt folgendes Modell von Bildungsentscheidungen aus der Sicht der Organisation zugrunde (Abbildung 10):

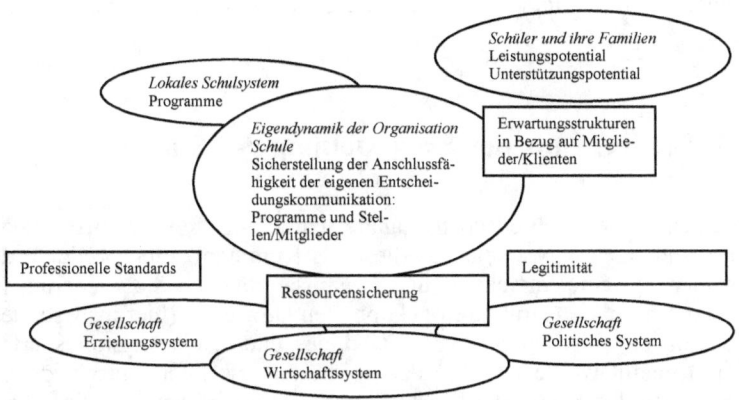

Abb. 10: Heuristisches Modell der Bildungsentscheidungen der Organisation

Die Organisation Schule ist durch wechselseitige System/Umwelt-Differenzen an ihre Umwelten strukturell gekoppelt. Hier dargestellt sind die Systemebenen der Organisation – Einzelschule und Lokales Schulsystem –, der Interaktion der Schülerfamilien und die Ebene der Gesellschaft mit ausgewählten Funktionssystemen. Das System Organisation sichert die Fortsetzung der eigenen Entscheidungskommunikation. Dazu gehören zunächst die materiellen und personellen Ressourcen, die Stellen und die Mitglieder. Die Entscheidungskommunikation ist aber auch an die Fortsetzung der Verfahren gebunden. Einmal entwickelte Differenzierungsformen zeigen eine Eigendynamik und drängen auf Fortsetzung der Entscheidungsprogramme.

In der kontingenten Bearbeitung der Systemgrenzen bilden sich besondere Kommunikationsprodukte heraus, kognitive Institutionen, die den Austausch mit den durch strukturelle Kopplung verbundenen Umwelten regeln. Professionelle Standards strukturieren die Entscheidungskommunikation über das Verfahren der Schüleraufnahme und die Erwartungen an die Mitgliedsrolle der Schulkinder. Die Schüleraufnahme selbst ist durch Erwartungsstrukturen moderiert, in die neben den professionellen Standards auch besondere Organisationsprogramme (Unterrichtsangebote, Entscheidungspraxen) einfließen. Die Legitimität der Entscheidungskommunikation ist gegenüber der Gesellschaft, den anderen Organisationen und den Schülerfamilien gemäß professionellen Standards zu begründen – nicht zuletzt, um Ressourcen sichern zu können.

3.6 Eingrenzung der Fragestellung der Studie

In einem systemtheoretischen Zugang wurde ein Modell von Bildungsentscheidungen entwickelt, das diese als Kommunikationsprodukte der sozialen Systeme Interaktion und Organisation fasst, die wiederum im Austausch mit den strukturell gekoppelten Umwelten (hier insbesondere mit dem psychischen System des Kindes und seiner Leistungsperformanz) gefällt werden. Die in der Studie ausgewählten Entscheidungsstellen Schulstart bzw. der Übergang von der Grundschule in die Sekundarschule erweisen sich als strukturell ungleich komplexe Situationen, die in unterschiedlicher institutioneller Rahmung ihren Ausdruck finden.

Obgleich auch vom Übergang vom Kindergarten in die Grundschule gesprochen wird und diese Bezeichnung aus individualpsychologischer Perspektive im Sinne einer Statuspassage zutreffend ist, wählt die Studie den Terminus Schulstart, weil hier organisationssoziologisch mit dem Beginn der staatlichen Schulpflicht aus dem vorschulischen Bereich *in das Schulsystem* eingetreten wird. Während der Besuch der vorausgehenden Bildungsinstitution freiwillig ist, nimmt der Schulbesuch verpflichtenden Charakter an und obliegt der schulischen Promotions- und Selektionsordnung.

Die Entscheidung über die Kriterien der Mitgliedschaft ist regulativ an die Organisation der Grundschule gebunden. Den Eltern ist es nicht durch Rechtsanspruch, sondern nur durch persönliche Kommunikationsanstrengungen möglich, die Bildungsentscheidung des Schulstarts zu beeinflussen. Von diesen strukturtheoretischen Überlegungen ausgehend, kann die Hypothese aufgestellt werden, dass beim Schulstart – weil die Grundschule relativ autonom über die Aufnahme entscheiden kann – ein Differenzierungsmerkmal der Grundschule (hier: Vorklasse) bedeutenden Einfluss ausüben wird.

Beim Übergang von der Grundschule in die Sekundarschule verbleibt der Schüler/die Schülerin innerhalb des Schulsystems, dabei sind zumindest zwei Organisationen beteiligt, die abgebende Grundschule, die den Schulerfolg in der aufnehmenden Sekundarschule prognostizieren soll, und die aufnehmende Sekundarschule, die letztlich über die Aufnahme entscheiden muss. Zudem ist ein weiteres soziales System in die Entscheidungskommunikation eingebunden – das der Familie – dem das Recht auf freie Schulwahl zugebilligt wird. Die Aufnahme der Schüler kann die aufnehmende Schule nur aus Gründen der Kapazität, nicht aber aufgrund mangelnder Eignung des Schülers/der Schülerin ablehnen.

Die Entscheidungskommunikation der abgebenden Grundschule (die ausgesprochene Eignungsempfehlung) lässt sich nicht an ein Differenzierungsmerkmal der Grundschule binden, da über die Mitgliedschaft der künftigen Schule entschieden werden soll. Somit sind die Differenzierungsmerkmale der aufnehmenden Schulen und damit die Struktur des *umliegenden* Schulangebots entscheidungsführend. Durch den institutionell zugebilligten Rahmen des freien Elternwillens ist von der Hypothese auszugehen, dass die Entscheidungskommunikation der Familie einen weitaus höheren Stellenwert einnimmt als beispielsweise beim Eintritt in die Grundschule.

Die Studie folgt der übergeordneten Fragestellung der gleichen Bildungsgelegenheiten bzw. der Frage nach systematischen Ungleichheiten in der Bildungsbeteiligung. Diese Fragestellung soll durch eine Reanalyse der Daten der amtlichen Schulstatistiken bearbeitet werden. Insofern handelt es sich um ein Bildungsmonitoring auf der Basis von im System erhobenen Daten, die nicht als Individualdaten, sondern als Summendaten der Schulen, auf der Aggregationsebene der Schule vorliegen. Für die statistischen Operationen werden die Summendaten durch Multiplikation in Quasi-Individualdaten transformiert. Damit erlauben die Daten aber keine Aussagen über individuelle Kinder und ihre Leistungskompetenz. Es werden auch keine Interaktionen (der Familien, des Unterrichts, der Übergangsberatung) beobachtet, vielmehr können nur Bildungsentscheidungen berichtet werden, die Ergebnisse von Interaktionsprozessen abbilden bzw. organisationale Entscheidungen darstellen, die an frühere Organisationsentscheidungen anknüpfen müssen.

Um den Beitrag der Schule zu ungleicher Bildungsbeteiligung spezifizieren zu können, wird im Fall des Schulstarts der Versuch unternommen ein Differenzierungsmerkmal der Grundschule als abhängige Variable zu setzen. Gleichzeitig soll durch die Sozialstruktur des Grundschulbezirks die soziale Herkunft der Schüler und damit differente Einscheidungskommunikationen der Familien abgebildet werden. Die Leistungsperformanz der Schüler wird indirekt, über den Schulerfolg (operationalisiert durch die Wiederholerquote) dargestellt.

Im Fall des Übergangs in die Sekundarstufe gehe ich davon aus, dass die Struktur des umliegenden Schulformangebots einen organisationalen Beitrag zur Bildungsentscheidung leistet. In diesem Fall analysiere ich ein lokales Schulsystem als ein organisationales Feld, dessen Einzelschulen nach ähnlichen Strukturmustern in enger Beziehung zueinander Entscheidungen zur Schülermitgliedschaft fällen. Da der Erfolg der Erziehungsarbeit auch von der Schülerklientel abhängig ist, werden die Schulen untereinander in Konkurrenz um die so attribuierten leistungsstarken Schüler treten. Da nur aus Kapazitätsgründen Schüler abgelehnt werden können, muss die Einzelschule, um auswählen zu können, einen Überhang an Anmeldungen anstreben.

Die soziale Herkunft der Schülerklientel und die Bildungsentscheidungen der Familien werden über die Proxy-Variable der Sozialstruktur des abgebenden Grundschulbezirks operationalisiert. Die Leistungsperformanz der Schule soll durch die Ergebnisse der Orientierungsarbeiten dargestellt werden.[75]

Allgemein formuliert interessiert hier insbesondere:

- Inwiefern ist ein Zusammenhang zwischen Bildungsentscheidungen der Schule und sozialer Herkunft der Schülerklientel vermittelt durch die Sozialstruktur des Schulbezirks erkennbar?

---

75 Da hier auch Ergebnisse der Unterrichtskommunikation eingeflossen sind, wurde diese Variable nicht beim Schulstart aufgenommen.

- Wie bildet sich der Zusammenhang von Leistungsperformanz und Bildungsentscheidung auf der Schulebene ab?
- Zeigen sich innerhalb der Stadt Unterschiede in der Bildungsbeteiligung und wie stehen diese in Zusammenhang mit historischen und sozialräumlichen Entwicklungen?
- Wie beeinflusst die Struktur der Beschulungsangebote die Entscheidungskommunikation zu Schullaufbahnen?

Neben den oben erwähnten Schulstatistiken sollen auch andere verfügbare Daten im Blick auf übergreifende Fragestellungen herangezogen werden, hier insbesondere die von der Stadt Frankfurt erhobenen Daten zur Sozialstruktur der Stadt und die bisher zweimal erhobenen (aber nicht öffentlichen) Daten zu den Orientierungsarbeiten in Mathematik und Deutsch. Aufgrund der Qualität des Datenmaterials – und der Möglichkeiten im Rahmen einer Dissertation – können nur *einzelne Aspekte* des vorgestellten Modells zum Schulstart bzw. zum Übergang in die Sekundarschule explorativ bearbeitet werden, dabei werden keine individuellen Fälle nachgezeichnet, sondern über die Systemebene der Schule(n) berichtet.

4 Der Schulstart – Zurückstellungen in Vorklassen

4.1 Einleitung

Beschreibt man Selektionsentscheidungen innerhalb des deutschen Bildungssystems, bezieht man sich in der Regel auf den Übergang von der Grundschule zu den Sekundarstufenschulen. Dem *Übergang vom Kindergarten in die Grundschule* (von der Elementarstufe zur Primarstufe) wird nicht im selben Maße Aufmerksamkeit geschenkt, obgleich auch hier in den meisten Bundesländern[76] Selektionsentscheidungen getroffen werden, die im Jahr 2004 5,7%[77] (1995 8,4%) eines Einschulungsjahrgangs betreffen. Während deutschlandweit die verspäteten Einschulungen rückläufig sind, weisen die Zahlen für Hessen einen fast gleichen Stand auf: 2004 8,6% gegenüber 1995 8,5%. Zu Beginn der Schullaufbahn scheinen diese Kinder nicht erfolgreich die Schule besuchen zu können und werden daher von der Schulpflicht zurückgestellt. In Hessen gibt es schulvorbereitende Klassen, – Vorklassen – die für diese eigentlich schon schulpflichtigen, aber noch nicht „schulfähigen" Kinder eingerichtet wurden.

In der erziehungswissenschaftlichen Diskussion wird problematisiert, dass eine Zurückstellung vom Schulbesuch dem normativen Bildungsanspruch der Grundschule, eine Schule für alle Kinder zu sein, widerspricht. Gleichzeitig wird thematisiert, dass sich die Bundesländer durch sehr *stark differierende Zurückstellungsquoten* und eine sehr ungleiche Versorgung mit dem Angebot einer „Auffangeinrichtung" wie Schulkindergarten oder Vorklasse auszeichnen, und dadurch ungleiche Schulstarts hervorrufen (Mader 1989). Der Erfolg der Zurückstellungsmaßnahme – gemessen an dem Verlauf der späteren Schullaufbahn – wird unterschiedlich bewertet: Kemmler (1975) stellt keine Verbesserung der Schulleistung bei zurückgestellten Kindern während der Grundschulzeit fest. Nach Roßbach und Tietze (1996) schützen Zurückstellungen vor Klassenwiederholungen bezogen auf die Anfangsphase der Grundschule. Bellenberg (1999), die retrospektiv vom Ende der

---

76 Faust 2006: "… nur in 2 Ländern ist eine Zurückstellung nicht vorgesehen, 9 Bundesländer halten spezielle schulvorbereitende Einrichtungen vor."
77 Vgl. www.bildungsbericht.de, Tabelle C4–2A.

Sekundarstufe Schullaufbahnen rekonstruiert, kommt zu dem Ergebnis, dass eine verspätete Einschulung einen niedrig qualifizierenden Bildungsgang prognostiziert und dass innerhalb dieses Bildungsgangs schlechtere Schulleistungen, aber geringere Wiederholerquoten von den zurückgestellten Schülern erreicht werden.

Das Einschulungsverfahren in Hessen hält weiterhin – trotz veränderter rechtlicher Rahmenbedingungen[78] – an Zurückstellung und Aufnahme in Vorklassen fest. Die vorliegende Arbeit untersucht daher die Beibehaltung der seit 40 Jahren geltenden Zurückstellungspraxis und ihre Ausprägung in jüngerer Zeit. Sie beschränkt sich auf den Einzugsbereich des Staatlichen Schulamts der Stadt Frankfurt am Main.

Für die Wahl Frankfurts als Untersuchungseinheit spricht eine ausreichend große Anzahl von 74 öffentlichen Grundschulen mit circa 20000 Grundschülern und Grundschülerinnen (die Grundschüler Frankfurts stellen circa 8% der hessischen Grundschüler). Die Schulbezirke repräsentieren unterschiedliche soziale Wohnumgebungen, zu denen sozialräumliche Daten der Stadt Frankfurt vorliegen. Zudem zeichnet sich Frankfurt durch eine sehr hohe Vorklassendichte aus, die zumindest theoretisch jedem zurückgestellten Kind den Besuch einer Vorklasse in Wohnortnähe erlaubt.

4.2 Zur Geschichte des Schulanfangs

Erst mit der Einführung einer gemeinsamen Grundschule für alle Kinder (1920) werden das Schuleingangsalter und die Leistungsfähigkeit der Kinder bei Schuleintritt problematisiert. Vormals war durch Privatunterricht, (Bürger-)Vorschule und Volksschule die gesellschaftliche Selektion, aber auch eine individuelle Passung an weiterführende Bildungsgänge gegeben.

Bei meinen Recherchen im Stadtarchiv fand ich Unterlagen über die ersten sieben „Vorklassen" in den 1920er[79] Jahren. Es war der reformpädagogische Versuch, die Bildungschancen einiger Kinder durch be-

---

[78] Nach § 20 des neuen hessischen Schulgesetzes ist es erstmals möglich, die Eingangsphase der Grundschule jahrgangsübergreifend zu gestalten, um durch unterschiedliche Verweildauer den unterschiedlichen Entwicklungsständen Rechnung zu tragen und damit die Bildung einer Vorklasse zu erübrigen.

[79] Die ersten 6 Vorklassen wurden im Jahr 1929 von 113 Schülern und Schülerinnen besucht.

sondere Förderung zu stärken. Sie waren in der Regel in den traditionellen Arbeitervierteln angesiedelt und nannten sich zunächst Schulkindergärten (der Begriff Vorklassen war für die vorbereitenden Klassen auf das höhere Schulwesen reserviert). Der Antrag zur Eröffnung einer 7. Vorklasse wurde wie folgt begründet:

„In diesem Jahr sind den Schulbehörden aus dem Riederwald eine größere Anzahl Kinder gemeldet worden, die zwar schulpflichtig sind, aber noch nicht die geistige Reife besitzen, um dem Schulunterricht zu folgen. Es sind dies meist Kinder aus Verhältnissen, die diese Entwicklungshemmungen hervorgerufen haben ...."[80]

Die Vorklassen wurden später in der Zeit des Nationalsozialismus geschlossen.

In den fünfziger Jahren wurde die Einrichtung von Vorklassen wieder neu diskutiert und man begründete dies mit den sehr hohen Sitzenbleiberquoten im ersten Schuljahr, die vor allem auf einen falsch gewählten (zu frühen) Zeitpunkt der Einschulung zurückgeführt wurden. Kern (1951) als bekanntester Vertreter des Konzepts der nach festgelegten Stufen sich entwickelnden *Schulreife* des Kindes forderte Schulreifetests vor der Einschulung, um die noch nicht „schulreifen" Kinder identifizieren zu können. Für diese schulpflichtigen, aber noch nicht „schulreifen" Kinder wurden Schulkindergärten (Vorklassen) – zunächst in einzelnen Städten – eingerichtet.

Das Konzept der Schulreife wurde durch das Konzept der *Schulfähigkeit* abgelöst, dessen interaktionistisches Modell auf die Begabungsforschung zurückgeführt wird (Roth 1969). Nicht nach einem festgelegten endogenen Reifeplan, sondern in aktiver Auseinandersetzung mit der Umwelt entwickelt das Kind seine kognitiven, emotionalen und sozialen Fähigkeiten. Auch dieser Ansatz führt zu Selektion der noch nicht „schulfähigen" Kinder und der Aufnahme in Schulkindergärten (Vorklassen). Beide Ansätze – der der Schul*reife* oder der der Schul*fähigkeit* – favorisieren die Einrichtung von Schulkindergärten (Vorklassen), sei es als Aufbewahrungsort, um nicht schulreife Kinder „nachreifen" zu lassen, oder als Förderort, um eine wenig anregende Umwelt zu kompensieren. In der Folge fand ein systematischer Ausbau der Schulkindergarten- (Vorklassen-)struktur in den einzelnen westlichen Bundesländern in unterschiedlichen Zeiträumen der sechziger und siebziger Jahre statt.[81]

---

80 Städtische Schulbehörden, 30. Oktober 1928.
81 Vgl. Mader 1989 und Prielipp 1997.

Einen nicht selektiven Ansatz verfolgte der Deutsche Bildungsrat (1975) in seinen Empfehlungen zum Elementar- und Primarbereich. Er sprach sich für die Einführung der zweijährigen Eingangsstufe *für alle* 5- und 6-Jährigen aus. Durch Frühförderung hoffte man, dem Ziel der Chancengleichheit und des Abbaus sozialer Ungleichheiten näherzukommen. Die Zurückstellung vom Schulbesuch schulpflichtiger Kinder sollte entfallen. Die geplante flächendeckende Einführung der Eingangsstufe konnte sich jedoch nicht durchsetzen. Einzelne Modellversuche wie z. B. in Hessen erhielten Bestandsgarantie.

In den neunziger Jahren wird die „*Neue* Schuleingangsstufe" thematisiert, die an den integrierenden Ansatz anknüpft, alle Kinder einzuschulen und auf Zurückstellungen zu verzichten. In den Mitteilungen des Grundschulverbandes (1994)[82] fordert man statt der Schulfähigkeit des Kindes eine *kindgerechte Schule*. Merkmale der neuen Schuleingangsstufe sind eine jahrgangsübergreifende Organisation mit unterschiedlicher Verweildauer, geeignete (differenzierende) Methodenwahl und Kooperation unterschiedlicher pädagogischer Professionen.[83] In der Tat erproben mit einer Ausnahme alle Bundesländer Schuleingangsstufen (Faust 2006). Bildungspolitisch konnte sich die neue Schuleingangsstufe trotz erfolgreicher Modellversuche aber in den meisten Bundesländern nicht flächendeckend durchsetzen.

4.3 Beschreibung der Untersuchung

4.3.1 Fragestellungen

Die Vorklasse soll Förderort für noch nicht „schulfähige" Kinder sein. Erfolgreiche Förderung könnte durch die Differenz zwischen Eingangsvoraussetzungen und Leistungsergebnissen am Ende der Vorklassenzeit auf der Ebene von Individualdaten belegt werden. Zu fragen bliebe, welcher Anteil tatsächlich dem Unterricht und nicht anderen Faktoren, die in der Person des Kindes oder der Umwelt liegen, zuzuschreiben

---

82 15. Jahrgang, April 1994, Heft 46.
83 Der Grundschulverband – Arbeitskreis Grundschule fordert programmatisch 2005 unter dem Thema „Standpunkt Schulanfang": „Die Hürde des Schulanfangs muss entfallen: Alle schulpflichtigen Kinder werden in die Schule aufgenommen." Damit verbunden ist die Forderung nach Einführung einer neuen Schuleingangsstufe. (www.grundschulverband.de/homepage.html)

wäre und ob nicht vergleichbare Fortschritte auch im ersten Schuljahr hätten erzielt werden können.

Da in der vorliegenden Untersuchung keine Individualdaten von Schülern erhoben wurden,[84] soll der Erfolg der Fördermaßnahme durch die weitere Schullaufbahn erschlossen werden. Es kann hier nur der Zeitraum der Grundschulzeit betrachtet werden. Beim Übergang zur Sekundarschule verlieren sich die Bezugsgrößen, weil Grundschüler unterschiedliche Sekundarschulen besuchen und zurückgestellte Schüler nicht mehr identifizierbar sind.

Auf der Ebene der einzelnen Grundschule kann aber gefragt werden:

Sind Schulen mit höheren Zurückstellungsquoten erfolgreicher (haben weniger Wiederholer) als Schulen mit niedrigen Zurückstellungsquoten?

Die Bildungsbeteiligungsforschung hat das Merkmal Migrationshintergrund als maßgeblich für Schulerfolg identifiziert. In erster Linie gehören die *ausländischen Jungen* zu den Schulversagern des deutschen Bildungssystems. Da die Vorklassenstatistik der einzelnen Schulen über das Geschlecht keine Angaben führt, kann diese Frage nur auf Schulamtsebene rekonstruiert werden. Es soll untersucht werden:

In welchem Ausmaß sind ausländische Kinder (Jungen) vom Vorklassenbesuch betroffen?

Die Schulfähigkeit des Kindes wird im Zusammenhang mit den Umwelterfahrungen des Kindes gesehen. Aufgabe der Vorklasse ist es daher, im Sinne eines sozialen Ausgleichs, wenig anregende Umwelten zu kompensieren. Daraus könnte geschlossen werden, dass der Förderbedarf in Schulbezirken, die sich durch ungünstige sozialstrukturelle Merkmale auszeichnen, verstärkt auftritt. Diese Hypothese führt zur nächsten Fragestellung:

Sind Schulen mit höheren Zurückstellungsquoten hauptsächlich in Schulbezirken ungünstiger Sozialstruktur anzutreffen?

Nachdem schülerbezogene Merkmale (Wiederholerquoten und Ausländeranteil) und Merkmale des Schulbezirks analysiert wurden, soll abschließend der Erklärungsbeitrag der Strukturmerkmale der Schule untersucht werden. Merkmale der Schule können die Problemwahrnehmung und damit die Entscheidung beeinflussen.

Welchen Einfluss haben Merkmale wie Schulgröße oder Angebot einer Vorklasse auf die Zurückstellungsentscheidungen?

---

84   Vgl. folgenden Abschnitt „Datenlage".

4.3.2 Datenlage

Die hier analysierten Daten basieren auf den amtlichen Statistiken des Hessischen Landesinstituts für Statistik für die Schuljahre 1999/2000 bis 2004/2005 für den Bereich des Staatlichen Schulamts Frankfurt am Main. Die Daten werden vom Hessischen Kultusministerium durch die SchulleiterInnen erhoben. Alle Daten liegen auf der Ebene der Einzelschule vor.[85] Individualdaten von Schülern liegen zurzeit noch nicht vor, dadurch können Schulaufbahnen nicht unmittelbar verfolgt werden.

Die Begrenztheit der Datenlage amtlicher Statistiken wird auch im Bildungsbericht für Deutschland (2003) genannt. Insbesondere sei hier der Migrantenstatus erwähnt. Die hessische Statistik erfasst nur „ausländische Nationalität", Schüler und Schülerinnen mit „Migrationshintergrund" machen aber eine weitaus größere Gruppe aus. Zum einen haben Aussiedler einen deutschen Pass teilweise ohne über deutsche Sprachkenntnisse zu verfügen, zum anderen haben wegen veränderter Einbürgerungsbestimmungen Kinder einen deutschen Pass, obgleich deren Eltern noch im Ausland geboren sind.

Die vom Hessischen Statistischen Landesamt erfassten Daten, die sich auf den Status am Schulanfang beziehen, sind von minderer Qualität oder nur eingeschränkt verwertbar, obgleich Zahlen über verspätete Einschulungen durch die amtliche Statistik belegt werden sollten. Unter der Überschrift „im Vorjahr schulpflichtig" werden die Kinder aufgeführt, die vom Schulbesuch zurückgestellt wurden. Eine Aussage darüber, wo sie das Jahr verbracht haben, in einer Vorklasse, in einem Kindergarten oder zu Hause, ist allerdings daraus nicht ableitbar. Einige der berichtenden Schulleiterinnen und Schulleiter melden null Zurückstellungen, obgleich im Vorjahr Kinder Vorklassen besuchten. Da anscheinend die Daten nicht einer inhaltlichen Plausibilitätsprüfung unterzogen werden, ist dieser Widerspruch bisher von niemanden zur Kenntnis genommen worden.

Das Hessische Kultusministerium fragt in der Jahresstatistik auch nach Schülern, die Vorklassen besuchen. Aber auch diese Zahlen sind für die Fragestellung nur eingeschränkt verwertbar. Da der Erhebungszeitpunkt zu Schuljahresbeginn (September/Anfang Oktober) liegt, werden nicht alle Kinder, die eine Vorklasse besuchen, erfasst werden

---

85 In den Veröffentlichungen des HSL werden die Daten auf der Ebene der Staatlichen Schulämter ausgewiesen. Aus Datenschutzgründen werden die Originaldaten der Schulen nach drei Jahren vernichtet, die Ebene der Einzelschule ist danach nicht mehr zugänglich.

können, weil Zurückstellungen vom Schulbesuch noch während des Schuljahrs bis zum Ende des 1. Halbjahrs möglich und durchaus üblich sind.

Aus diesem Grund wird die „Vorklassenstatistik" des Staatlichen Schulamts Frankfurt für die Untersuchung herangezogen. Diese wird im Februar eines jeden Schuljahrs durch die Schulleiterinnen und Schulleiter erhoben. Vergleicht man die vorliegenden Schuljahre, liegen folgende Differenzen zwischen dem *September-* (Amtliche Statistik, Hessisches Kultusministerium) und dem *Februartermin* (Statistik des Staatlichen Schulamts Frankfurt am Main) eines jeden Schuljahrs vor (vgl. Tabelle 1):

Tab. 1: Schüler/innen in Vorklassen in Frankfurt am Main 2000-2005

Schuljahr	September	Februar	Differenz	Differenz in %
2000/2001	400	452	52	13
2001/2002	375	463	88	23
2002/2003	355	445	90	25
2003/2004	363	462	99	27
2004/2005	395	437	42	11

Quelle: HSL, Staatliches Schulamt Frankfurt und eigene Berechnungen

Eine beachtliche Anzahl der Vorklassenkinder wird erst während des laufenden Schuljahrs zurückgestellt. Ein sich abzeichnender Trend zur späteren Entscheidung kann im letzten beobachteten Schuljahr nicht bestätigt werden.

Amtliche Statistiken, die Angaben über verspätet eingeschulte Kinder oder Kinder, die Vorklassen besuchen, enthalten, sollten kritisch dahingehend überprüft werden, auf welcher Datenbasis die Aussagen beruhen. Die in der Jahresstatistik erhobenen und vom Hessischen Statistischen Landesamt aufbereiteten Daten sind, wenn sie ausschließlich herangezogen werden, irreführend. Im Folgenden werde ich mich daher, falls nicht anders erwähnt, auf die Daten der Vorklassenstatistik des Staatlichen Schulamts Frankfurt am Main beziehen.

In der im Februar erhobenen Vorklassenstatistik des Staatlichen Schulamts Frankfurt berichten die Schulleiterinnen und Schulleiter der Vorklassenschulen über in die Schule aufgenommene Vorklassenkinder. Das Merkmal Geschlecht wird nicht erfasst, wohl aber die Nationalität.

Interessanterweise werden auch die Herkunftsschulen der Kinder genannt, so dass es möglich ist, für *alle* Frankfurter Grundschulen zurückzuverfolgen, wie viele Kinder einer Schule eine Vorklasse besuchen, *und zwar unabhängig davon*, ob die Herkunftsschule eine Grundschule ohne oder mit Vorklasse bzw. eine Eingangsstufenschule ist.[86]

Es liegen Daten der Vorklassenstatistik aus sieben Jahrgängen – 1999 bis 2005 – ausgewertet vor. Hieraus lassen sich die Beziehungen der Schulen untereinander und die Entwicklung der Zurückstellungspraxis einzelner Schulen rekonstruieren.

4.4 Ergebnisse

4.4.1 Systematik des Vorklassenangebots

Ich versuche zunächst die Struktur des Vorklassenangebots in Frankfurt am Main in seiner historischen Entwicklung nachzuzeichnen und durch eine erste deskriptive Analyse der Zurückstellungsquoten eine Typisierung der Entscheidungspraxis der Grundschulen vorzunehmen.

Die sehr gute Versorgung mit Vorklassen in Frankfurt am Main war im Wesentlichen schon in den sechziger Jahren abgeschlossen. Im Schulentwicklungsplan der Stadt Frankfurt am Main von 1972 werden 70 Grundschulen erwähnt, von denen 43 über eine Vorklasse verfügen. An weiteren vier Schulen war der Versuch „Früheinschulung Fünfjähriger" (Eingangsstufe) eingerichtet.[87]

Im Schulentwicklungsplan von 1981 werden 72 Grundschulen mit 44 Vorklassen und 5 Schulen mit „Früheinschulung Fünfjähriger"[88] genannt. *1991* werden 73 Grundschulen mit 49 Vorklassen gezählt. 2000 finden sich 74 Grundschulen mit 45 Vorklassen und 5 Schulen mit Eingangsstufe.[89] Diese Zahlen gelten im Wesentlichen auch noch heute, mit

---

86 Ich gehe davon aus, dass Kinder nur dann vom Schulbesuch zurückgestellt werden, wenn eine Förderung durch eine Vorklasse möglich ist. In einzelnen Ausnahmefällen könnte eine Förderung auch im (kostenpflichtigen) Kindergarten erfolgen. Durch das Datenmaterial bin ich gezwungen, diese Einzelfälle zu vernachlässigen.
87 Schulentwicklungsplan III – Rahmenplan –, Vorschlag des Dezernats Schulen 1972, 41
88 Stadt Frankfurt am Main, Der Magistrat, Dezernat Schule und Bildung, Schulentwicklungsplan IV, Dezernatsentwurf 1981, 49
89 Ohne Privatschulen

der Ausnahme: Eine Vorklasse wurde geschlossen, und 2006 wurde eine Grundschule neu gegründet (vgl. Tab. 2).

Tab. 2: Entwicklung der Vorklassen in Frankfurt am Main 1970-2010

Jahrzehnt Untersuchungszeitpunkt	Grundschulen	Vorklassen	Schulen mit Eingangsstufe
1970	70	43	4
1980	72	44	5
1990	73	49	5
2000	74	45	5
2005	74	44	5
2010[90]	75	44	5

Quelle: Schulentwicklungspläne der Stadt Frankfurt am Main 1972, 1981, 1991, 2000 und eigene Berechnungen

Das Angebot der Vorklasse ist ein Unterrichtsangebot der öffentlichen Schulen. Nur eine einzige private Grundschule (von 8) führt eine Vorklasse. Da die Datenlage hierzu widersprüchlich und unvollständig ist, wird sie nicht in die Untersuchung einbezogen. Im Folgenden werden ausschließlich die 74 öffentlichen Schulen untersucht.[91] Von 74 öffentlichen Grundschulen in Frankfurt am Main im Jahr 2005 verfügen 25 Grundschulen weder über eine Vorklasse noch über eine Eingangsstufe. 44 Grundschulen sind Grundschule mit Vorklasse. 5 Grundschulen sind Eingangsstufenschulen, von denen 3 parallele Regelklassen[92] führen.

Bei der Exploration des Datenmaterials fiel auf, dass einige Grundschulen ohne Vorklasse ähnlich hohe Zurückstellungsquoten aufweisen wie Grundschulen mit Vorklasse. Dabei ließen sich „feste Partnerbeziehungen" zwischen diesen Grundschulen und benachbarten Grundschulen mit Vorklassen nachzeichnen. Dieses Phänomen ist historisch be-

---

90 Schulentwicklungsplan der Stadt Frankfurt Teil A, Fortschreibung 2007 – 2011
91 6% der Frankfurter Schüler besuchen eine Privatschule und sind mit Ausnahme von Einzelfällen nicht von Zurückstellung betroffen.
92 D. h. Schüler dieser Regelklassen können auch in Vorklassen (von Nachbarschulen) zurückstellt werden.

gründet, da für kleinere Nachbargrundschulen an einer der beiden Schulen eine *gemeinsame* Vorklasse eingerichtet wurde. Aufgrund dieser Entscheidungspraxis werde ich im Folgenden diese Schulen zusammen mit den Partnerschulen als *Schulen mit gemeinsam geteilter Vorklasse* typisieren.

Bei den Vorklassenschulen kann man weiterhin unterscheiden zwischen solchen mit ausschließlich eigener Schülerklientel und solchen, die auch vereinzelt von anderen Schulen Schüler aufnehmen.

Für Schulen ohne Vorklasse gibt es zwei Optionen, sie können (einzelne) Schüler an benachbarte Grundschulen schicken oder keine Schüler schicken. In diese Gruppe der Grundschulen ohne Vorklasse ordne ich auch die Eingangsstufenschulen ein, da diese sich – vor allem bei parallelen Regelklassen – in gleicher Weise entscheiden.

Im ersten Schritt einer Typisierung des Entscheidungsverhaltens zum Vorklassenbesuch bilde ich 5 Gruppen (vgl. Abb. 11):

(1) Vorklassenschulen mit ausschließlich eigener Klientel
(2) Vorklassenschulen mit gemeinsam geteilter Vorklasse, unabhängig von Standort
(3) Vorklassenschulen, die auch von anderen Schulen vereinzelt Schüler aufnehmen
(4) Schulen, die vereinzelt Schüler in Vorklassen anderer Schulen schicken
(5) Schulen, die keine Kinder in Vorklassen schicken.

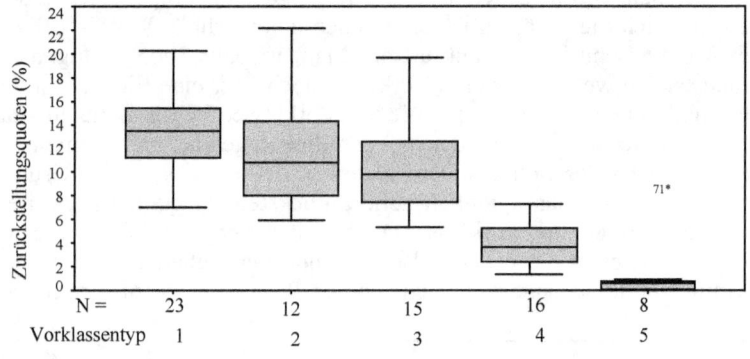

Abb. 11: Anteil der Zurückstellungen am Einschulungsjahrgang (in Prozent) 2000-2005 in Frankfurt am Main

Quelle: Staatliches Schulamt Frankfurt und eigene Berechnungen

Alle Frankfurter Grundschulen stellen im Mittelwert 9,2% der Kinder eines Einschulungsjahrgangs zurück.[93] Grundschulen mit „eigenen" Vorklassen (Typ 1, 2 und 3), die 2/3 der Grundschulen ausmachen, stellen durchschnittlich mehr als 9,2% der Kinder eines Einschulungsjahrgangs zurück (13,60%, 11,57% und 10,49%). Hierbei ist die Streuung der Werte bei Schulen mit geteilten Vorklassen (Typ 2) am größten. Grundschulen, die keine eigene Vorklasse haben (Typ 4 und 5), stellen *weit* unterdurchschnittlich in Vorklassen zurück (3,85% und 1,08%). Dabei machen 8 Grundschulen (von 74) von der Zurückstellung in Vorklassen keinen oder fast keinen Gebrauch.

In Abbildung 11 wird die Zweiteilung der Schulen deutlich, in solche mit hohen Zurückstellungsquoten und solche mit geringen Zurückstellungsquoten, gekoppelt an das Merkmal Vorklasse bzw. keine Vorklasse. In einem Schritt der Datenverdichtung dichotomisiere ich daher diese Eigenschaft: Schulen mit dem Merkmal „Vorklasse" umfassen Typ 1, 2, und 3. „Keine Vorklasse" schließen Typ 4 und 5 ein.

Ein enger Zusammenhang zwischen Vorklassenangebot und Zurückstellungsquoten lässt sich durch einen Korrelationskoeffizienten von $r = .77$ signifikant ($p < .01$) feststellen. Dieser Zusammenhang kann im Hinblick auf Ursache und Wirkung in zweifacher Weise erklärt werden: Vorklassen wurden an Schulen eingerichtet, die einen hohen Zurückstellungsbedarf haben, oder aber, das Angebot von Vorklassen zieht hohe Zurückstellungsquoten nach sich.

4.4.2 Zurückstellen und Wiederholen

In diesem Abschnitt soll der Frage nachgegangen werden, ob sich ein Zusammenhang zwischen höheren Zurückstellungsquoten und niedrigeren Wiederholerquoten nachweisen lässt. Die Zurückstellung in die Vorklasse ist gebunden an die prognostische Aussage der zurückstellenden Grundschule (in Absprache mit dem schulpsychologischen und schulärztlichen Dienst), dass eine erfolgreiche Teilnahme am Unterricht für das Kind aufgrund seines Entwicklungsstandes noch nicht gegeben ist. Ich operationalisiere daher Erfolg/Nichterfolg durch das Datum des Wiederholens/bzw. Nicht-Wiederholens einer Klassenstufe. Ich überprüfe somit die Annahme, dass Schulen, die in geringerem Umfang Kinder

---

93 Die zurückgestellten Kinder, die aufgrund der Zurückstellung nicht die erste Klasse besuchen werden, rechne ich nicht zum Einschulungsjahrgang. Allerdings werden die im vorherigen Jahr zurückgestellten dazu gezählt.

vom Schulbesuch zurückstellen, häufiger das Wiederholen einer Klassenstufe empfehlen oder durch Nichtversetzung[94] aussprechen. Im ersten Schritt werden die Ergebnisse zum Wiederholen einer Klassenstufe in der Grundschule berichtet, um anschließend im Zusammenhang mit den Zurückstellungsdaten analysiert zu werden.

Wie oben erwähnt, werden im Untersuchungszeitraum 2000/2001 bis 2004/2005 durchschnittlich 9,2% der Kinder eines Einschulungsjahrgangs zurückgestellt. Im selben Zeitraum wiederholen durchschnittlich 1,7% der Schüler das erste Schuljahr (vgl. Tabelle 3).

Tab. 3: Zurückstellen und Wiederholen in Prozent zum Einschulungsjahrgang 2000-2005 in Frankfurt am Main

	Mittelwert
Zurückstellungen im Verhältnis zum Einschulungsjahrgang	9,18%
Wiederholer Jahrgang 1 im Verhältnis zum Einschulungsjahrgang	1,72%
Wiederholer über 4 Jahrgänge addiert im Verhältnis zum *Einschulungsjahrgang*	7,41%

Quelle: HSL, Staatliches Schulamt Frankfurt, eigene Berechnungen

Betrachtet man alle 4 Grundschuljahrgänge zusammen, *wiederholen* 7,4% des *Einschulungsjahrgangs* ein Schuljahr (im ersten, zweiten, dritten oder vierten Schuljahr). Addiert man die zurückgestellten Kinder zu den Wiederholern, durchlaufen immerhin 16,6% der Kinder eines Einschulungsjahrgangs die Grundschulzeit mit einem Jahr Verlängerung.[95] In anderen Worten: von hundert eingeschulten Kindern werden ca. 16 Kinder die Grundschulzeit in 5 statt in 4 Jahren durchlaufen. Auffällig ist, dass die größte Hürde die Einschulung selbst zu sein scheint. In den folgenden vier Jahren müssen insgesamt weniger Kinder

---

94 Sowohl das Wiederholen auf Antrag der Eltern als auch die Nichtversetzung wird in der Landesstatistik als „Wiederholen einer Klassenstufe" ausgewiesen.
95 Es ist davon auszugehen, dass in der Regel keine Kumulationseffekte auftreten, Vorklassenbesuch und Wiederholung oder zweimalige Wiederholung sind sehr seltene Ereignisse.

ein zusätzliches Jahr absolvieren als es vor der Einschulung der Fall ist.[96]

Vergleicht man Zurückstellungsquote und Wiederholerquote im ersten Schuljahr, zeigt sich ein sehr geringfügiger negativer Korrelationszusammenhang von r = −.028. Schulen mit höheren Zurückstellungsquoten scheinen in sehr geringfügigem Umfang von weniger Wiederholungen im ersten Schuljahr Gebrauch zu machen.

Setzt man Zurückstellungsquoten mit den Wiederholerquoten der gesamten Grundschulzeit ins Verhältnis, zeigt sich ein sehr geringer umgekehrter Zusammenhang von r = .160. Hier scheinen höhere Zurückstellungsquoten eher auch geringfügig höhere Wiederholerquoten in den folgenden vier Jahren nach sich zu ziehen.

Die beschriebenen geringen Zusammenhänge sind aber nicht signifikant, so dass letztlich kein linearer Zusammenhang zwischen Wiederholer- und Zurückstellungsquoten bestätigt werden kann. Der vermutete Effekt, dass eine Zurückstellung vom Schulbesuch des ersten Schuljahrs das spätere Wiederholen einer Jahrgangsstufe ausgleichen würde, kann auf der *Ebene der Schule* für die *Grundschulzeit* nicht empirisch belegt werden. Grundschulen, die sich durch hohe Quoten in ihrer Zurückstellungspraxis charakterisieren lassen, stehen in keinem signifikanten statistischen Zusammenhang mit Grundschulen, die sich durch hohe Wiederholerquoten auszeichnen.

4.4.3 Vorklassenbesuch und ausländische Kinder

Aufgrund berichteter empirischer Befunde und theoretischer Überlegungen, wie im dritten Kapitel dargestellt, soll gefragt werden, erstens, ob Schulen mit einem hohen Migrantenanteil durch höhere Zurückstellungsquoten zu charakterisieren sind und zweitens, ob Migrantenkinder häufiger von Zurückstellungen betroffen sind (unabhängig davon, ob die Schule selbst einen hohen oder niedrigen Migrantenanteil ausweist) als deutsche Kinder.

In der ersten Berechnung wird nach dem Zusammenhang zwischen Zurückstellungsquoten und dem Anteil der ausländischen Kinder des Einschulungsjahrgangs auf der Ebene der Grundschule gefragt. *Gering*

---

[96] Historisch gesehen haben die Wiederholerquoten der Grundschulen in den letzten Jahrzehnten rapide abgenommen: Kleinere Klassenfrequenzen, Veränderung der Grundschulpädagogik, Klassenlehrerprinzip können Gründe hierfür sein.

korrelieren mit einem Wert von r = .324 (p ≤ .01) hohe Zurückstellungsquoten der Einzelschule mit hohen Quoten an ausländischen Schülern bezogen auf den Einschulungsjahrgang derselben Schule.

Wie aber ist das Verhältnis von deutschen und ausländischen Schülern in den Vorklassen selbst zu beschreiben? Auf *der Ebene des Staatlichen Schulamts* stellt sich die Entwicklung des Anteils von deutschen und ausländischen Schülern in Vorklassen im Verlauf des Untersuchungszeitraums von *sieben* Jahre wie folgt dar (vgl. Tabelle 4):

Tab. 4: Anteil der ausländischen Kinder in den Vorklassen 1998-2005 in Frankfurt am Main

Schuljahr	Kinder insgesamt	ausländische Kinder	Anteil in %	Anzahl der Vorklassen	durchschnittliche Klassengröße
1998/1999	492	275	55,89	44	11,18 Kinder
1999/2000	493	293	59,43	45	10,95 Kinder
2000/2001	452	242	53,54	45	10,04 Kinder
2001/2002	462	259	56,06	44	10,50 Kinder
2002/2003	446	209	46,86	44	10,14 Kinder
2003/2004	462	232	50,22	44	10,50 Kinder
2004/2005	438	214	48,86	42[97]	10,42 Kinder

Quelle: Staatliches Schulamt Frankfurt am Main und eigene Berechnungen

Die Hälfte aller Vorklassenkinder ist ausländischer Nationalität, die Entwicklung unterliegt aber starken Schwankungen. Um wie viel größer der Anteil der Kinder mit Migrationshintergrund ist, kann an dieser Stelle nicht beurteilt werden, da Nationalitäten, nicht aber Migrationshintergrund erfasst werden. In dieser Tabelle ist auffällig, dass sich, trotz schwankender Schülerzahlen, die durchschnittliche Vorklassengröße bei etwas mehr als 10 Schülern einpendelt. Das ist die Mindestschülerzahl, die eine Vorklasse ausweisen muss, um nicht bei längerfristiger Unterschreitung geschlossen zu werden. Da der Anteil der ausländischen Kinder nur im Verhältnis zu dem Anteil der ausländischen Kinder am

---

[97] Im Schuljahr 2004/2005 wurden in 2 Vorklassen keine Schüler aufgenommen (Abordnung, Pensionierung).

Einschulungsjahrgang aussagefähig ist, vergleiche ich die Entwicklung des Ausländeranteils am Einschulungsjahrgang des vorliegenden Datenmaterials von *fünf* Jahren (vgl. Tabelle 5).

Tab. 5: Anteil der ausländischen Kinder am Einschulungsjahrgang 2000-2005 in Frankfurt am Main

Schuljahr	Kinder insgesamt	Kinder ausländisch	Anteil ausländischer Kinder in %
2000/2001	4863	1838	37,80
2001/2002	4824	1716	35,57
2002/2003	4885	1718	35,17
2003/2004	5264	1651	31,36
2004/2005	5052	1604	31,75

Quelle: HSL und eigene Berechnungen

Tab. 6: Anteil der ausländischen Kinder in Vorklassen im Verhältnis zum Anteil der ausländischen Kinder am Einschulungsjahrgang

Schuljahr	Spalte 2 Kinder ausländisch Einschulungsjahrgang	Spalte 3 Kinder ausländisch in Vorklassen	Spalte 4 Kinder ausländisch/ Einschulungsjahrgang (%)	Spalte 5 Kinderausländisch in Vorklassen/ Einschulungsjahrgang (%)	Verhältnis Spalte 3/ Spalte 2 in %
2000/2001	1838	242	37,80	4,98	13,17
2001/2002	1716	259	35,57	5,37	15,10
2002/2003	1718	209	35,17	4,28	12,17
2003/2004	1651	232	31,36	4,41	14,06
2004/2005	1604	214	31,75	4,24	13,35

Quelle: HSL, Staatliches Schulamt und eigene Berechnungen

Das Verhältnis von deutschen und ausländischen Kindern in Vorklassen ist im Verhältnis zum Einschulungsjahrgang zwar Schwankungen unterworfen, ohne dass sich eine Trendwende abzeichnen würde (Tabelle 6, Spalte 2 und 3). Die leichte Abnahme des Anteils der ausländischen Vorklassenkinder (Tabelle 5) ist durch die Abnahme des Anteils der ausländischen Kinder am Einschulungsjahrgang (Tabelle 6, Spalte 4) zu erklären.

Vereinfachend gesprochen: Die Hälfte der Vorklassenkinder hat eine ausländische Nationalität, während nur noch ein Drittel der Kinder eines Einschulungsjahrgangs ausländischer Nationalität ist. Die Wahrscheinlichkeit, mit der ein ausländisches Kind eine Vorklasse besuchen wird, ist somit doppelt so groß wie bei einem deutschen Kind. Doppelt so häufig werden bei ausländischen Kindern die Voraussetzungen für einen erfolgreichen Schulbesuch durch die Schule verneint.[98]

Jungen und Mädchen finden sich in Vorklassen im Verhältnis 3:2. Es lässt sich kein zusätzlicher Effekt durch die Kombination der Merkmale „ausländisch" und „Junge" feststellen.[99] Man kann im Fall der Vorklasse eindeutig von institutioneller Diskriminierung der Jungen sprechen. Jungen scheinen doppelt so häufig den Mitgliedsanforderungen nicht zu genügen.

4.4.4 Zurückstellungsquoten und Sozialraum

Mit Hinweis auf die Darstellungen des dritten Kapitels kann man davon ausgehen, dass Bildungsentscheidungen in einem Zusammenhang mit Herkunftseffekten stehen. Bezug nehmend auf primäre Herkunftseffekte im Sinne Bourdieus gehe ich davon aus, dass Kinder ungleich auf die Schule vorbereitet sind. Stadtsoziologische Untersuchungen (Friedrichs 1988) zeigen einen engen Zusammenhang zwischen sozialer Ungleichheit und räumlicher Ungleichheit, in dem Sinne, dass innerhalb einer Stadt sich unterschiedliche Sozialräume ausbilden, die von unterschiedlichen Gruppen der sozialen Herkunft, sozio-ökonomischer Ressourcen und unterschiedlicher kultureller Lebensstile bewohnt werden. Da jeder Grundschule ein bestimmter Grundschulbezirk zugeordnet ist, unter-

---

98　Der Zusammenhang zwischen Sprachkenntnissen und Vorklassenbesuch kann hier aufgrund des Datenmaterials nicht thematisiert werden.
99　Diese Aussagen beziehen sich auf die Daten die Vorklassenstatistik (Erhebungszeitraum September) des Statistischen Landesamts, da in der Statistik des Staatlichen Schulamts das Geschlecht nicht erhoben wird.

scheiden sich die Einzugsbezirke der Grundschulen untereinander. Es soll daher in diesem Abschnitt untersucht werden, ob sich unterschiedliche Zurückstellungspraktiken der Schulen auf eine unterschiedliche Sozialstruktur des Grundschulbezirks zurückführen lassen.

Diesen Untersuchungsansatz – schulstatistische Daten im Zusammenhang mit sozialräumlichen Daten von in der Regel städtischen Regionen zu untersuchen – entwickelten neben mir auch andere Autoren unabhängig voneinander (Hauf 2007 (Mannheim/Heidelberg), Schulz 2000 (Berlin), Bosch und de Medeiros Valle 2006 (Berlin), KESS-Studie Hamburg 2006, vgl. auch Kanton Zürich Sozialindex). Für Frankfurt liegen sozialstrukturelle Daten vor, die vom Amt für Wahlen und Statistik der Stadt Frankfurt am Main 1999 auf der kleinsten Ebene der Stadtbezirke erhoben und im Frankfurter Sozialbericht Teil V: Segregation und Wohngebiete mit verdichteten sozialen Problemlagen, Frankfurt 2002 veröffentlicht wurden. Sozialstrukturelle Merkmale der Stadtbezirke wie:

- Ausländerquote
- Wohnfläche je Einwohner
- Alter
- Wegzugs- und Zuzugsquoten
- Sozialhilfequote
- Arbeitslosendichte
- Wahlbeteiligung
- Jugendgerichtshilfe

wurden mittels Faktorenanalyse zu einem Sozialindex zusammengestellt und einer Rangskalierung durch die Autoren unterzogen. Der Stadtbezirk mit den ungünstigsten Werten der sozialstrukturellen Daten hat den Rangplatz 1, der Stadtbezirk mit den günstigsten Werten den Rangplatz 111. Obgleich selbst die Autoren einige Kritikpunkte an einer solchen Vorgehensweise formulieren, geben die Skalenwerte in der Tendenz eine Orientierung für die sozialstrukturelle Zusammensetzung eines Grundschulbezirks.

Da die Grenzen eines Schulbezirks nicht mit den Grenzen des Stadtbezirks identisch sind, wurde von mir mit Hilfe einer zu diesem Zweck angefertigten Karte eine Zuordnung von Stadtbezirken zu Grundschulbezirken vorgenommen. Insbesondere in dem inneren Bereich der Stadt wurden Mittelwerte aus benachbarten Stadtbezirken gebildet. Auffällig war, dass es sehr homogene Schulbezirke gibt und

Schulbezirke, die sich aus sehr heterogenen Stadtbezirken zusammensetzen.[100] Die Variable des Sozialindexes dient als Proxy-Variable für die Sozialstruktur des Grundschulbezirks. Die erhobenen Werte beziehen sich auf die gesamte Wohnbevölkerung, nicht auf die Schülerpopulation. Durch die verbreitete Gestattungspraxis, einen anderen Schulbezirk zu wählen, sind die Schüler eines Grundschulbezirks in zweifacher Weise nicht gleichzusetzen mit der Wohnbevölkerung des Bezirks. Allerdings verstärken die Effekte der Gestattungspraxis die Segregation der Wohnbezirke und müssten somit die Herkunftseffekte noch stärker hervortreten lassen.

Setzt man den errechneten Rangwert des Schulbezirks mit den Zurückstellungsquoten in Zusammenhang, stellt sich in der Tat eine geringe Korrelation von r = −.303 (p ≤ .01) ein. Es besteht ein geringfügiger Zusammenhang zwischen niedrigem Rangplatz eines Schulbezirks und hohen Zurückstellungsquoten.

Tab. 7: Sozialer Rang und Zurückstellungsquoten 2000-2005 in Frankfurt am Main

			Sozialer Rang gruppiert			
			Gruppe 1	Gruppe 2	Gruppe 3	Gesamt
Zurückstellungsquoten gruppiert	bis 5%	Anzahl Schulen Erwartete Anzahl	3 6,5	5 6,5	14 8,9	22 22,0
	6-10%	Anzahl Schulen Erwartete Anzahl	5 6,2	7 6,2	9 8,5	21 21,0
	11% und mehr	Anzahl Schulen Erwartete Anzahl	14 9,2	10 9,2	7 12,6	31 31,0
Gesamt		Anzahl Schulen Erwartete Anzahl	22 22,0	22 22,0	30 30,0	74 74,0

Quelle: Staatliches Schulamt Frankfurt, Amt für Statistik Stadt Frankfurt am Main und eigene Berechnungen

Werden Zurückstellungsquoten und Sozialer Rang des Schulbezirks (Gruppe 1 = ungünstige Werte) in einer 3×3 Kreuztabelle gruppiert

---

100 Eine interessante Untersuchungsfrage wäre, ob die verbreite Gestattungspraxis (Antrag der Eltern, eine andere als die zuständige Grundschule zu besuchen) im Zusammenhang mit der sozialen Heterogenität eines Schulbezirks steht.

(Tab. 7), zeigt sich dieses Ergebnis erneut: Ein niedriger sozialer Rang steht im Zusammenhang mit hohen Zurückstellungsquoten.[101] 14 Schulen in einem Schulbezirk mit niedrigem Rangplatz stellen mit hoher Prozentzahl zurück, wie auch umgekehrt 14 Schulen in einem Schulbezirk mit hohem Rangplatz mit niedriger Prozentzahl zurückstellen.

Auffällig aber sind 10 Schulen, die dieser Tendenz nicht folgen: 3 Schulen in einem Grundschulbezirk mit ungünstigen sozialstrukturellen Werten stellen nur geringfügig zurück, während 7 Schulen in einem privilegierten Schulbezirk mit hoher Prozentzahl zurückstellen.

4.4.5 Schulgröße und Vorklassenangebot

In diesem Abschnitt soll zunächst überprüft werden, ob das Organisationsmerkmal der Schulgröße einen Erklärungsbeitrag für die Zurückstellungsquoten liefert. Berechnet man den Korrelationskoeffizienten von Zurückstellungsquote und Schulgröße – gemessen am durchschnittlichen Einschulungsjahrgang – stellt man keinen signifikanten Zusammenhang fest. Hohe bzw. niedrige Zurückstellungsquoten findet man sowohl bei größeren als auch bei kleineren Schulen.

Betrachtet man in einer 3x3 Häufigkeitstabelle die gruppierten Zurückstellungsquoten im Verhältnis zur Schulgröße, stellt man fest, dass mittlere und größere Schulen in der Tendenz mittlere oder höhere Zurückstellungsquoten haben. Kleinere Schulen aber favorisieren in ihren Entscheidungen extreme Werte: entweder stellen sie nur in geringem Umfang zurück oder aber in hohem (vgl. Tabelle 8).

---

101 Chi-Quadrat Testwert 10,557 bei 4 Freiheitsgraden, kritischer Wert 9,488 (95,0%), Nullhypothese ist abzulehnen, d. h. es besteht der von mir vermutete Zusammenhang, wenn auch mit niedrigen Werten.

Tab. 8: Schulgröße und Zurückstellungsquoten 2000-2005 in Frankfurt am Main

			Schulgröße			Gesamt
			kleine	mittlere	große	
Zurückstellungsquoten	bis 5%	Anzahl Schulen Erwartete Anzahl	**10** 6,2	7 8,3	5 7,4	22 22,0
	6-10%	Anzahl Schulen Erwartete Anzahl	2 6,0	9 7,9	10 7,1	21 21,0
	11% und mehr	Anzahl Schulen Erwartete Anzahl	9 8,8	12 11,7	10 10,5	31 31,0
Gesamt		Anzahl Schulen Erwartete Anzahl	21 21,0	28 28,0	25 25,0	74 74,0

Quelle: HSL und Staatliches Schulamt Frankfurt am Main und eigene Berechnungen

An dieser Stelle ist es von Interesse, ob dieses eher polarisierende Zurückstellungsverhalten der kleineren Schulen in Korrespondenz mit dem Merkmal Vorklasse/keine Vorklasse steht. Daher sollen die Haupteffekte Schulgröße bzw. Vorklasse in ihrer Wechselwirkung betrachtet werden (Tabelle 9):

Tab. 9: Schulgröße und Zurückstellungsquoten nach dem Merkmal Vorklasse 2000-2005 in Frankfurt am Main

Vorklassentyp dichotom			Schulgröße			Gesamt
			kleine	mittlere	große	
keine eigene Vorklasse	Zurückstellungsquoten gruppiert	bis 5% 6-10%	**10** 1	7 2	4 0	21 3
	Gesamt		11	9	4	24
Eigene auch geteilte Vorklasse	Zurückstellungsquoten gruppiert	bis 5% 6-10% 11% und mehr	0 1 9	0 7 12	1 10 10	1 18 31
	Gesamt		10	19	21	50

Quelle: HSL, Staatliches Schulamt Frankfurt am Main und eigene Berechnungen

In der Tat verfügen alle 9 kleinen Schulen mit hohen Zurückstellungsquoten über eigene Vorklassen. Ich vermute, dass sich dieses Phänomen durch die Tatsache der gesetzlich vorgeschriebenen Mindestgröße einer Vorklasse von 10 Schülern erklärt. Da Schulen, die keine 10 Schüler in ihre Vorklassen aufnehmen, die Schließung der Vorklasse riskieren, müssen im Interesse des Fortbestands der Vorklasse kleinere Schulen einen höheren Prozentsatz an Kindern zurückstellen als größere, um die absolute Zahl von 10 Schülern erreichen zu können. Interessanterweise überprüft die Schulaufsicht den Bedarf einer Vorklasse an einer absoluten Mindestzahl von 10 Schülern und nicht etwa am Verhältnis von Vorklassenschülern zum Einschulungsjahrgang.[102]

4.4.6 Der Erklärungsbeitrag der Schulform Vorklasse

Nachdem Bedingungsfaktoren, die zu häufigeren Zurückstellungsentscheidungen auf der Ebene der einzelnen Grundschule führen können, *im bivariaten* Zusammenhang untersucht wurden, soll nun das Zusammenwirken der Erklärungsvariablen analysiert werden.

Ich wähle hier ein Log-lineares Modell, das das Chancenverhältnis berechnet, ob ein Kind eine Vorklasse besuchen *oder* nicht besuchen wird. Dazu musste der vorliegende Datensatz in der Form umstrukturiert werden, dass aus den Summendaten einzelne Fälle durch Multiplikation konstruiert wurden. Es handelt sich natürlich nicht um echte Individualdaten, da keine Merkmale der Kinder bekannt sind, außer ob sie eine Vorklasse besuchen oder nicht. Alle anderen Informationen sind Merkmale der Schulen, ob diese eine Vorklasse anbietet, in welchem Schulbezirk die Schule liegt und wie viele Schüler sie aufnimmt. Es wurden die Daten aus den fünf Untersuchungsjahren gepoolt, um eine größere Fallzahl zu erreichen. Obgleich es geringfügige Unterschiede in der Verteilung der Zurückstellungen während der untersuchten Jahre gibt, zeichnet sich kein eindeutiger Trend ab. Die ermittelten Ergebnisse beziehen sich demnach auf einen Zeitraum von fünf Jahren. Die Untersuchungsfrage gilt der Suche nach systematischen Entscheidungsstrukturen der betreffenden Grundschulen während des Untersuchungszeitraums.

---

102 Da in der Regel für sieben Klassen eines 1. Schuljahrs eine Vorklasse vorgesehen war (Erlass 27. Februar 1990), ist anzunehmen, dass die heute kaum zweizügigen Vorklassenschulen (auch bei gemeinsamer Vorklasse) ursprünglich eine größere Schülerzahl aufweisen konnten.

Nach den vorhergegangenen Analysen gehe ich davon aus, dass das Merkmal der Grundschule, ob sie eine Vorklasse anbietet oder nicht, einen wichtigen Erklärungsbeitrag für Zurückstellungsentscheidungen leisten kann. Ich werde daher das log-lineare Modell am Beispiel einer Kreuztabelle illustrieren, die die Verteilung von zurückgestellten und schulpflichtigen[103] Kindern, nach Schulen mit und ohne Vorklasse aufzeigt (Tabelle 10):

Tab. 10: Anzahl der zurückgestellten Kinder in Grundschulen mit und ohne Vorklasse 2000-2005 in Frankfurt am Main

		Schüler/innen		
		zurückgestellt in die Vorklasse	eingeschult	Gesamt
Grundschule mit Vorklasse	Anzahl	2.086 11,5%	16.023 88,5%	18.109 100,0%
Grundschule ohne Vorklasse	Anzahl	174 2,6%	6.605 97,4%	6.779 100,0%
	Anzahl	2.260 9,1%	22.628 90,9%	24.888 100,0%

Quelle: Staatliches Schulamt Frankfurt am Main und eigene Berechnungen

Die Chancenverhältnis, eine Vorklasse zu besuchen, beträgt für ein Kind, das eine Grundschule ohne Vorklasse besucht, 0,0263 (vgl. Tabelle 11), das entspricht dem Verhältnis von 174 zurückgestellten Kindern zu 6.605 eingeschulten Kindern (vgl. Tabelle 10). Im Kehrwert heißt das, dass es fast 38-mal wahrscheinlicher ist, keine Vorklasse als eine Vorklasse zu besuchen – wenn die Grundschule keine Vorklasse anbietet.

---

103 Schulpflichtig sind in dieser Definition auch vorzeitig eingeschulte Kinder, die mit der Aufnahme schulpflichtig werden, hingegen die zurückgestellten Kinder von der Schulpflicht „zurückgestellt" werden.

Tab. 11: Ergebnisse des Log-linearen Modells, Kinder in Vorklassen 2000-2005 in Frankfurt am Main

Modell 1	Faktor	Effektstärke[104]	Z-Wert	Odds
Abhängige Variable	Schüler/in wird in die Vorklasse zurückgestellt	−3,6365	−47,35	0,0263
Faktor A	Grundschule mit Vorklasse	1,5978	19,91	4,9421

Quelle: Staatliches Schulamt Frankfurt am Main und eigene Berechnungen

Bietet die Grundschule eine Vorklasse an, verändert sich das Chancenverhältnis um 4,9421-mal (Tabelle 11). Das bedeutet, nur durch die Tatsache, dass die Grundschule eine Vorklasse anbietet, erhöht sich der Vorklassenbesuch fast um das Fünffache. Das Chancenverhältnis für Kinder einer Grundschule mit Vorklasse beträgt demnach 0,0263 x 4,9421 = 0,1299, was dem Verhältnis von 2.086 zurückgestellten zu 16.023 schulpflichtigen Kindern entspricht (vgl. Tabelle 10). Im Kehrwert heißt dies, Kinder einer Grundschule mit Vorklasse besuchen 7,7-mal häufiger keine Vorklasse als eine Vorklasse.

Vergleicht man das Chancenverhältnis (38-mal zu 7,7-mal), wird deutlich, dass es allein durch das Vorhandensein einer Vorklasse für ein Kind fast fünfmal häufiger ist, zurückgestellt als eingeschult zu werden.

Es sollen noch drei weitere Modelle gerechnet werden: davon soll im ersten Modell überprüft werden, ob der Effekt des Vorklassenangebots nicht mit der Sozialstruktur des Grundschulbezirks[105] konfundiert (gesättigtes Modell[106]). Im folgenden Modell soll der Beitrag eines weiteren organisatorischen Merkmals, der Schulgröße, überprüft werden (gesättigtes Modell), um dann im letzten Modell beide Haupteffekte und Interaktioneffekte mit einzubeziehen, hierbei werden nur signifikante Werte berichtet (angepasstes Modell).

---

104 Die Effektstärken sind der natürliche Logarithmus der Odds (Chancenverhältnis).
105 Auf die Darstellung des Effekts des Anteils an ausländischen Kindern verzichte ich, weil die Effekte im Wesentlichen keine signifikanten Beiträge erbrachten.
106 In dem gesättigten Modell betragen die Anzahl der Freiheitsgrade und der Chi-Quadrat-Wert immer 0.

Tab. 12: Log-lineares Modell, Kinder in Vorklassen 2000-2005 in Frankfurt am Main – mit Sozialstruktur des Grundschulbezirks

Modell 2	Faktor	Effektstärke[107]	Z-Wert	p	Odds
Abhängige Variable	Schüler/in wird in die Vorklasse zurückgestellt	−3,7562	−36,76	< 0,001	0,02337
Faktor A	Grundschule mit Vorklasse	1,5850	19,91	< 0,001	4,879
Faktor B	Sozialstruktur des Grundschulbezirks[108] *Ungünstige* sozio-ökonomische Bedingungen (Gruppe 1)	0,6480	3,45	< 0,001	1,9117
Interaktionseffekt Faktor A (Vorklasse) × Faktor B (Sozialstruktur s. o.)		−0,4356	−2,21	< 0,05	0,6469

Quelle: Staatliches Schulamt Frankfurt, Amt für Statistik der Stadt Frankfurt am Main und eigene Berechnungen

Im Wesentlichen verändern sich die im Modell 2 (Tabelle 12) errechneten Effektstärken nicht. Dennoch verändert die Sozialstruktur des Grundschulbezirks das Chancenverhältnis: Im Vergleich zu einem Schulbezirk der höchsten Gruppe (von 3) des sozio-ökonomischen Status gemäß des Sozialindexes, ist es für Kinder in Grundschulen mit ungünstigen Lebensbedingungen fast doppelt wahrscheinlich zurückgestellt zu werden (Odds 1,91). Allerdings vor allem in Grundschulen, die keine Vorklasse haben, in Grundschulen mit Vorklassen wird dieser Effekt *fast* wieder ausgeglichen (vgl. positive und negative Effektstärke 0,6480 (Faktor B), −0,4356 (Interaktionseffekt) (oder vgl. die Odds 1,91 x 0,65 = 1,24).

---

[107] Die Effektstärken sind der natürliche Logarithmus der Odds (Chancenverhältnis).
[108] 1 = ungünstige sozio-ökonomische Bedingungen, 2 = mittlere, 3 = günstige sozio-ökonomische Bedingungen gemäß dem Sozialindex der Stadt Frankfurt

Tab. 13: Log-lineares Modell, Kinder in Vorklassen 2000-2005 in Frankfurt am Main mit dem Faktor der Schulgröße

Modell 3	Faktor	Effektstärke	Z-Wert	p	Odds
Abhängige Variable	Schüler/in wird in die Vorklasse zurückgestellt	−4,8736	−18,17	< 0,001	0,0076
Faktor A	Grundschule mit Vorklasse	2,6876	9,94	< 0,001	14,6963
Faktor C	Schulgröße Gruppe kleine Grundschule	1,4191	4,80	< 0,001	4,1333
	Gruppe mittelgroße Grundschulen	1,5223	5,28	< 0,001	4,5827
Interaktionseffekt Faktor A (Vorklasse) x Faktor C	Kleine Grundschulen	−1,0108	−3,33	< 0,001	0,3639
	Mittelgroße Grundschulen	−1,2616	−4,31	< 0,001	0,2832

Quelle: HSL, Staatliches Schulamt und eigene Berechnungen

In diesem Modell 3 (Tabelle 13) verändern sich die Effektstärken sowohl der abhängigen Variable als auch des Faktors Vorklasse. Diese Veränderung wird durch den Einfluss der Schulgröße auf das Chancenverhältnis hervorgehoben: Für große Schulen ist die Wahrscheinlichkeit einer Zurückstellung sehr viel geringer als für mittelgroße und kleine Schulen, diese stellen fast vier Mal häufiger zurück (vgl. Odds). Die Wahrscheinlichkeit, dass kleine und mittelgroße Schulen häufiger zurückstellen, wird bei den Schulen abgeschwächt, die über eine Vorklasse verfügen (Interaktionseffekt, negatives Vorzeichen). Allerdings war insgesamt der Effekt der Vorklasse sehr viel stärker ausgeprägt als in den Modellen, die nicht nach Schulgröße differenziert haben.

Im folgenden Modell 4 (Tabelle 14) wird ein angepasstes Modell gerechnet, in das ich die oben als signifikant erwiesenen Faktoren und Interaktionseffekte aufgenommen habe. Das gerechnete Modell ist höchst signifikant (p < 0,001, Chi-Quadrat-Wert 28,3827 bei 4 Freiheitsgraden).

Tab 14: Angepasstes Modell: Kinder in Vorschulklassen 2000-2005 in Frankfurt am Main

Modell 4	Faktor	Effektstärke	Z-Wert	p	Odds
Abhängige Variable	Schüler/in wird in die Vorklasse zurückgestellt	−4,8674	−17,84	< 0,001	0,0077
Faktor A	Grundschule mit Vorklasse	2,5535	9,20	< 0,001	12,8520
Faktor B	Sozialstruktur des Grundschulbezirks Gruppe 1 (ungünstig)	0,3663	1,92	n. s.	
	Gruppe 2 (mittleres Niveau)	−0,0247	−0,12	n. s.	
Faktor C	Kleinere Grundschule	1,3929	4,90	< 0,001	4,0265
Interaktionseffekt Faktor A (Vorklasse) x Faktor B	Sozialstruktur des Grundschulbezirks Gruppe 1 (ungünstig)	−0,1497	−0,75	n. s.	
	Gruppe 2 (mittleres Niveau)	0,2210	1,00	n .s.	
Interaktionseffekt Faktor A (Vorklasse) × Faktor C	Kleinere Grundschule	−1,0996	−3,82	< 0,001	0,3330

Quelle: HSL, Staatliches Schulamt Frankfurt, Amt für Statistik der Stadt Frankfurt am Main und eigene Berechnungen

Im angepassten Modell zeigen nur noch der Faktor Vorklasse und der Faktor Schulgröße signifikante Effektstärken. Die Bedeutung der Sozialstruktur des Grundschulbezirks verliert nahezu völlig an Erklärungskraft, wenn man die Organisationsmerkmale Angebot einer Vorklasse und Schulgröße berücksichtigt.

Den weitaus stärksten Effekt übt das Angebot einer Vorklasse aus. Die Schulgröße übt ebenfalls einen bedeutenden Effekt aus, kleinere Schulen stellen vier Mal häufiger in die Vorklasse zurück. Der Effekt ist in dieser Stärke aber nur wirksam, wenn die Schule über keine Vorklasse verfügt. Dieses zunächst unerwartete Ergebnis − warum sollten kleinere Schulen häufiger zurückstellen als größere −, ergibt sich aus dem Umstand, dass es sehr viel mehr kleinere Schulen ohne Vorklassen gibt als größere. Die größeren Schulen ohne Vorklassen sind dann in der Regel Eingangsstufenschulen und haben neben der Option Zurückstellung auch die Möglichkeit einer Früheinschulung 5-Jähriger. Der Erklärungshintergrund ist also im Fall der Schulen ohne Vorklasse nicht die Schulgröße als solche, sondern das Organisationsmerkmal Eingangsstufe. Gibt es ein eigenes Vorklassenangebot (hier erhöht sich die Wahrscheinlichkeit um den 12-fachen Faktor), wirkt die *Größe* der Grundschule nur noch geringfügig (1,3929 − 1,0996 = 0,2933, d. h. die Odds erhöhen sich geringfügig um 1,3408). Die Verteilung von großen und kleinen Schulen bei Vorklassenschulen ist ausgewogen.

4.5 Diskussion der Ergebnisse

Das Unerwartete der Ergebnisse war, dass sich ein Zusammenhang zwischen den sozialen Merkmalen des Grundschulbezirks bzw. des Einschulungsjahrgangs[109] und dem Anteil der Zurückstellungen im Modell nicht signifikant nachweisen ließ. Erwartet wurde im Sinne Bourdieus, dass in Grundschulen mit ungünstiger Sozialstruktur mehr Kinder „Entwicklungsrückstände" aufzeigen würden, die zu einer Zurückstellung führen würden. Anscheinend wird die Entscheidung der Zurückstellung in sehr starkem Maße durch die Organisationsmerkmale der *Schule* beeinflusst. In geringem Umfang scheint die Schulgröße zu wirken, wobei hinter dem Merkmal Schulgröße auch ein Organisationsmerkmal steht, denn größere Schulen ohne Vorklassen sind in der Regel Eingangsstufenschulen. Dieser Befund bestätigt die These, dass für das gleiche Kind auch anders entschieden werden könnte, statt es zurückzustellen und ein zusätzliches Jahr zu investieren, hätte es ein Jahr früher einschult werden können. Die Entscheidung über Einschulung oder Zurückstellung ist demnach in entscheidendem Maße geprägt von den Mitgliedserwartungen an ein schulfähiges Kind, das die einzelnen Schulen hegen, die sich je nach spezifischem Organisationsangebot unterscheiden und „eigenlogisch" kommuniziert werden.

Erwartet war der Erklärungsbeitrag der Vorklasse für die Wahrscheinlichkeit der Zurückstellung: theoretisch, weil Entscheidungsprogramme auf Fortsetzung drängen und empirisch in der Literatur berichtet (Mader 1989). Die Effektstärke des Vorklassenangebots ist dennoch unerwartet hoch: Wenn das Chancenverhältnis einer Zurückstellung nur durch den Tatbestand einer bestehenden Vorklasse fünf Mal größer ist,

---

109 Auch ein Modell, das ich mit dem Anteil der ausländischen Kinder am Einschulungsjahrgang gerechnet habe, zeigte keine signifikanten Effektstärken.

erscheint es unangemessen, beim Schulstart von Chancengleichheit auszugehen.

Warum kommt aber der Effekt der Vorklasse so uneingeschränkt und nicht durch die Sozialstruktur des Grundschulbezirks moderiert zum Tragen? Meines Erachtens begünstigen zwei Faktoren dieses Ergebnisses. Erstens hat Frankfurt am Main eine sehr hohe Vorklassendichte: Zwei Drittel aller Grundschulen und Grundschulbezirke bieten eine Vorklasse an, in die drei Viertel aller Frankfurter Kinder gehen. Zweitens besteht die Struktur des Vorklassenangebots in Frankfurt am Main im Wesentlichen seit fast vierzig Jahren, also seit mehr als einer Generation. Ich vermute, dass das Angebot ursprünglich stärker einer sozialräumlichen Struktur angepasst war als es heute ist. Die Veränderungen in der sozialstrukturellen Zusammensetzung des Grundschulbezirks bewirken aber (fast) nie die Auflösung der Vorklasse. Obgleich sich das Verhältnis von „Angebot und Nachfrage" historisch gesehen gewandelt haben dürfte, verändert sich nicht die Anzahl der Zurückstellungen auf der Ebene der Organisation Schule.

Wie kommt es zur Beibehaltung der Zurückstellungspraxis? Die Entscheidung der Schulfähigkeit wird in einem komplizierten Aushandlungsprozess vom Leiter/ von der Leiterin der Grundschule getroffen. In sein (ihr) Entscheidungsverhalten fließt das Interesse am Fortbestand der Organisation ein, hier der Vorklasse und der Sicherung der sozialpädagogischen Kompetenz, vertreten durch die Vorklassenleiterin/den Vorklassenleiter an der Schule. Das vom Kind beim Aufnahmeverfahren gezeigte Verhalten (der kognitiven Entwicklung, der sozialen Reife, der Sprachkompetenz) wird immer auf dem Hintergrund der von der Organisation angebotenen Lösungen interpretiert werden. Führt die Grundschule über Jahrzehnte die Zurückstellungspraxis im „Systemgedächtnis", werden dadurch auch die Erwartungen an die Mitgliedsrolle eines „schulreifen" Kindes kommunikativ mitgeführt. Das Angebot einer Vorklasse verspricht die Ressource einer intensiven Förderung – verbunden allerdings mit Selektion und Investition eines zusätzlichen Jahres. Ist dieses Angebot nicht gegeben, kann dasselbe Verhalten des Kindes wegen unterschiedlichen organisatorischer Rahmungen zu differenten Entscheidungen führen.

4.5.1 Grenzen der Untersuchung und Ausblick

Die Studie untersucht auf der Basis amtlicher Statistiken den Zusammenhang zwischen Zurückstellungsentscheidung, sozialräumlichen Strukturen und Merkmalen der Organisation Schule. Die Studie belegt, dass die Zurückstellungsentscheidungen in sehr starkem Maße im Zusammenhang mit Organisationsmerkmalen der Schule stehen. Da das Chancenverhältnis einer Zurückstellung fünf Mal größer ist wenn die Schule über eine Vorklasse verfügt, stellen die Ergebnisse die Zurückstellungspraxis der Frankfurter Grundschulen in Hinblick auf gleiche Bildungschancen in Frage. Der Studie stehen keine Leistungsdaten der Kinder zur Verfügung. Sie kann daher nicht in einem Mehrebenenmodell kontrollieren, welche Effekte auf individuelle Leistungsdaten und welche Effekte auf die Entscheidungspraxis der Organisation zuzurechnen sind. Die Ergebnisse lassen es aber plausibel erscheinen, dass über die „Schulfähigkeit" eines Kindes immer in kommunikativer Aushandlung zwischen individuellem schulischem Leistungsvermögen und organisationalen Beschulungsangebot entschieden wird, wobei die vorliegenden Befunde ein starkes Gewicht der Organisationslogik dokumentieren.

Die Notwendigkeit der Zurückstellung bleibt umstritten – andere organisationale Angebote können zu anderen Organisationsentscheidungen führen – aber auch der Erfolg oder die Erfolglosigkeit der Fördermaßnahme Vorklasse ist ungeklärt. Eine Untersuchung, die zur Klärung beitragen könnte, welche schulische Lernumgebung – selektierend mit und ohne Vorklasse oder integrierend mit neuer Schuleingangsstufe – die besten Lernchancen für Kinder bietet, steht noch aus.[110] Hierbei sollten die Nachhaltigkeit der Förderung und die Kosten der Maßnahme nicht außer Acht gelassen werden. Ein Zugang wäre, Lernausgangsvoraussetzungen der Schulanfänger und ihre Lernfortschritte auf dem Hintergrund unterschiedlicher organisatorischer Rahmungen zu erheben.

Auf der Ebene der normativen Institution ist zu beobachten, dass der professionelle Standard die Einführung der neuen Eingangsstufe vorsieht. Seit den 1990er Jahren ist die neue Schuleingangsstufe in verschiedenen Modellen in (fast[111]) allen Bundesländern erprobt worden (Faust 2006). Trotz der erfolgreichen hessischen Schulversuche (Burk et al. 1998) und der Gesetzesänderung des hessischen Schulgesetzes (§ 20

---

[110] Hong und Raudenbush können in ihrer Untersuchung, deren Datenbasis die US Early Childhood Longitudinal Study ist, keinen leistungssteigernden Effekt in Mathematik und Lesen durch Zurückstellung feststellen. Weder die zurückgestellten Kinder noch die Kinder, die in „leistungshomogeneren" Klassen der Schulen, die Zurückstellungen praktizierten, unterrichtet wurden, zeigten bessere Leistungen als die Kinder, die gemeinsam in Schulen ohne „Kindergarten Retention Policy " unterrichtet wurden. Im Gegenteil erreichten die zurückgestellten Kinder geringere Leistungen als sie hätten erreichen können, wenn sie nicht zurückgestellt worden wären.

[111] Außer dem Saarland

des HSchG), die es allen Schulen ermöglicht, eine Organisationsänderung im Sinne der Schuleingangsstufe vorzunehmen und auf Zurückstellung zu verzichten, halten die Frankfurter Grundschulen[112] an ihrer Entscheidungstradition fest.

Meines Erachtens fördert die gesetzliche Regelung nicht eine Veränderung der Entscheidungspraxis, weil nur dort eine neue Schuleingangsstufe eingeführt werden kann, wo personelle, sachliche und räumliche Voraussetzungen vorhanden sind, sprich an den Schulen, an denen schon Vorklassen installiert sind. Damit werden die Grundschulen aufgefordert, ihre eigenen Entscheidungsprogramme durch Entscheidung zu verändern – ohne zusätzliche Ressourcen binden zu können und mit dem Risiko eines erhöhten Arbeitsaufwands (einer höheren Unsicherheit). Da diese Schulen aber ihr Organisationsproblem, das der Homogenisierung der Schulanfängerklassen, schon gelöst sehen, besteht aus der Sicht der Organisation keine Notwendigkeit einer Veränderung der Entscheidungsprogramme.

---

112 Nur die neu gegründeten Grundschulen am Riedberg und in Preungesheim arbeiten neben der Grundschule in Bonames mit neuer Schuleingangsstufe („Flexibler Schulanfang").

5 Der Übergang von der Grundschule in die Sekundarstufe

5.1 Einleitung

Zum Übergang von der Grundschule in die Schulen der Sekundarstufe liegen von der Schulverwaltung erhobene Daten vor, die vor allem der Organisationsaufgabe dienen, die abgehenden Schüler der Grundschule auf die aufnehmenden Schulen der Sekundarstufe zu verteilen und den damit verbundenen Bedarf von Schulplätzen festzustellen. Diese Daten lassen keine Aussagen über individuelle Bildungsentscheidungen zu, da nur Summendaten, aber keine Individualdaten erhoben werden. Sie lassen auch keine Aussagen über den Prozess der Bildungsentscheidung zu, da sie in gewisser Weise zwei Ergebnisse der kommunikativen Aushandlung dokumentieren: die Anmeldung an die weiterführende Schule durch die Eltern der Schüler (im März jedes Jahres nach dem Halbjahreszeugnis) und die Aufnahme in die fünfte Klasse (berichtet im September des darauf folgenden Schuljahres) durch den Schulleiter/die Schulleiterin der Schule der Sekundarstufe.

In den vorangegangenen Kapiteln wurde erarbeitet, dass für die Bildungsentscheidung der Eltern die Leistungsperformanz des Kindes von Bedeutung ist, die sich ja im schulischen Kontext *des Unterrichts* und *der Beurteilungen* entwickelt und darstellt. Zudem übt die Eignungsempfehlung der Klassenlehrerin einen Einfluss aus – unabhängig davon, ob man ihr folgt oder gegen diese entscheidet – und zwar moderiert durch den sozialen Status der Eltern.[113] Daten über diese Prozesse der Interaktion liegen der Studie nicht vor.

Aus Sicht der Organisation Schule kann man die Zeitleiste der Entscheidungen und des kommunikativen Austauschs über die Entscheidungen wie folgt beschreiben:

---

113 Harazd (2007)

August	Versetzung in die vierte Klasse
Sep. - Dez.	Schulwahl wird zum Thema in der Klassengemeinschaft/ Elternabende finden statt
Dez. - Feb.	Klassenlehrer/in führt ein Beratungsgespräch, in dem er/sie eine „Eignungsempfehlung" ausspricht
März	Eltern melden ihr Kind an, die Klassenkonferenz spricht die Eignung aus oder legt Widerspruch ein
Mai	Bei Widerspruch der Klassenkonferenz ändern Eltern ihre Entscheidung oder bleiben bei ihrer Wahl
August	Entscheidung der Sekundarschule über die Aufnahme

Abb. 12: Zeitlicher Ablauf der Übergangsentscheidung

Vgl. Verordnung zur Gestaltung des Schulverhältnisses vom 21. Juni 2000 (Amtsblatt 2000, S. 602).

Bildungsentscheidungen werden in den jeweiligen Systemen der Familien, der Klassengemeinschaften und der Schulen kommunikativ ausgehandelt. Dabei werden die Bildungsaspirationen der Eltern und die Selektionsentscheidungen der Schule miteinander in Beziehung gesetzt und konstituieren in der Zukunft den Bildungsverlauf des Kindes. Die Untersuchung setzt zum Zeitpunkt der vollzogenen Anmeldung ein, *nachdem* eine Angleichung der Bildungsaspirationen der Eltern und der Bildungsgangempfehlungen der Klassenlehrerinnen/ der Klassenlehrer stattgefunden hat.

In der Analyse des vorliegenden Datenmaterials gehe ich der Frage nach, ob sich systematische Ungleichheiten in der Verteilung der Wahlen zum Übergang in die Sekundarstufe nachzeichnen lassen. Ich versuche Zusammenhänge zwischen den Anteilen der Wahlen, dem Schulangebot in der Stadt und dem Standort der Grundschule, der Sozialstruktur des Grundschulbezirks und der – in den Ergebnissen der Orientierungsarbeiten dokumentierten – durchschnittlichen Leistungsperformanz der Grundschulen aufzuzeigen.

Hierbei analysiere ich die Unterschiede in der Verteilung der Wahlen auf der Ebene des Schulträgers, der (regionalen) Planungsbezirke des Schulträgers und der abgebenden Grundschule. Systemtheoretisch gedacht, beeinflussen („irritieren") die jeweiligen Umwelten die Entscheidungen, die jeweils von den einzelnen Schulen und von den Eltern getroffen werden.

Im Einzelnen folgt die Untersuchung folgenden Fragestellungen:

- Wie sind die Wahlen des Bildungsgangs und der Schulform verteilt und aneinander gekoppelt?
- Wie ist der Einfluss der Standortnähe qualitativ und quantitativ zu belegen?
- Welchen Einfluss übt zudem die Sozialstruktur des Grundschulbezirks aus, mit welchem Einfluss wirkt die Leistungsperformanz der Grundschule?
- Wird das Recht der freien Schulwahl teilweise durch die Aufnahmeentscheidung außer Kraft gesetzt?

5.2 Die Struktur des Schulangebots der Stadt Frankfurt am Main

5.2.1 Die Sekundarschulen im Überblick

Das Angebot der auf die Grundschule folgenden Sekundarschulen ist in Frankfurt sehr groß und vielfältig. Sieben weiterführende Schulen haben einen *privaten* Träger, drei von ihnen sind Grundschulen mit Förderstufen, die anderen vier reichen von der Grundschule bis zum Gymnasium. Im Schuljahr 2005/2006 wählten 240 Schüler aus Frankfurter Grundschulen private Schulen und 4.259 Schüler öffentliche Schulen in der fünften Klassenstufe.[114]

Eine Besonderheit Frankfurts sind die *verbundenen Schulen*, die mehrere Bildungsgänge in einer organisatorischen Einheit anbieten. Darunter sind zwei Grundschulen mit *Förderstufe*. Eine weitere Verbundene Schule ist Grund- und Hauptschule mit Förderstufe, bietet also in Klasse 5 eine Förderstufe und ab Klasse 7 den Bildungsgang Hauptschule an. Neben diesen drei gibt es noch weitere drei Förderstufen an

---

114 Im Bereich der Schulträgerschaft der Stadt Frankfurt am Main. Schüler, die Schulen außerhalb der Stadt anwählen, sind hierbei ausgeschlossen.

kooperativen Gesamtschulen, so dass insgesamt sechs Mal eine Förderstufe angeboten wird.

Fünf Schulen sind verbundene Grund- und Hauptschulen. Vier andere Schulen sind Grundschulen mit einem Hauptschul- und einem Realschulzweig. Eine weitere ist eine verbundene Haupt- und Realschule. Insgesamt gibt es 13 Verbundene Schulen, darunter eine in unmittelbarer Nähe einer Grundschule mit ausschließlichem Sekundarschulangebot.

Reine *Hauptschulen* finden sich fünf in Frankfurt am Main. Zählt man die 10 verbundenen Angebote sowie die beiden Hauptschulklassen in den Kooperativen Gesamtschulen hinzu, wird 17 Mal der Bildungsgang Hauptschule angeboten.

Reine *Realschulen* gibt es 11 in Frankfurt am Main. Zählt man die fünf verbundenen Schulen und die Realschulklassen der Kooperativen Gesamtschule hinzu, wird der Bildungsgang Realschule 18 Mal angeboten.

Es gibt 12 *Gesamtschulen* in Frankfurt, darunter ist die Schulform IGS (Integrierte Gesamtschule) sieben Mal vertreten und die Schulform KGS (Kooperative Gesamtschule) fünf Mal. Während die Integrierten Gesamtschulen gemeinsame Klassen über alle Leistungsstufen und Leistungskurse bilden, arbeiten die Kooperativen Gesamtschulen entweder in Förderstufen (2), in nach Bildungsgang getrennten Klassen (2) oder in einer gymnasialen Klasse kombiniert mit einer Förderstufe (1).

Gymnasien gibt es in Frankfurt 15, darunter zwei altsprachliche (vgl. Tabelle 15).

Tab. 15: Schulformen in Frankfurt am Main 2007 (Schulträger Stadt Frankfurt)

Öffentliche Schulen											
(1) Verbundene Schulen					(2) Haupt- oder Realschulen		(3) Gesamtschulen			(4) Gymnasien	
GF	GHF	GH	GHR	HR	H	R	IGS	KGS	KGS Förderstufe	Neusprachlich	Altsprachlich
2	1	5	4	1	5	11	7	2	3	13	2
13					16		12			15	

Quelle: AWS 2005/2006 und Staatliches Schulamt Frankfurt am Main

5.2.2 Zur Geschichte der städtischen Schulentwicklung

Ein kurzer geschichtlicher Abriss dient dem Ziel, die heutige Angebotsstruktur der Sekundarschulen in Frankfurt in ihrer historischen Dimension zu erläutern. Eingebettet in die größeren geschichtlichen Zusammenhänge, üben lokale Akteure einen Einfluss auf die Gestaltung des Schulformangebots aus, vor allem auf die damit verbundenen Standorte innerhalb der Stadt. Es interessieren in diesem Kapitel die Herausbildung des dreigliedrigen Schulsystems und die Einrichtung von Gesamtschulen innerhalb der Stadt Frankfurt am Main.

Frankfurt gehörte ab 1866 zu Preußen, das seit dem Beginn des 19. Jahrhundert ein *staatliches*,[115] *flächendeckendes und standardisiertes* Bildungssystem aufbaute. Insbesondere wurde der Zugang zu den Universitäten von einer Zugangsberechtigung (Abitur) abhängig gemacht. Gleichzeitig werden Universitätsabschlüsse an Berufslaufbahnen (und damit an Lebensverläufe!) gekoppelt.

Am Ende des 19. Jahrhunderts zeichnete sich das Schulwesen auch in Frankfurt durch eine strenge *vertikale Segmentierung* aus. Zu den *höheren Schulen* zählten die Schulen, die zum Abitur führten (Gymnasium, Realgymnasium, Oberrealschule) und 9-jährig waren, aber auch die 6-jährigen Schulen (Realschule für Jungen und Lyzeum für Mädchen). In der Regel erlangten die Realschulen später den Status von Oberrealschulen. Höhere Mädchenschulen führten zunächst nicht zum Abitur, erst 1908 wurde aufgrund privater Initiative die Schillerschule als erste Mädchenschule, die bis zum Abitur führte, eröffnet.[116]

Die *Mittelschulen* entstanden ab 1875 (nach Auflösung der mittleren Bürgerschule) und unterschieden sich vor allem von den (Bürger-)Volksschulen durch Einführung einer Fremdsprache (Französisch ab

---

115 „Paradigmatisch dafür ist die Schaffung der preußischen Sektion für „Cultus und Unterricht" (erster Leiter von 1809-1819: Wilhelm von Humboldt), der Vorläuferin der später etablierten Kultusministerien" (Fend 2006b, 174). Fend vergleicht das Bildungssystem im Kanton Zürich mit dem Bildungssystem in Deutschland, im Kanton Zürich ist das Bildungswesen ein primär öffentliches und erst in zweiter Linie ein staatliches, während in Deutschland das Bildungswesen in erster Linie ein staatliches ist. Auf dem Hintergrund der neuen Steuerungsmechanismen wie z. B. der Schulinspektion scheint dieser Unterschied auch heute bedeutsam.

116 Allerdings fanden es die Frankfurter Stadtväter gerecht, dass für die Mädchenschulen doppelt hohes Schulgeld zu entrichten war. 1910 begründete der Stadtverordnete Zielowski (SPD) eine Ablehnung eines Antrages auf gleiches Schulgeld mit dem Argument, „dass derjenige, der seine Tochter in die Gymnasialkurse schickt, also ihr noch über die zehnklassige Mädchenschule hinaus die Möglichkeit geben will, Studien zu machen, um später zur Universität übergehen zu können, so gestellt ist, dass er auch diese 300 Mark Schulgeld sehr wohl bezahlen kann." (Zitiert nach Schäfer 1994, 44)

dem 4. Schuljahr) und der Schulgeldpflicht. Im Vergleich zum Schulgeld für eine höhere Schule betrug das der Mittelschulen weniger als die Hälfte. Mittel- und höhere Schulen führten jeweils eigene dreijährige Vorklassen (vgl. Kap. 4).

Seit 1888 ist der Besuch der *Bürger(Volks-)schule* in Frankfurt kostenlos. 1907 wurde sie achtklassig. Sie war die Schule derjenigen Bürger, die kein Schulgeld bezahlen konnten.[117]

Zu Beginn des 20. Jahrhunderts verdoppelte sich in Frankfurt am Main die Schülerzahl von ca. 32.000 Schülern (1900) auf ca. 62.000 Schüler im Jahr (1915),[118] und die Stadt investierte in Schulneubauten, die noch heute das Stadtbild prägen. Bezogen auf das Stadtgebiet von 1910[119] wurden vor 1914 gegründet:

Volksschulen (heute Grund- und Hauptschulen)	38 von 60
Realschulen	9 von 11
Gymnasien	15 von 15[120]

Hervorzuheben ist, dass seit *mehr als einem Jahrhundert* die heutigen Gymnasien (und vorwiegend auch die Realschulen) als Institution bestehen und ihre Gebäude (sofern nicht während des Krieges zerstört) in der Regel am selben Standort, in den bürgerlichen Vierteln der Gründerzeit vorzufinden sind.

Die Gründung der Gesamtschulen in Hessen (Ende der 1960er Jahre und während der 1970er Jahre) war eingebettet in eine gesellschaftliche Umbruchssituation. Gestaltete sich die Gründung der ersten Frankfurter Gesamtschule 1968 in der Nordweststadt noch relativ konfliktfrei,[121] führte die Vorstellung des Schulentwicklungsplans von 1971[122] zu parteipolitisch polarisierenden Auseinandersetzungen. Gegen die in diesem Schulentwicklungsplan auch vorgesehene Umwandlung von Gymnasien

---

117 Die neu erbauten Bürgervolksschulen wurden mit Turnhallen, Duschen und Schul(lehr)küchen ausgestattet. Durch die Installation von „Brausebädern", die es nicht in Mittelschulen oder höheren Schulen gab, sollten die Kinder Gelegenheit haben, einmal in der Woche während des Sportunterrichts ihren Körper zu reinigen.
118 Schäfer 1994, 27
119 Ohne die Eingemeindungen der westlichen Vororte 1928 und der örtlichen Vororte in den siebziger Jahren.
120 Schäfer 1994, 15
121 Nach Auskunft von Kurt Schäfer, damals stellvertretender Schulleiter der Ernst-Reuter-Schule, war die Nordweststadt „eine junge Stadt" mit vielen hinzugezogenen jungen Familien, für die es keine fest gefügte Bildungstradition gab. „Die Kinder gingen einfach weiter in die Schule (die Ernst-Reuter-Schule war zunächst eine Grundschule, dann Förderstufe, später Integrierte Gesamtschule) und man machte dann gute Erfahrungen."
122 Durch den Schuldezernenten Professor Peter Rhein

in Gesamtschulen wurde auf der Ebene der Ortsbeiräte und der Schulelternschaft der betroffenen Schulen heftig agitiert, was schließlich zur Vereitelung der Umwandlungen führte.[123]

Aus diesem Grund sind alle heute in Frankfurt existierenden Gesamtschulen an die Stelle bestehender Real- oder Volksschulen gerückt.[124] Nur die Standorte ließen sich realisieren, wo der Fortbestand eines Gymnasiums nicht betroffen war. Die Gesamtschulen wurden fast ausschließlich in den 1970er und 1980er Jahren gegründet und teilweise neu erbaut. Bis in die 1970er Jahre waren die Schülerzahlen gestiegen, während es zwischen 1980 und 1990 zu einem Rückgang von 16.000 Schülern kam, die sich nach Schulformen ungleich verteilten[125] und die Konkurrenz zwischen den Schulen bis heute verstärkte.[126]

5.2.3 Die Datenlage der Untersuchung

Die Daten zu den Schüleranmeldungen an Sekundarschulen zum Schuljahr 2005/2006[127] werden dem hessischen Kultusministerium über die Schulleitungen der Grundschulen gemeldet, die Daten der vollzogenen Übergänge[128] zu Beginn des Schuljahrs 2005/2006 melden die Schulleitungen der Sekundarschulen. In die vorliegende Untersuchung wurden die Daten der öffentlichen, nicht aber die Daten der privaten Grundschulen aufgenommen.[129] Vorwiegend werden hier die Daten der Schüler*anmeldungen* untersucht. Die Daten liegen in aggregierter Form vor,

---

123 Gesamtschule Dornbusch (Wöhlerschule), Gesamtschule Bockenheim-Nord (Goethe-Gymnasium), Gesamtschule Ostend (Herderschule), Gesamtschule Sachsenhausen (Schillerschule), Gesamtschule Westhausen (Liebig).
124 Z. B. entstand in Fechenheim 1977 die Heinrich-Kraft-Schule aus der Willmannschule (Volksschule), in Bockenheim entstand die Georg-Büchner-Schule 1972 aus Kuhwald-, Philipp-Reis- und Bismarck-(Real)-Schule, die Otto-Hahn-Schule in Niedereschbach entstand 1975 aus der gleichnamigen Realschule
125 „Während in den Gymnasien 1990 nur etwa 25% weniger Schüler/innen zur Schule gingen als 1980, waren es in der Realschule 31% und in der Hauptschule 46% weniger Schüler/innen." (Schulentwicklungsplan 1991, 41)
126 „Aufgrund der hohen Attraktivität der Gymnasien mit Oberstufe verfügen die additiven Gesamtschulen in Frankfurt in der Regel über sehr gut besuchte Realschulzweige, weniger gut besuchte Hauptschulzweige und schlecht besuchte Gymnasialzweige. In den meisten Fällen besteht an additiven Gesamtschulen nur ein Gymnasialzug." (Schulentwicklungsplan 1991, 51)
127 AWS 2005/2006 – Anmeldung weiterführende Schulen März 2005
128 EM 2005/2006 – Erhebung der Einzugsbereiche September 2005
129 Schüler einer öffentlichen Grundschule, die eine private Sekundarschule besuchen wollen, zählen aber dazu. 27 Schüler, die in weiter entfernte Schulamtsbezirke Hessens oder andere Bundesländer verziehen werden, bleiben ausgeschlossen, ebenso wie 12 Schüler, die eine Förderschule besuchen werden.

so dass ausgehend von jeder der 74 Frankfurter Grundschulen angegeben werden kann, welche Schüler*gruppen* welche konkrete Sekundarschule (mit Angabe des Bildungsganges) besuchen werden. Bei diesen Gruppen liegen *keine Informationen über das Geschlecht oder den Migrationsstatus* vor. In der Regel habe ich diese Daten weiter auf die Ebene der abgebenden Grundschule aggregiert, oder aber auch – sofern es sich aus statistischen Gründen um einzelne Fälle handeln sollte – mit der Anzahl der Gruppenmitglieder multipliziert.

Neben den Daten des Sozialindexes der Stadt Frankfurt (vgl. Kapitel 4) verwende ich auch die nicht öffentlichen Daten der Orientierungsarbeiten von 2005 und 2006, die mir für Deutsch und Mathematik jeweils auf dem Aggregationsniveau der Schulen vorliegen.

5.2.4 Die Einteilung der Planungsbezirke

Die Schülerdaten für Frankfurt werden nach 11 *Planungsbezirken* Frankfurts vom Kultusministerium erhoben und ausgewertet. Auffällig ist, dass die Anzahl der Schüler zwischen den Planungsbezirken Frankfurts stark differiert (Abbildung 13).

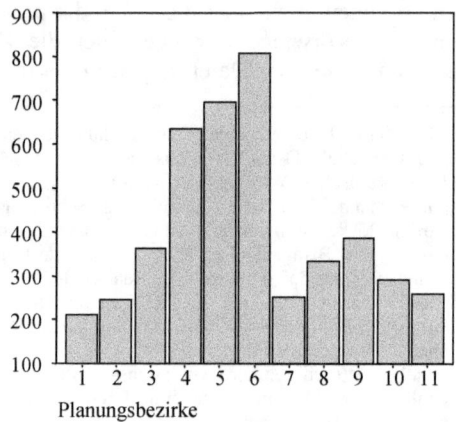

Abb. 13: Anzahl der Schüler/innen in den Planungsbezirken in Frankfurt am Main 2005

Quelle: AWS 2005/2006

Aufgrund geographischer und historischer Bedingungen wurden mindestens drei Grundschulbezirke verwaltungstechnisch zu einem Planungsbezirk zusammengefasst (Abbildung 14 und Tabelle 16): Im inneren Stadtbereich werden 3 zentrale Planungsbezirke beschrieben, Planungsbezirk 4 umschließt den Osten Frankfurts, Planungsbezirk 5 *alle* Stadtteile südlich des Mains, Planungsbezirk 6 alle westlichen Stadtteile, die sich um Höchst (eingemeindet 1928) gruppieren. Planungsbezirke 7 und 8 betreffen die nordwestlichen eher peripheren Stadtteile und Planungsbezirke 9, 10 und 11 die nördlichen. Im Planungsbezirk 11 liegen die historisch zuletzt eingemeindeten Stadtteile (vgl. Abbildung 14 und Tabelle 16)[130]

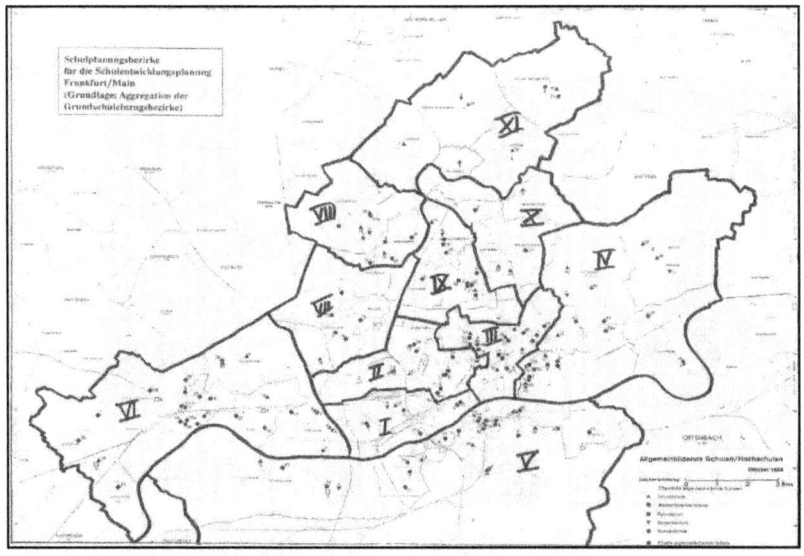

Abb. 14: Planungsbezirke der Stadt Frankfurt am Main

Quelle: Schulentwicklungsplan 1991, 77

---

130 1972 (Ausnahme Bergen-Enkheim 1977 Planungsbezirk 4)

Tab. 16: Die Einteilung der Planungsbezirke in Frankfurt am Main

Planungsbezirk *Anzahl Grundschüler*	Stadtteile
Planungsbezirk 1 *212 Schüler/innen*	Gallusviertel, Gutleutviertel, Bahnhofsviertel Zentrale Stadtteile
Planungsbezirk 2 *247 Schüler/innen*	Bockenheim, Griesheim, Innenstadt, Westend Zentrale Stadtteile
Planungsbezirk 3 *360 Schüler/innen*	Altstadt, Bornheim, Innenstadt, Nordend Zentrale Stadtteile
Planungsbezirk 4 *627 Schüler/innen*	Bergen-Enkheim, Bornheim, Fechenheim, Ostend, Riederwald Osten
Planungsbezirk 5 *694 Schüler/innen*	Sachsenhausen und südlich des Mains Süden
Planungsbezirk 6 *805 Schüler/innen*	Griesheim, Nied, Höchst, westliche Stadtteile Westen
Planungsbezirk 7 *251 Schüler/innen*	Hausen, Praunheim, Rödelheim Nordwesten
Planungsbezirk 8 *333 Schüler/innen*	Heddernheim, Niederursel Nordwesten
Planungsbezirk 9 *385 Schüler/innen*	Dornbusch, Eschersheim, Ginnheim Norden
Planungsbezirk 10 *290 Schüler/innen*	Berkersheim, Eckenheim, Frankfurter Berg, Preungesheim Norden
Planungsbezirk 11 *257 Schüler/innen*	Bonames, Harheim, Kalbach und Nördliche Stadtteile Norden
$\sum$ *4461 Schüler/innen*	Schüleranmeldungen aus den Grundschulen der Planungsbezirke

Die hier benutzte Datei „Anmeldung weiterführende Schulen (AWS)" bezieht sich auf das gesamte Gebiet des Schulträgers der Stadt Frankfurt am Main, Berechnungen werden nach Planungsbezirken oder aber nach

Schulen dargestellt. Referenzkategorie für Berechnungen sind je nach Analyseziel die abgebende Grundschule, die aufnehmende Sekundarschule oder der Planungsbezirk.

5.2.5 Die quantitative Zusammensetzung von Schulformen und Bildungsgängen

Die Anmeldungen der Schüler/innen durch die Eltern an die weiterführenden Schulen – nach der Beratung durch die Lehrer/innen – werden im Sinne eines Angebot-Nutzungs-Verhältnisses analysiert. Daher sind die unterschiedlichen *Schulformen* des Sekundarbereichs von Interesse. Zunächst werden alle Schulwahlen analysiert, auch die, die Schulen außerhalb der Schulträgerschaft der Stadt Frankfurt anzielen und insbesondere in den peripheren Stadtteilen gehäuft vorkommen. 13 verschiedene Schulformen stehen Frankfurter Eltern zur Auswahl, darunter liegen zwei Schulformen (GHRF und HRF[131]) außerhalb der Stadt Frankfurt. Wie aus Tabelle 17, *letzte* Spalte, zu entnehmen ist, ist die am häufigsten gewünschte Sekundarschule das Gymnasium mit 40,5% Anmeldungen (GYM) und Gymnasiale Mittelstufe (GYMM).[132] An zweiter Stelle steht die IGS mit 25,1%, an dritter Stelle die KGS mit 13,8% der Schüler. Reine Realschulen werden von 11,7% der Schüler gewählt, reine Hauptschulen von 1,3% der Schüler des Jahrgangs.

Da in einigen Schulformen mehrere Bildungsgänge angeboten werden, wird bei der Anmeldung an eine Sekundarschule immer auch ein Bildungsgang angegeben. Vergleicht man Spalten- und Zeilensummen der Tabelle 17, fällt auf, dass nur die Zahlen für die IGS unverändert bleiben, weil diese als ein Bildungsgang gezählt wird. Die Anmeldungen an die verbunden Schulen wie auch an die Kooperativen Gesamtschulen werden nach Bildungsgang in Förderstufe, Hauptschule, Realschule und Gymnasium aufgeteilt. Nach dieser Aufteilung wird nun die Realschule mit 17,4% – nach dem Gymnasium mit 43,6% und der IGS mit 25,1% – an dritter Stelle der Anmeldungen gewählt. Alle Hauptschulwahlen (innerhalb einer verbundenen Schule, einer KGS oder einer reinen Hauptschule) machen 5,1% aller Wahlen aus, alle Wahlen der Förderstufe 8,7%.

---

131 GHRF = Grund-, Haupt- und Realschule mit Förderstufe, HRF = Haupt- und Realschule mit Förderstufe
132 Eine Besonderheit in Höchst. Dort führen die traditionellen Gymnasien Leibniz und Helene-Lange nur bis Klasse 10, daran schließt dann die gemeinsame Gymnasiale Oberstufe, die Friedrich-Dessauer-Schule, an.

Tab. 17: Anmeldungen an die Sekundarschulen nach Schulformen in Frankfurt am Main 2005

Schulform der Sekundarschule		Bildungsgang (Bg)					Gesamt
		Förder-stufe	IGS	Haupt-schule	Real-schule	Gymna-sium	
GF	Anzahl	80	0	0	0	0	80
	Anteil Bg, %	20,6					1,8
GH	Anzahl	0	0	51	0	0	51
	Anteil Bg, %			22,4			1,1
GHF	Anzahl	9	0	0	0	0	9
	Anteil Bg, %	2,3					0,2
GHR	Anzahl	0	0	63	93	0	156
	Anteil Bg, %			27,6	12,0		3,5
GHRF	Anzahl	1	0	0	0	0	1
	Anteil Bg, %	0,3					0,0
GYM	Anzahl	0	0	0	0	1.602	1.602
	Anteil Bg, %					82,3	35,9
GYMM	Anzahl	0	0	0	0	205	205
	Anteil Bg, %					10,5	4,6
H	Anzahl	0	0	58	0	0	58
	Anteil Bg, %			25,4			1,3
HR	Anzahl	0	0	18	17	0	35
	Anteil Bg, %			7,9	2,2		0,8
HRF	Anzahl	4	0	0	0	0	4
	Anteil Bg, %	1,0					0,1
IGS	Anzahl	0	1.121	0	0	0	1.121
	Anteil Bg, %		100				25,1
KGS	Anzahl	295	0	38	143	140	616
	Anteil Bg, %	75,8		16,7	18,4	7,2	13,8
R	Anzahl	0	0	0	523	0	523
	Anteil Bg, %				67,4		11,7
Gesamt	Anzahl	389	1.121	228	776	1.947	4.461
	Anteil %	8,7	25,1	5,1	17,4	43,6	100[133]

Quelle: AWS 2005/2006

---

[133] Zeilensumme 99,9%

Von Bedeutung für den weiteren Untersuchungsgang ist die Koppelung von Bildungsgängen an bestimmte Schulformen (Tabelle 17, Spalten): Drei Viertel der Förderstufenwahlen sind an die Schulform KGS gebunden. Der Bildungsgang Hauptschule wird zur Hälfte aus Schulformwahlen einer mit einer Grundschule verbundenen Schule gespeist. Realschulwahlen (Bildungsgang) stimmen zu zwei Dritteln mit der Schulformwahl überein. Gymnasiale Wahlen (Bildungsgang) sind zu über 90% an die Schulform Gymnasium gekoppelt.

5.3 Wahlen in regionaler Unterscheidung nach Planungsbezirken: Schulform und Bildungsgang

Nachdem auf der Ebene des Schulträgers der Stadt Frankfurt am Main die Verteilung der Schulwahlen in einem ersten Überblick vorgestellt wurde, wird im Folgenden die Analyse auf der *Ebene des Planungsbezirks* fortgesetzt. Die Fragestellung lautet, lassen sich regionale Disparitäten der Schulwahl feststellen? Erstens, werden *alle* Schulformen aus allen Planungsbezirken der Grundschule angestrebt? Und zweitens, zu welchen Anteilen werden die Schulformen gewählt?

5.3.1 Wahlen aus dem Planungsbezirk der Grundschule

Tab. 18: Anmeldungen an die Sekundarschule (Grundschulstandort) in Frankfurt am Main 2005

Anmeldungen an die Sekundarschule aus dem Planungsbezirk der Grundschule												
	Planungsbezirk											Gesamt
	1	2	3	4	5	6	7	8	9	10	11	
GF	1	0	0	0	0	79	0	0	0	0	0	80
GH	10	0	0	0	0	25	3	1	8	4	0	51
GHF	0	1	1	0	0	0	0	0	6	1	0	9
GHR	0	6	0	28	0	79	39	1	0	2	1	156
GHRF	0	0	0	1	0	0	0	0	0	0	0	1

(Tab. 18 Fortsetzung)

Anmeldungen an die Sekundarschule aus dem Planungsbezirk der Grundschule												
	Planungsbezirk											Gesamt
	1	2	3	4	5	6	7	8	9	10	11	
GYM	73	134	182	208	359	44	113	107	175	101	106	1.602
GYMM	2	1	1	0	7	192	1	0	0	1	0	205
H	0	2	5	9	30	0	1	0	6	5	0	58
HR	0	0	0	0	0	33	2	0	0	0	0	35
HRF	0	0	0	0	0	1	0	0	0	0	3	4
IGS	62	37	135	122	197	143	70	157	75	86	37	1.121
KGS	25	56	5	184	9	112	10	29	47	48	91	616
R	39	10	31	75	92	97	12	38	68	42	19	523
Σ	212	247	360	627	694	805	251	333	385	290	257	4.461

Quelle: AWS 2005/2006

Ein erster Unterschied in der Verteilung der Anmeldungen nach Schulformen aus den Planungsbezirken der Grundschule (Tabelle 18) besteht darin, dass einige Schulformen aus *allen* Bezirken angewählt werden, während andere nur in einzelnen Planungsbezirken gewählt werden.

Gymnasien werden in allen Stadtteilen stark nachgefragt, im Planungsbezirk 6 (Westen bzw. Höchst) muss zu den Gymnasien die gymnasiale Mittelstufe als Besonderheit des Stadtteils hinzugerechnet werden.

Die Schulform der KGS wird in den Planungsbezirken 3 (Innenstadt) und 5 (Süden) nur vereinzelt gewählt, dafür ist die Nachfrage nach Plätzen in einer IGS in diesen Planbezirken sehr stark.

Traditionelle Hauptschulen werden vor allem im Süden (Planungsbezirk 5), Haupt- und Realschulen im Westen (Planungsbezirk 6) nachgefragt.

Anmeldungen an mit Grundschulen verbundene Sekundarschulen liegen nur in wenigen Planungsbezirken vor: die Verbindung Grundschule mit Förderstufe wird nur in den westlichen Vororten (Planungsbezirk 6) gewählt. Ebenso gibt es Anmeldungen für Grund- und Hauptschulen nur im Westen (Planungsbezirk 6) und in der Innenstadt (Planungsbezirk 1), für Grund-, Haupt- und Realschulen im Westen (Pla-

nungsbezirk 6), im Nordwesten (Planungsbezirk 7) und im Osten (Planungsbezirk 4).
Die meisten Wahlen verbundener Schulen lassen sich im Planungsbezirk 6 lokalisieren.
In einem zweiten Untersuchungsschritt werden die Anteile der Schulformwahlen analysiert. Es werden die Prozentwerte *innerhalb eines Planungsbezirks* verglichen, dadurch sind die Planungsbezirke mit unterschiedlichen Schülerzahlen untereinander vergleichbar (vgl. Tabelle 19).

Tab. 19: Anmeldungen an die Sekundarschulen (Grundschulstandort) in Frankfurt am Main in Prozent

	Anmeldungen an die Sekundarschule aus dem Planungsbezirk der Grundschule in %											
	Planungsbezirk											Gesamt
	1	2	3	4	5	6	7	8	9	10	11	
GF	0,5					9,8						1,8
GH	4,7					3,1	1,2	0,3	2,1	1,4		1,1
GHF		0,4	0,3						1,6	0,3		0,2
GHR		2,4		4,5		9,8	15,5	0,3		0,7	0,4	3,5
GHRF				0,2								0,0
GYM	34,4	54,3	50,6	33,2	51,7	5,5	45,0	32,1	45,5	34,8	41,2	35,9
GYMM	0,9	0,4	0,3		1,0	23,9	0,4		0,3			4,8
H		0,8	1,4	1,4	4,3		0,4		1,6	1,7		1,3
HR						4,1	0,8					0,8
HRF						0,1				1,2		0,1
IGS	29,2	15,0	37,5	19,5	28,4	17,8	27,9	47,1	19,5	29,7	14,4	25,1
KGS	11,8	22,7	1,4	29,3	1,3	13,9	4,0	8,7	12,2	16,6	35,4	13,8
R	18,4	4,0	8,6	12,0	13,3	12,0	4,8	11,4	17,7	14,5	7,4	11,7
Σ	100	100	100	100	100	100	100	100	100	100	100	100

Quelle: AWS 2005/2006

In drei Planungsbezirken 2, 3 und 5 wünschen über 50% der Eltern ein Gymnasium für Ihre Kinder. Das sind die Planungsbezirke, in denen die meisten (8) der Frankfurter Gymnasien ihren Standort haben. Über 40% der Eltern wünschen ein Gymnasium in den Planungsbezirken 7, 9 und 11. Über 30% der Eltern wünschen ein Gymnasium in den Planungsbezirken 1, 4, 8 und 10. Nur im Planungsbezirk 6 (westliche Stadtteile, Höchst) wünschen sich unter 30% der Eltern ein Gymnasium. Dieser Planungsbezirk verfügt aber auch über das größte Angebot an verbundenen Sekundarschulen.

Die Schulform IGS wird sehr stark in den Planungsbezirken 3 und 8 nachgefragt. Hier stehen die erste Gesamtschule Hessens (1968), die Ernst-Reuter-Schule, und die 1990 aufgrund einer Elterninitiative gegründete IGS-Nordend. Die Schulform KGS wird sehr stark im Planungsbezirk 11 (Otto-Hahn-Schule) gewünscht.

Da ein Zusammenhang zwischen dem Angebot und der Nachfrage aufgrund der Standortverteilung der Sekundarschulen angenommen werden muss, werden im Folgenden die Anmeldungen *in den Planungsbezirk der Sekundarschule* betrachtet. Die Fragestellung lautet: Wie sind die Schulen nach Planungsbezirken verteilt und wie viele Wahlen zielen in die jeweiligen Planungsbezirke.

5.3.2 Wahlen in den Planungsbezirk der Sekundarschule

Tab. 20: Anmeldungen an die Sekundarschule (Sekundarschulstandort) und Standort der Sekundarschulen in Frankfurt am Main 2005

Anmeldungen an die Sekundarschule in den Planungsbezirk der Sekundarschule												
	Planungsbezirk											Gesamt
	1	2	3	4	5	6	7	8	9	10	11	
GF	0	0	0	0	0	80	0	0	0	0	0	80
N						2						2
GH	11	0	0	0	0	25	4	0	11	0	0	51
N	1					2	1		1			5
GHF	0	0	0	0	0	0	0	0	9	0	0	9
N									1			1
GHR	0	0	0	28	0	78	48	0	0	0	0	154
N				1		1	1					3
GYM	0	344	185	201	340	0	132	0	338	0	0	1.540
N		3	2	2	3		1		2			13

(Tab. 20 Fortsetzung)

GYMM	0	0	0	0	0	205	0	0	0	0	0	205
N						2						2
H	0	8	20	0	30	0	0	0	0	0	0	58
N		1	2		2							5
HR	0	0	0	0	0	35	0	0	0	0	0	35
N						1						1
IGS	59	0	150	221	133	126	0	311	0	88	0	1.088
N	1		1	2	1	1		1		1		8
KGS	0	108	0	186	0	0	0	0	129	0	89	512
N		1		2					1		1	5
R	39	0	83	60	96	81	0	48	103	0	0	510
N	1		3	2	2	1		1	1			11
Σ	109	460	438	696	599	630	184	359	590	88	89	4.242[134]
N	3	5	8	9	8	10	3	2	6	1	1	56

Quelle: AWS 2005/2006

Die Tabelle 20 gibt Auskunft über die Schulstandorte der Sekundarschulen. Wie oben schon erwähnt, sind die Gymnasien eher in den zentralen und älteren Stadtteilen Frankfurts vertreten. In der Regel gibt es in den Planungsbezirken eine IGS *oder* eine KGS. Eine Ausnahme ist der Planungsbezirk 4, der über beide Gesamtschulformen verfügt. Auch die reinen Haupt- und Realschulen sind schwerpunktmäßig in den älteren Stadtteilen angesiedelt (Planungsbezirke 1 bis 5).

Die Anzahl von 4242 Schülern verteilt auf 56 Schulen ergibt durchschnittliche Wahlen von 75,75 Schüleranmeldungen. Die realen Schulformwahlen zeigen jedoch eine extrem große Spannweite. Während große Systeme wie Gesamtschulen und Gymnasien mindestens vierzig arbeiten und von circa 100 Schülern gewählt werden, haben vor allem Hauptschulen oder mit Hauptschulen verbundene Systeme sehr niedrige Wahlen, die bei weitem nicht eine Klassenstärke erreichen.

---

[134] Die Differenz zwischen 4461 und 4242 Schüler erklärt sich durch Schüler, die eine Schule außerhalb Frankfurts gewählt haben.

Trotzdem gibt es auch innerhalb *derselben* Schulform beträchtliche Unterschiede zwischen den Planungsbezirken: beispielsweise wird eine IGS im Planungsbezirk 1 von 59 Schülern angewählt, im Planungsbezirk 8 eine andere von 311 Schülern. Im Planungsbezirk 9 verzeichnet eine Realschule 103 Wahlen, hingegen im Planungsbezirk 3 verteilen sich 83 Wahlen auf 3 Realschulen.

Das Angebots-Nachfrage-Verhältnis der Schulformen variiert zwischen den Planungsbezirken in *zweifacher Weise*: Erstens werden einige Schulformen (in der Regel Verbundene Schulen) nur in einzelnen Bezirken angeboten und fast ausschließlich nur in den entsprechenden Bezirken nachgefragt. Zweitens werden einige Schulformen (in der Regel Gesamtschulen oder Gymnasien) in allen Bezirken gewählt, aber nicht in allen Bezirken angeboten. Daher ist zu erwarten, dass aus letztgenannten Bezirken Schüler in Bezirke, die diese Schulform anbieten, abwandern und umgekehrt diese Planungsbezirke von mehr Schülern nachgefragt werden als Grundschüler in diesen Bezirken zu verzeichnen sind.

Tab. 21: Wanderungssaldo zwischen den Planungsbezirken in Frankfurt am Main 2005

	Planungsbezirk											Gesamt
	1	2	3	4	5	6	7	8	9	10	11	
GS Standort	212	247	360	627	694	805	251	333	385	290	257	4.461
Sek. Standort	109	460	438	696	599	630	184	359	590	88	89	4.242
Differenz	-103	213	78	69	-95	-175	-67	26	205	-202	-168	-219
% vom GS Standort	-48,6	86,2	21,6	11,0	-13,6	-21,7	-26,6	7,8	53,2	-69,7	-65,4	-4,9

Quelle: AWS 2005/2006 und eigene Berechnungen

Tabelle 21 bestätigt den vermuteten Zusammenhang. Aus einigen Planungsbezirken, in denen das Schulformangebot Gymnasium fehlt, wandern Schüler in Planungsbezirke mit diesem Angebot ab. Die Planungsbezirke 1, 10 und 11 (hier fehlt die Schulform Gymnasien) verzeichnen einen negativen Wanderungssaldo, die Planungsbezirke 2 und 9 (Standort von 3 bzw. 2 Gymnasien), einen positiven Wanderungssaldo. Aber auch die Attraktivität einzelner Schulen wirkt auf die Bilanz wie auch die grundlegende Frage, ob das Schulformangebot *quantitativ* der Nachfrage des Planungsbezirks Rechnung tragen kann.

Nach diesen Analysen nehme ich an, dass für einige Schüler bestimmte Schulformen nur mit einem größeren Zeitaufwand zu erreichen sind und eventuell die Wahlentscheidung beeinflussen.

5.3.3 Vergleich der Schulformwahl mit der Wahl des Bildungsgangs

Die regionalen Disparitäten finden sich auch bei den Wahlen des Bildungsgangs[135] wieder. Ich habe daher auf eine ausführliche Darstellung mit Tabellen nach Planungsbezirken verzichtet. Die modifizierten Ergebnisse im Unterschied zur Schulformwahl stelle ich in Kürze vor: Der *Bildungsgang Förderstufe* wird im Planungsbezirk 6 (Schulform GF) und in den Planungsbezirken mit KGS und Förderstufe gewählt: während im Planungsbezirk 9 (Norden) einer Drittel der Eltern Förderstufen wählen bei *gleichzeitiger Nicht-Wahl des Bildungsgangs Hauptschule*, verzeichnet der Planungsbezirk 6 (Westen) einen hohen Anteil an Förderstufenwahlen *bei gleichzeitig höchstem Anteil an Wahlen zum Bildungsgang Hauptschule* (10,9%).

Der Bildungsgang IGS zählt die Hälfte der Wahlen im Planungsbezirk 8 (Norden, Ernst-Reuter-Schule) bei *gleichzeitig unterdurchschnittlichen Wahlen des Bildungsgangs Gymnasium*. Im Planungsbezirk 3 (Mitte, IGS-Nordend), finden sich 37,5% der Wahlen für eine IGS bei *gleichzeitig überdurchschnittlichen Wahlen für ein Gymnasium*.

Die verbundenen Schulen, die einen Haupt- und Realschulzweig anbieten, werden jetzt nach Bildungsgängen getrennt gezählt. Zusammen mit den Schülern aus den nach Bildungsgängen differenziert unterrichtenden kooperativen Gesamtschulen erhöht sich der Anteil der Hauptschüler von 58 auf 228 Schüler (5,1%) und die der Realschüler

---

[135] Bei der Anmeldung an eine weiterführende Schule wird mit der Schulform auch der Bildungsgang gewählt. Die Eltern können eine integrierte Gesamtschule oder eine Förderstufe wählen, die an einer Grundschule oder an einer Gesamtschule angesiedelt sein kann. Während Förderstufe und Integrierte Gesamtschule den angestrebten Bildungsabschluss noch offen lassen, zielen die anderen drei Bildungsgänge auf einen der drei Schulabschlüsse. Zwei dieser Bildungsgänge können in den Haupt- oder Realschulen bzw. in den mit Grundschulen verbundenen Haupt- oder Realschulen, aber auch in den Kooperativen Gesamtschulen erreicht werden. Der dritte Bildungsgang wird in den Gymnasien, aber auch im gymnasialen Zweig der Kooperativen Gesamtschule angeboten.

von 523 auf 776 (17,4%). Der Anteil der Gymnasiasten steigt von 1.807 auf 1.947 (43,6%). Diese relativ geringfügige Steigerung der Anzahl der Gymnasiasten zeigt, dass Schüler mit dem Ziel Abitur in Frankfurt nur in sehr geringer Zahl eine Kooperierte Gesamtschule besuchen (vgl. auch Tabelle 19).

5.3.4 Integrierende versus differenzierende Bildungsgänge

Abschließend werde ich die Planungsbezirke unter dem Aspekt der differenzierenden und der integrierenden Bildungswege betrachten. Zunächst fasse ich die *Planungsbezirke in 6 Gruppen* zusammen: Planungsbezirke 1, 2 und 3 – *Zentrale Stadtteile*, Planungsbezirke 4, 5 und 6 umfassen *jeweils* die Stadtteile im *Osten, Süden* und *Westen* Frankfurts, Planungsbezirke 9, 10 und 11 Stadtteile im *Norden* Frankfurts, Planungsbezirke 7 und 8 Stadtteile im *Nordwesten* Frankfurts.

Integrierendes Lernen über die 4 Jahre Grundschule hinaus *am Schulstandort der Grundschule* findet seit dem Schuljahr 2005/2006 nur im Westen (an zwei Grundschulen) statt. Die Option einer 6-jährigen Grundschule ist in Frankfurt strukturell nicht mehr angelegt.

Das sechsjährige integrierende Lernen kann auch in einer Kooperativen Gesamtschule – sofern diese eine Förderstufe anbietet – stattfinden. Dieses Angebot besteht im Norden und im Osten. Integrierendes Lernen bis einschließlich der 10. Klasse findet nur in der Integrierten Gesamtschule statt. Obgleich dieses Angebot stärker nachgefragt ist als Plätze in der Stadt angeboten werden können, werden *einige* Integrierte Gesamtschulen – auch wegen ihrer Lage – nicht stark nachgefragt. So liegen die Integrierten Gesamtschulen im Westen und im Süden in benachteiligten Stadtteilen, die auch geographisch am Rand der Planungsbezirke liegen.

Tendenziell kann man daher sagen, dass im Westen, im Süden und im Norden integrierendes Lernen gegebenenfalls nur bis zur 6. Klasse stattfindet und die differenzierenden Schulformen überwiegen. Im Westen dominieren die verbundenen Schulen (mit Haupt- und/oder Realschulzweigen), im Süden die klassischen Schulformen, im Norden Realschulen und kooperative Gesamtschulen.

Integrierendes Lernen bis Klasse 10 wird im Osten, im Nordwesten und in den zentralen Stadtteilen angeboten.

In den zentralen Stadtteilen werden sowohl integrierende als auch differenzierende Bildungsgänge angeboten.

5.3.5 Die Angebotsstruktur der Schulplätze nach Schulformen

Die Darstellung der Anmeldungen aus dem Planungsbezirk der Grundschule und in den Planungsbezirk der Sekundarschule spiegelt in zweifacher Form die Seite der *Nachfrage* wider. Um die *Angebots*struktur der Schulplätze der Stadt Frankfurt am Main zu analysieren, waren eigene Berechnungen notwendig.

Ich nehme den Erlass über die Klassengrößen vom 3. Dezember 1992 (Amtsblatt 1993, 2), der Auskunft über Schülermindest- und *Schülerhöchstzahlen* nach Schulform gibt, zur Grundlage meiner Berechnungen (Tabelle 22). Die Schülerhöchstzahlen können noch um drei Schüler erhöht werden. Findet gemeinsamer Unterricht von Regel- und Förderschülern in einer Klasse statt, werden 3 Schüler pro Klasse in Abzug gebracht.[136]

Die *Richtwerte* für die Sekundarstufe I wurden mit Erlass vom 29.11.2004 eingeführt. Nur solche Schulen, die durchschnittlich in den Sekundarschulklassen diese Werte erreichen, können in der Zukunft ihren Erhalt sichern.

Tab. 22: Sollgrößen der Klassen nach Schulformen

Schulform	Schülerhöchstzahl[137]	Richtwert
Förderstufe	27	23
IGS	27	23
Hauptschule	25	17
Realschule	30	23
Gymnasium	30	24

Quelle: Hessisches Kultusministerium

---

136 In vier Frankfurter Schulen habe ich die Reduzierung der Schülerzahlen eingerechnet. Eventuelle Wiederholer der Klassenstufe 5 habe ich nicht berücksichtigt.
137 Die Schülermindestzahl errechnet sich aus der Hälfte der Schülerhöchstzahl plus einen Schüler.

Da die sehr geringen Anmeldungen an Haupt- oder Realschulen keine Aussage über die vorhandenen Schulplätze zulassen, habe ich die Aussagen der Schulleiter, wie sie in der Frankfurter Rundschau vom 6. Januar 2007 publiziert wurden, als Orientierungsgröße für die Anzahl der Klassen genommen. Zudem habe ich im neuen Schulentwicklungsplan der Stadt Frankfurt (Fortschreibung 2007–2011) die Raumkapazitäten gegengeprüft.[138] Nach meinen Berechnungen ergibt sich folgendes Bild (Tabelle 23):

Tab. 23: Differenz der Anmeldungen an die Sekundarschule und der vorgehaltenen Schulplätze (Schulform) in Frankfurt am Main 2005

	Planungsbezirk											Gesamt	Differenz
	Zentrale Stadtteile		Osten	Süden	Westen	NW		Norden					
	1	2	3	4	5	6	7	8	9	10	11		
GF	0	0	0	0	0	80	0	0	0	0	0	80	
Kapazität	0	0	0	0	0	108	0	0	0	0	0	108	28
GH	11	0	0	0	0	25	4	0	11	0	0	51	
Kapazität	50	0	0	0	0	100	25	0	25	0	0	200	149
GHF	0	0	0	0	0	0	0	0	9	0	0	9	
Kapazität	0	0	0	0	0	0	0	0	27	0	0	27	18
GHR	0	0	0	28	0	78	48	0	0	0	0	154	
Kapazität	0	0	0	55	0	85	85	0	0	0	0	225	71
GYM	0	344	185	201	340	0	132	0	338	0	0	1540	
Kapazität	0	360	240	240	360	0	120	0	300	0	0	1620	80

---

138 Die Angaben einzelner Hauptschulleiter waren optimistischer als es der neue Plan von den Raumkapazitäten her vorsieht.

(Tab. 23 Fortsetzung)

GYMM	0	0	0	0	0	205	0	0	0	0	205	
Kapazität	0	0	0	0	0	240	0	0	0	0	240	35
H	0	8	20	0	30	0	0	0	0	0	58	
Kapazität	0	50	94	0	100	0	0	0	0	0	244	186
HR	0	0	0	0	0	35	0	0	0	0	35	
Kapazität	0	0	0	0	0	55	0	0	0	0	55	20
IGS	59	0	150	221	133	126	0	311	0	88	0	1088	
Kapazität	108	0	102	216	162	108	0	210	0	108	0	1014	-74
KGS	0	108	0	186	0	0	0	0	129	0	89	512	
Kapazität	0	145	0	313	0	0	0	0	108	0	141	707	195
R	39	0	83	60	96	81	0	48	103	0	0	510	
Kapazität	60	0	150	120	120	90	0	120	90	0	0	750	240
Σ Nachfrage	109	460	438	696	599	630	184	359	590	88	89	4242	
Σ Kapazität	218	555	586	944	742	786	230	330	550	108	141	5190	948
Σ Differenz	109	95	148	248	143	156	46	-29	-40	20	52	948	

Quelle: AWS 2005/2006

Betrachtet man Tabelle 23, fällt zunächst auf, dass 948 Schulplätze mehr vorgehalten als nachgefragt werden. 335 dieser Plätze bieten die Schulform Hauptschule an, davon 186 Plätze in reinen Hauptschulen und 149 Plätze in verbundenen Grund- und Hauptschulen. Weitere 240 Plätze Überhang finden sich in Realschulen, 115 Plätze Überhang in den Gymnasien. Die Schulform der KGS hat eine Überkapazität von 195 Plätzen. Die einzige Schulform, die häufiger nachgefragt als angeboten wird, ist die Schulform der IGS mit einem minus von 74 Plätzen.

Vergleicht man die Unterschiede zwischen Angebot und Nachfrage nach Planungsbezirken, zeigt sich ein deutlicher Überhang an Schulplätzen in Planungsbezirken 1 bis 6 (zentrale Stadtteile, Osten, Süden Westen). Planungsbezirke 7 (Nordwesten) und 10 und 11 (Norden) haben nur geringfügig mehr Plätze als Anmeldungen. Planungsbezirke 8 und 9 verzeichnen sogar geringfügig *mehr Anmeldungen* als Plätze zur Verfügung stehen.

Wenn man innerhalb der Planungsbezirke noch einmal nach Schulform unterscheidet, findet man Unter- bzw. Überkapazitäten auch gegen den allgemeinen Trend im Stadtgebiet. Wenn auch die Über- bzw. die Unterversorgung eines Planungsbezirks mit einer bestimmten Schulform mit zu bedenken ist, liegen hier in erster Linie Anhaltspunkte für die Attraktivität einer einzelnen Schule vor.

5.3.6 Schulplätze nach Bildungsgängen

Die Berechnung nach Bildungsgängen (Tabelle 24) zeigt vorrangig in den Zeilensummen ein verändertes Ergebnis:

Tab. 24: Differenz der Anmeldungen an die Sekundarschule und der vorgehaltenen Schulplätze (Bildungsgang) in Frankfurt am Main 2005

	Planungsbezirk der Sekundarschule											Gesamt	Differenz
	Zentrale Stadtteile			Osten	Süden	Westen	Nordwesten	Norden					
	1	2	3	4	5	6	7	8	9	10	11		
Förderst.	0	0	0	54	0	80	0	0	138	0	89	**361**	
Kapaz.	0	0	0	108	0	108	0	0	135	0	81	**432**	71
IGS	59	0	150	221	133	126	0	311	0	88	0	**1088**	
Kapaz.	108	0	102	216	162	108	0	210	0	108	0	**1014**	-74

(Tab. 24 Fortsetzung)

HS	11	17	20	23	30	30	25	0	11	0	0	212	
Ka-paz.	50	75	94	50	100	150	50	0	25	0	0	594	382
RS	39	69	83	125	96	144	27	48	103	0	0	734	
Ka-paz.	60	90	150	240	120	180	60	120	90	0	0	1110	376
GYM	0	374	185	273	340	205	132	0	338	0	0	1847	
Ka-paz.	0	390	240	330	360	240	120	0	300	0	60	2040	193
Σ Nachfrage	109	460	438	696	599	630	184	359	590	88	89	4242	
Σ Kapaz.	218	555	586	944	742	786	230	330	550	108	141	5190	948
Σ Diff.	**109**	**95**	**148**	**248**	**143**	**156**	**46**	**-29**	**-40**	**20**	**52**	**948**	

Quelle: AWS 2005/2006 und eigene Berechnungen

Von der Überkapazität an 1022 Schulplätzen fallen 382 Plätze auf den Bildungsgang Hauptschule, 376 Plätze auf den Bildungsgang Realschule, 193 auf den Bildungsgang Gymnasium und 71 Plätze auf den Bildungsgang Förderstufe. Für den Bildungsgang IGS *fehlen* 74 Plätze. Da Schwankungen des Schülerjahrgangs aufgefangen werden müssen, sind angemessene Überkapazitäten notwendig.

Gemessen an den Anmeldungen für die Bildungsgänge (100%) hält die Stadt Frankfurt für den Bildungsgang Förderstufe 120%, für die IGS 93%, für den Bildungsgang Hauptschule 280%, für den Bildungsgang Realschule 151% und für das Gymnasium 110% Kapazitäten für Schulplätze vor. Im Falle der Hauptschulen und auch der Realschulen scheinen Überkapazitäten vorgehalten zu werden, die sich nicht auf ein „zweckrationales" Nachfrage- und Angebotsverhältnis zurückführen lassen.

Rechnet man die Schulplätze auf Klassen um, ergibt sich für die Hauptschule ein Plus von 15,3 Klassen – hingegen werden 2,6 Klassen für die IGS zu wenig angeboten.[139] Da in der Praxis die Integrierten Gesamtschulen (wie die anderen Schulen mit Ausnahme des Gymnasiums auch) nicht bis zur Schülerhöchstzahl aufnehmen, verschärft sich die Unterversorgung mit IGS-Plätzen beim vollzogenen Übergang. Welche Bildungsgänge die abgelehnten Anmeldungen der Schulform IGS in der 5. Klasse besuchen werden, wird im letzten Abschnitt des Kapitels untersucht.

5.4 Wahlen aus der Sicht der Grundschulen – Die Bedeutung des Standorts

Die Schulwahlen zum Übergang in die Sekundarschule werden in diesem Abschnitt aus der Sicht der einzelnen Grundschule analysiert werden. Die zentrale Hypothese der Untersuchung ist, dass für die Wahl für eine Sekundarschule auch die Schulumwelt, hier die Struktur des Schulangebots der näheren Umgebung der Grundschule, von Bedeutung ist. Die Fragestellung lautet, *wie* unterscheiden sich die Wahlen der einzelnen Grundschulen.

Im Sinne einer Kosten-Nutzen-Abwägung gehe ich davon aus, dass Eltern die Schulen bevorzugt wählen, die gut zu erreichen sind und in der Nähe des Grundschulstandortes liegen. Da für Grundschulen, die am Rande eines Planungsbezirks liegen, eine Sekundarschule eines anderen Planungsbezirks unter Umständen näher liegt als eine Sekundarschule desselben Planungsbezirks, ist die Zugehörigkeit zum selben Planungsbezirk nicht immer ein Kriterium für Standortnähe. Auch lässt sich die Eigenschaft Nachbarschule oder benachbarte Schule (besonders in zentralen Lagen) nicht trennscharf definieren. Um die Standortnähe einer Wahl in der Vernetzung der lokalen Schulsystems darstellen zu können, habe ich daher die Eigenschaft „Nähe des Schulstandortes" durch die *Entfernungsminuten* mit öffentlichen Verkehrsmitteln operationalisiert. Somit wurden für jede Schulwahl zwischen einer Grundschule und einer Sekundarschule (895) die Entfernungsminuten ermittelt.[140]

---

139 Ca. 600 Hauptschulplätze entsprechen 24 Klassen (à 25 Schüler). Rechnet man diese mit dem Richtwert von 13 Schülern (der sich aber auf die gesamte Sekundarschulzeit bezieht, bei Unterschreitung zu Schulschließungen führt) entstehen 312 Schülerplätze, die Anmeldezahlen betragen aber 212.

140 Verbundene Schulen habe ich mit einer Minute kodiert. Schulen, die so nah beieinander liegen, dass keine Verkehrverbindung angezeigt wird, habe ich mit 5 Minuten kodiert.

Da Zusammenhänge zwischen Merkmalen der Schulen und den Schulwahlen überprüft werden sollen, ist es aus Gründen der Übersichtlichkeit notwendig, die Vielzahl der Schulformen in Gruppen zusammenzufassen. Ein damit einhergehender Informationsverlust ist nicht zu vermeiden, aufgrund der sehr niedrigen Schülerzahlen einzelner Schulformen ist die Bündelung in eine Schulformgruppe aber auch angeraten. Die Unterscheidung in Schulen, die auf *einen* Schulabschluss zielen, Schulen, die mehrere Schulabschlüsse anbieten und Schulen, die an die Grundschule angegliedert sind, führte zur Bildung von vier Gruppen:

Tab. 25: Schulformen gruppiert und Anzahl der Anmeldungen in Frankfurt am Main 2005

		Schulform der Sekundarschule in vier Gruppen				
		verbundene Schulen	Haupt- oder Realschulen	Gesamtschulen	Gymnasien	**Gesamt**
Schulform der Sekundarschule	GF	80				80
	GH	51				51
	GHF	9				9
	GHR	156				156
	GHRF	1				1
	GYM				1.602	1.602
	GYMM				205	205
	H		58			58
	HR	35				35
	HRF	4				4
	IGS			1.121		1.121
	KGS			616		616
	R		523			523
Gesamt		336	581	1.737	1.807	**4.461**

Quelle: AWS 2005/2006

Unter *verbundenen Schulen* sind Schulen subsumiert, die mehrere Schulformen miteinander verbinden, in der Regel eine Grundschule mit einer Förderstufe und einer Haupt- und/oder Realschule. Unter *Hauptoder Realschulen* sind Schulen zusammengefasst, die *entweder* nur die eine *oder* die andere Schulform anbieten.[141] *Gesamtschulen* schließen integrierte und kooperative Gesamtschulen ein, also Schulen, die alle Abschlüsse der drei Bildungsgänge ermöglichen. Zu *Gymnasien* sind die neusprachlichen, altsprachlichen als auch die gymnasialen Mittelstufenschulen zusammengefasst, sie eröffnen den Bildungsgang Gymnasium (vgl. Tabelle 25).

5.4.1 Schulwahl in Abhängigkeit von der Entfernung des Schulstandortes

Der vermutete Zusammenhang zwischen der *Gruppen*größe der Grundschulkinder, die eine Sekundarschule wählen (in Prozenten des Schülerjahrgangs der Schule), und den Entfernungsminuten zwischen den Schulen wird bestätigt. Der Korrelationskoeffizient ist negativ – je entfernter die Schulen voneinander liegen, desto kleiner sind die Gruppen, die die betreffende Sekundarschule besuchen werden – und beträgt $r = -.436$ ($p \leq .01$), dieser Zusammenhang wird als „mittel" klassifiziert.[142]

Da nicht nur die Nähe eines Schulstandortes, sondern auch die Schulform einen Einfluss auf die Schulwahl ausübt, werden hier die Mittelwerte der Entfernungsminuten nach Schulform getrennt dargestellt.

Tab. 26: Mittelwert der Entfernungsminuten zwischen Grundschule und Sekundarschule in Frankfurt am Main 2005

	Verbundene Schulen	Haupt- oder Realschulen	Gesamtschulen	Gymnasien	Gesamt
Mittelwert der Entfernungsminuten	9,45	19,38	21,13	20,10	19,60

Quelle: AWS 2005/2006

---

141 Aufgrund der sehr geringen Anmeldezahlen von Hauptschulen habe ich auf eine weitere Differenzierung zwischen Haupt- und Realschulen verzichtet.
142 Bortz/Döring, Forschungsmethoden und Evaluation, Berlin 2002, 604, Klassifikation der Effektgröße r: klein ab 0,10/ mittel ab 0,30/ groß ab 0,50

Tabelle 26 zeigt, dass der Mittelwert der Entfernungsminuten zwischen Grundschule und Sekundarschule fast 20 Minuten beträgt. Die Mittelwerte der Entfernungsminuten von Haupt- oder Realschule, Gesamtschule oder Gymnasium streuen eng um diesen Wert, einzig der Wert der verbundenen Schulen weicht deutlich hiervon ab: die durchschnittliche Entfernung zwischen Grundschule und Sekundarschule beträgt 9,45 Minuten. Diese Differenz weist darauf hin, dass ein großer Anteil der Schülerklientel aus der eigenen Grundschule (oder der unmittelbaren Umgebung) stammen wird.

Welche durchschnittliche Größe eine Schülergruppe, die von einer Grundschule an eine Sekundarschule wechselt, einnimmt, zeigt Tabelle 27.

Tab. 27: Mittelwert der Gruppengröße in Prozent der Schüleranmeldungen nach Schulformen in Frankfurt am Main 2005

	Verbundene Schulen	Haupt- oder Realschulen	Gesamtschulen	Gymnasien	Gesamt
Anzahl der Anmeldungen einer Grundschule an eine Sekundarschule	25,33	11,36	27,53	16,58	20,82

Quelle: AWS 2005/2006

Durchschnittlich 20% eines Schülerjahrgangs einer Grundschule wechseln als Gruppe an eine einzelne Sekundarschule. Von diesen Werten weichen alle Schulformen ab: während in die verbundenen Schulen und in die Gesamtschulen mehr als ein Viertel eines Schülerjahrgangs wechseln, wechseln in die Haupt- oder Realschule nur 11% eines Schülerjahrgangs. Obgleich das Gymnasium die am häufigsten gewählte Schulform ist, wechseln die Schüler in kleineren Gruppen (17%). Schülereltern einer Grundschule wählen in der Regel *eine* Gesamtschule, *eine* Verbundene Schule, aber *mehrere* Gymnasien. Die Unterschiede zwischen den Gruppen sind signifikant ($p \leq 0{,}001$), das Eta-Quadrat beträgt $r = .157$.

5.4.2 Analysen nach Schulform

Ich stelle den bivariaten Zusammenhang zwischen Entfernungsminuten und Gruppengröße der Schüler, die an eine Sekundarschule wechseln, nach Schulformen getrennt vor.

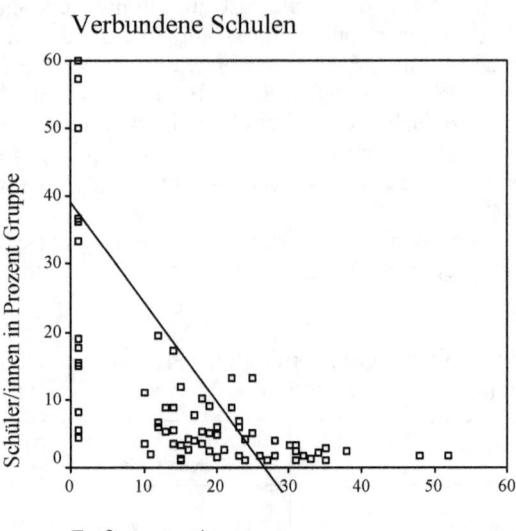

Abb. 15: Entfernungsminuten und Gruppengröße in Prozent beim Wechsel in die Sekundarschule in Frankfurt am Main 2005, hier: Verbundene Schulen

Quelle: AWS 2005/2006

Der Zusammenhang zwischen dem Anteil der Schüler/innen einer Grundschule, der eine Sekundarschule wählt und der Nähe der betreffenden Schule korreliert bei den *verbundenen Schulen* (Abbildung 15) hoch, der Korrelationskoeffizient beträgt r = −.731 (p ≤ .01). 53% der Varianz der Gruppengröße können durch die Standortnähe erklärt werden. Das Streudiagramm zeigt, dass vor allem große Gruppen aus der eigenen Grundschule überwechseln, allerdings gibt es auch Verbundene Schulen, die nur eine kleine Gruppe der eigenen Schule halten können. Generell werden die Schulen von Gruppen aus der näheren Umgebung angewählt. Ich sehe im Fall der Verbundenen Schule meine Hypothese bestätigt, dass ein starkes Motiv für die Wahl dieser Schulform die Nähe der betreffenden Schulen ist.

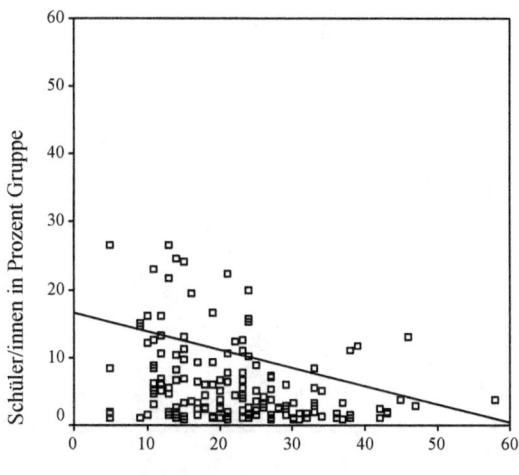

Abb. 16: Entfernungsminuten und Gruppengröße in Prozent beim Wechsel in die Sekundarschule in Frankfurt am Main 2005,
hier: Haupt- oder Realschulen

Quelle: AWS 2005/2006

Das Argument der Standortnähe für die Schulwahl zeigt im Fall der *Haupt- oder Realschulen* (Abbildung 16) nur einen mittleren Effekt, der Korrelationskoeffizient beträgt r = –.333 (p ≤ .01). 11% der Varianz der Gruppengröße können über die Standortnähe erklärt werden. Insgesamt wird diese Schulform nur von kleinen Gruppen der Grundschule angewählt, davon sind die größeren Gruppen eher in der näheren Umgebung anzutreffen.

Die Korrelation zwischen der Gruppengröße der in die Sekundarschule wechselnden Grundschüler/innen und der Entfernung zwischen den beiden Schulen hat bei der Schulformwahl *Gesamtschule* (Abbildung 17) eine große Effektstärke. Der Korrelationskoeffizient lautet r = –.542 (p ≤ .01), die Varianzaufklärung beträgt 29%.

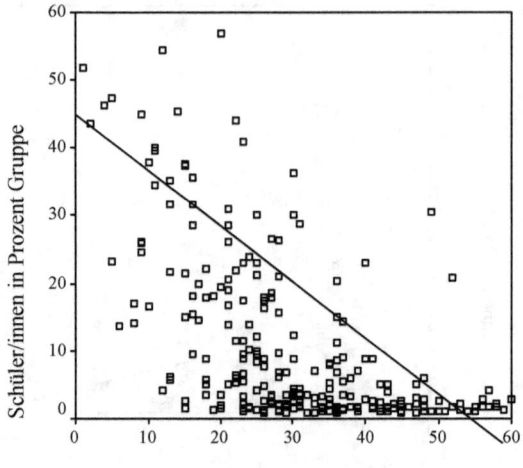

Abb. 17: Entfernungsminuten und Gruppengröße in Prozent beim Wechsel in die Sekundarschule in Frankfurt am Main 2005, hier: Gesamtschulen

Quelle: AWS 2005/2006

Der Einzugsradius der Gesamtschulen ist deutlich größer als der der oben beschriebenen Schulformen. Kleine Gruppen wechseln aus näher oder entfernter liegenden Grundschulen, größere Gruppen wechseln in der Regel aus den näher liegenden Grundschulen, und ihre relative Größe nimmt mit der Zunahme der Entfernungsminuten kontinuierlich ab. Im Fall der Gesamtschulen sehe ich die Ausgangsthese bestätigt.

Das Zusammenhangsmaß bei der Schulformwahl *Gymnasium* weist nur einen mittleren Effekt aus (Abbildung 18). Der Korrelationskoeffizient beträgt r = −.400 (p ≤ .01), die Varianzaufklärung beträgt 16%. Auffällig sind die Gymnasien, die in unmittelbarer Nachbarschaft zu einer Grundschule liegen. In der Regel wechseln große Gruppen aus den Grundschulen in diese Gymnasien über, drei Grundschulen zeigen allerdings sogar unterdurchschnittliche Werte (Gruppengröße 16,5%). Überdurchschnittliche Gruppengrößen wechseln auch aus Grundschulen, die weit entfernt sind.

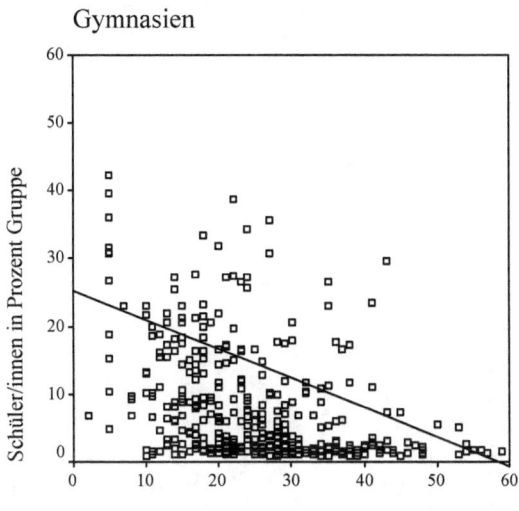

Abb. 18: Entfernungsminuten und Gruppengröße in Prozent beim Wechsel in die Sekundarschule in Frankfurt am Main 2005, hier: Gymnasien

Quelle: AWS 2005/2006

5.4.3 Schulformwahl Gymnasium in Abhängigkeit von der Entfernung des Schulstandortes

Ich vermutete, dass sich die geringe Varianzaufklärung im Fall der Schulformwahl Gymnasium darauf zurückführen lässt, dass sich die Schulformwahl auf mehrere Standorte verteilt. Daher führte ich eine zweite Berechnung durch, die den Zusammenhang zwischen dem Anteil der Schulformwahl Gymnasium[143] und den gemittelten Entfernungsminuten analysiert.

In der neuen Berechnung sinkt sogar die Effektstärke auf r = −.196 (kleiner Effekt). Das Streudiagramm in Abbildung 19 zeigt, dass hohe

---

[143] Die Anteile der anderen Schulformwahlen habe ich auch überprüft: Da keine wesentlich veränderten Zusammenhänge errechnet wurden, berichte ich diese aus Gründen der Lesefreundlichkeit nicht.

Anteile an gymnasialen Wahlen diejenigen Schulen haben, die sowohl hohe als auch niedrige durchschnittliche Entfernungsminuten aufweisen.

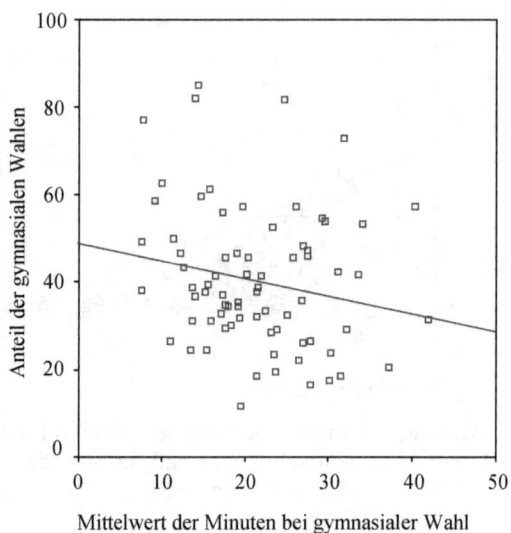

Abb. 19: Anteil der Wahlen zum Gymnasium und mittlere Entfernungsminuten in Frankfurt am Main 2005

Quelle: AWS 2005/2006

Eine Einflussgröße auf den Zusammenhang zwischen Anteil der Wahlen der Schulform Gymnasium und den mittleren Entfernungsminuten dieser Schulformwahl kann die Siedlungsstruktur der Stadt Frankfurt sein. Daher berechnete ich in einem dritten Verfahren den Anteil der Wahl Gymnasium im Zusammenhang mit der Nähe des für die Grundschule *am nächsten liegenden Gymnasiums*.[144]

Der Korrelationskoeffizient, der dem Streudiagramm in Abbildung 20 entspricht, liegt bei $r = -.305$ ($p \leq .01$), das als mittlere Effektstärke eingestuft wird. Sehr hohe Anteile an der Schulformwahl Gymnasium haben sowohl Grundschulen, die in unmittelbarer Fußnähe eines Gym-

---

144 Genauer: des nächsten öffentlichen neusprachlichen Gymnasiums

nasiums situiert sind, als auch Grundschulen, die längere Anfahrtswege in Kauf nehmen müssen.

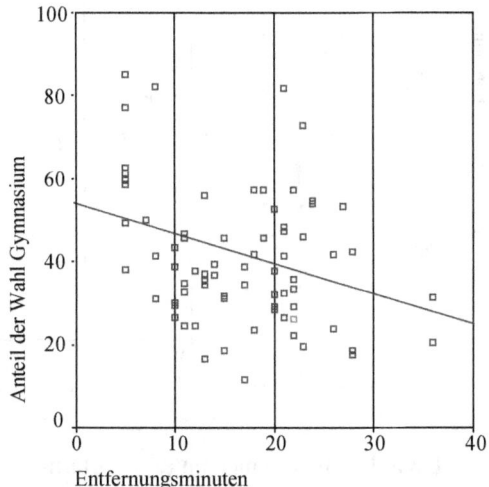

Abb. 20: Anteil der Wahl zum Gymnasium und Entfernungsminuten des nächst liegenden Gymnasiums in Frankfurt am Main 2005

Quelle: AWS 2005/2006

Interessanterweise haben Grundschulen, die zwischen zehn und zwanzig Entfernungsminuten zum nächsten Gymnasium liegen, eher geringere Anteile an der Schulformwahl Gymnasium. Der Zusammenhang scheint eher kurvilinear als linear zu sein, wie das unten stehende Streudiagramm (mit Mittelwert Y-Achse) anzeigt (vgl. Abb. 21).

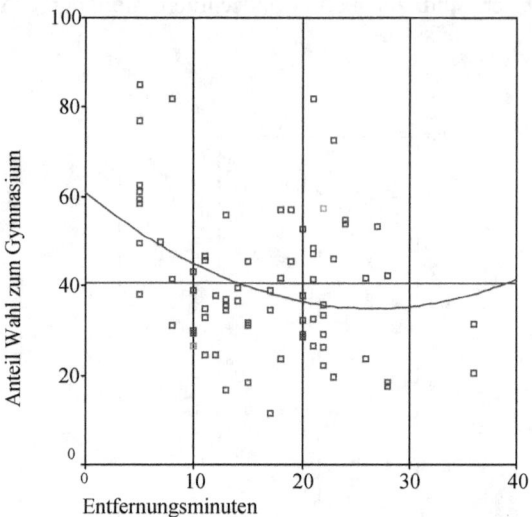

Abb. 21: Anteil Wahl zum Gymnasium und Entfernungsminuten des nächst liegenden Gymnasiums (Kurve) in Frankfurt am Main 2005

Quelle: AWS 2005/2006

5.4.4 Zusammenfassung: Der Einfluss des Schulstandortes

Während sich bei einer Verbundenen Schule, aber auch bei einer Gesamtschule, die Wahl unmittelbar durch die durchschnittlichen Entfernungsminuten dieser Schulform erklären ließ, konnte der gleiche Zusammenhang für die Schulform Haupt- oder Realschule bzw. für die Schulform des Gymnasiums nicht unmittelbar nachgewiesen werden. Im Fall des Gymnasiums zeigte sich ein eher kurvilinearer als linearer Zusammenhang.

Meine Hypothese ist, dass eine hohe Zahl von Entscheidungen für die Schulform Verbundene Schulen bzw. Gesamtschulen unmittelbar durch mittlere Entfernungsminuten der Schulform nachzuweisen sind, weil diese Schulformen eher in peripheren oder singulären Lagen situiert sind. Dem entsprechen auch große Gruppengrößen der Schüler/innen einer Grundschule, d. h. in der Regel wird nur *eine* Schule dieser Schulform gewählt.

Historisch begründet liegen Gymnasien, aber auch Haupt- oder Realschulen (neben einem Gymnasium befindet sich fast immer ein Realschulangebot in der Nachbarschaft) in den zentralen Stadtlagen. Durch das dichte Verkehrsnetz der Stadt Frankfurt sind diese Schulen sehr gut zu erreichen. Ein Einfluss der Nähe des Schulstandortes ist daher nur in Fußnähe oder in größerer Entfernung auszumachen, dort nämlich, wo das Verkehrsnetz nicht mehr engmaschig ist und eine alternative Wahl nur erschwert zu realisieren ist.

Die Siedlungsstruktur der Stadt Frankfurt bildet nicht nur eine verkehrstechnische Dimension ab, sondern spiegelt auch eine soziale Segregation wider. Im Sinne Boudons ist die These der primären und sekundären Herkunftseffekte zu überprüfen, ob in sozial privilegierteren Schulbezirken die Familien in stärkerem Umfang höhere Bildungsgänge wählen.

5.5 Erklärungsmodelle für die Wahlen des Bildungsgangs

In dem vorhergehenden Abschnitt wurden die Anteile der Wahlen zu den einzelnen Schulformen in Abhängigkeit *vom Standort der Grundschule* analysiert. Um weitere Aufklärung über die Varianz der Wahlen zu erhalten, wird eine Variable „Sozialstruktur des Grundschulbezirks" aufgenommen, die die sozialräumliche Gliederung der Stadt operationalisiert und auf einem Sozialindex der Stadt Frankfurt am Main basiert.[145] Damit wird auf der Ebene der Grundschule ein Merkmal eingeführt, das die Abhängigkeit der Schulwahl von der sozialen Herkunft überprüft.

In diesem Abschnitt wird zudem ein weiteres Merkmal der Schule, nämlich ein Indikator für die Leistungsperformanz, in die statistischen Berechnungen eingebracht. Die Ergebnisse der Orientierungsarbeiten in Deutsch und Mathematik der Jahre 2005 (erstmals in Hessen erhoben) und 2006, wurden auf Schulebene aggregiert und von mir rangtransformiert. Auch hier ist zu beachten, dass die Analysen nur explorativen Charakter haben, da die Ergebnisse der individuellen Schüler mir nicht zugänglich sind und auch nicht an individuelle Wahlen gekoppelt werden könnten.

---

145 Vgl. vorheriges Kapitel.

Durch die Einführung einer Variable, die die Leistungsstärke in Form der Ergebnisse der Orientierungsarbeiten operationalisiert, sind Analysen nach Bildungsgängen (statt nach Schulformen) insofern aufschlussreicher, als die Empfehlung für einen bestimmten Bildungsgang im meritokratischen Sinne an Leistung gekoppelt ist. Von besonderem Interesse ist hier, welchen Erklärungsbeitrag die Variable Ergebnisse der Orientierungsarbeiten im multivariaten Regressionsmodell einnimmt. Im Sinne der Theorie des kulturellen Kapitals kann man argumentieren, dass Kinder aus einer höheren sozialen Schicht besser auf schulische Leistungen vorbereitet werden und somit auch höhere Schulleistungen zeigen können.[146]

5.5.1 Die Wahl des Bildungsgangs Förderstufe

Im Modell zur Wahl der Förderstufe (Tabelle 28) ist der Einfluss der Ergebnisse der Orientierungsarbeiten nicht signifikant. Da der Besuch der Förderstufe noch keine Entscheidung für einen bestimmten Schulabschluss darstellt und keine Differenzierung nach Leistung vorgenommen wird, ist dieser Befund nicht überraschend. Die Entfernungsminuten zur nächsten Gesamtschule üben einen mittleren Einfluss aus, steigen diese beispielsweise um 10 Minuten, nehmen die Förderstufenwahlen um ca. 5% ab. Das entspricht der Tatsache, dass drei Viertel aller Förderstufen an Gesamtschulen angesiedelt sind. Und umgekehrt: Steigen die Entfernungsminuten zu einem Gymnasium, nehmen die Förderstufenwahlen – wenn auch geringer – zu. Der Einfluss der Sozialstruktur des Grundschulbezirks ist nicht signifikant.

---

[146] Eine Überprüfung der bivariaten Beziehung ergab einen Korrelationskoeffizienten von .484 zwischen den Variablen der Sozialstruktur und der Leistungsperformanz, hingegen einen Wert von r = .655 zwischen den Variablen der Sozialstruktur und der Wahl des Bildungsgangs Gymnasium.

Tab. 28: Wahl des Bildungsgangs Förderstufe in Frankfurt am Main 2005

Modell		Nicht standardisierte Koeffizienten		Standardisierte Koeffizienten	T	Signifikanz
		B	Standardfehler	Beta		
1	(Konstante)	19,557	8,947		2,186	0,035
	Sozialstruktur des Grundschulbezirks	-0,089	0,132	0,123	0,674	0,504
	Ergebnisse der Orientierungsarbeiten	-0,031	0,131	-0,041	-0,234	0,816
	Entfernungsminuten der nächsten Gesamtschule	-0,978	0,277	**-0,498**	-3,532	0,001
	Entfernungsminuten des nächsten Gymnasiums	0,627	0,336	**0,270**	1,866	0,070
a. Abhängige Variable: Bildungsgang Förderstufe prozentual						

R-Quadrat .27
Quelle: AWS 2005/2006

5.5.2 Die Wahl des Bildungsgangs Integrierte Gesamtschule

Die Varianzaufklärung des Modells zur Wahl des Bildungsgangs Integrierte Gesamtschule (Tabelle 29) ist äußerst gering.[147] Nachvollziehbar ist, dass die Ergebnisse der Orientierungsarbeiten bedeutungslos bleiben, weil auch im Fall der IGS noch keine Leistungsdifferenzierung beim Übergang in die Sekundarstufe vorgenommen wird. Der Einfluss der Sozialstruktur des Grundschulbezirks ist nicht signifikant. Anscheinend ist die Wahl einer IGS für alle Grundschulbezirke – nach dem Kriterium ihrer sozialen Zusammensetzung – gleichermaßen attraktiv. Die Entfernungsminuten zum nächsten Gymnasium üben einen geringen signifikanten Einfluss aus, in dem Sinne: Steigen die Entfernungsminuten zu

---

147 Eine höhere Aufklärung hätte sich erzielen lassen, wenn eine Variable Entfernungsminuten zur nächsten Integrierten Gesamtschule (statt Gesamtschule generell) aufgenommen worden wäre. Um die Modelle untereinander vergleichen zu können, habe ich davon abgesehen.

einem nächsten Gymnasium beispielsweise um 10 Minuten, steigen gleichzeitig die Wahlen für eine IGS um 2,3%.

Tab. 29: Wahl des Bildungsgangs IGS in Frankfurt am Main 2005

Modell		Nicht standardisierte Koeffizienten		Standardisierte Koeffizienten	T	Signifikanz
		B	Standardfehler	Beta		
1	(Konstante)	25,899	7,085		3,656	0,001
	Sozialstruktur des Grundschulbezirks	-0,112	0,112	-0,153	-1,004	0,319
	Ergebnisse der Orientierungsarbeiten	0,007	0,117	0,009	0,061	0,952
	Entfernungsminuten der nächsten Gesamtschule	-0,281	0,233	-0,145	-1,208	0,231
	Entfernungsminuten des nächsten Gymnasiums	0,483	0,259	**0,227**	1,865	0,067
a. Abhängige Variable: Bildungsgang IGS prozentual						

R-Quadrat .10
Quelle: AWS 2005/2006

5.5.3 Die Wahl des Bildungsgangs Hauptschule

Die Wahlen für den Bildungsgang Hauptschule (Tabelle 30) können im Modell signifikant nur durch die Entfernungsminuten zur nächsten Gesamtschule erklärt werden. Steigen die Entfernungsminuten zur nächsten Gesamtschule beispielsweise um 10 Minuten, werden 5,6% mehr Wahlen für den Bildungsgang Hauptschule verzeichnet. Die Ergebnisse der Orientierungsarbeiten tragen nicht zur Varianzaufklärung bei. Der Anteil an Hauptschulwahlen lässt sich demnach nicht durch eine schlechtere Leistungsperformanz der Grundschulen belegen. Auch die Sozialstruktur des Grundschulbezirks liefert keinen signifikanten Erklärungsbeitrag.

Tab. 30: Wahl des Bildungsgangs Hauptschule in Frankfurt am Main 2005

Modell		Nicht standardisierte Koeffizienten		Standardisierte Koeffizienten	T	Signifikanz
		B	Standardfehler	Beta		
1	(Konstante)	3,611	3,231		1,117	0,270
	Sozialstruktur des Grundschulbezirks	-0,070	0,048	-0,206	-1,443	0,156
	Ergebnisse der Orientierungsarbeiten	0,021	0,051	0,060	-0,418	0,678
	Entfernungsminuten der nächsten Gesamtschule	0,475	0,111	**0,558**	4,266	0,000
	Entfernungsminuten des nächsten Gymnasiums	-0,075	0,124	-0,077	-0,608	0,546
a. Abhängige Variable: Bildungsgang Hauptschule prozentual						

R-Quadrat .31
Quelle: AWS 2005/2006

5.5.4 Die Wahl des Bildungsgangs Realschule

Für die Wahl des Bildungsgangs Realschule (Tabelle 31) scheint die Sozialstruktur des Grundschulbezirks von stärkerer Bedeutung zu sein, Grundschulen in ungünstigeren Sozialbezirken zeigen tendenziell höhere Wahlen für den Bildungsgang Realschule. Ein Grundschulbezirk, der 10 Positionen innerhalb der Rangskala höher liegt, verzeichnet jeweils sinkende Realschulwahlen um 5,7%. Auch die Nähe zu einer Gesamtschule trägt zur Entscheidung bei, steigen die Entfernungsminuten, steigen auch die Wahlen für eine Realschule. Sowohl die Nähe zu einem Gymnasium als auch die Ergebnisse der Orientierungsarbeiten liefern keinen Erklärungsbeitrag.

Tab. 31: Wahl des Bildungsgangs Realschule in Frankfurt am Main 2005

Modell		Nicht standardisierte Koeffizienten		Standardisierte Koeffizienten	T	Signifikanz
		B	Standardfehler	Beta		
1	(Konstante)	23,753	3,687		6,443	0,000
	Ergebnisse der Orientierungsarbeiten	-0,014	0,060	-0,028	-0,231	0,818
	Sozialstruktur der Grundschulbezirks	-0,272	0,057	**-0,575**	-4,807	0,000
	Entfernungsminuten der nächsten Gesamtschule	0,323	0,123	**0,258**	2,634	0,010
	Entfernungsminuten des nächsten Gymnasiums	-0,072	0,137	-0,052	-0,527	0,600
a. Abhängige Variable: Bildungsgang Realschule prozentual						

R-Quadrat .37
Quelle: AWS 2005/2006

5.5.5 Die Wahl des Bildungsgangs Gymnasium

Der Einfluss der Standortnähe des Gymnasiums wirkt in geringem Umfang, nehmen die Entfernungsminuten beispielsweise um 10 Minuten zu, sinken die Wahlen um 2% (Tabelle 32). Die Standortnähe einer Gesamtschule ist für die Wahl eines Gymnasiums nicht von Bedeutung. Als einflussreichste Variable erweist sich die Sozialstruktur des Grundschulbezirks, gymnasiale Wahlen steigen mit dem Anstieg der Rangplätze in der Sozialstruktur der Grundschulbezirke. Eine Differenz von 10 Rangplätzen bewirkt im Modell einen um 6% höheren Anteil an gymnasialen Wahlen. Dagegen wirkt die Variable der Ergebnisse der Orientierungsarbeiten nicht signifikant. Dieser Befund ist erwartungswidrig, da ein Zusammenhang zwischen durchschnittlich guten Ergebnissen in den Orientierungsarbeiten der Grundschule und einem größeren Anteil von Schülern mit gymnasialer Wahl vermutet wird. Dieser Zusammenhang – der bivariat durchaus besteht – wird im Modell auf den Einfluss der Sozialstruktur zurückgeführt. Das Modell für die Wahl des Bildungsgangs Gymnasium zeigt die höchste Varianzaufklärung.

Tab. 32: Wahl des Bildungsgangs Gymnasium in Frankfurt am Main 2005

Modell		Nicht standardisierte Koeffizienten		Standardisierte Koeffizienten	T	Signifikanz
		B	Standardfehler	Beta		
1	(Konstante)	30,932	5,097		6,069	0,000
	Ergebnisse der Orientierungsarbeiten	0,043	0,084	0,057	0,518	0,606
	Sozialstruktur des Grundschulbezirks	0,437	0,078	**0,606**	5,597	0,000
	Entfernungsminuten der nächsten Gesamtschule	0,126	0,170	0,066	0,740	0,462
	Entfernungsminuten des nächsten Gymnasiums	-0,450	0,189	**-0,214**	-2,384	0,020

a. Abhängige Variable: Bildungsgang Gymnasium prozentual

R-Quadrat .48
Quelle: AWS 2005/2006

5.5.6 Zusammenfassung

Die gerechneten Modelle der Bildungsgangwahlen aus der Sicht der Grundschulen mit den Variablen zur Sozialstruktur, zu den Ergebnissen der Orientierungsarbeiten und zu den Entfernungsminuten zur nächsten Gesamtschule bzw. zum nächsten Gymnasium zeichnen sich im Fall der Förderstufe und der IGS nicht durch einen befriedigenden Beitrag zur Varianzaufklärung aus. Bei den Wahlen einer Grundschule für die Förderstufe bzw. für die IGS ist nur der Standort in Beziehung zu einem Gymnasium respektive zu einer Gesamtschule von Bedeutung. Die Ergebnisse der Orientierungsarbeiten zeigen keinen signifikanten Einfluss. Dieses Ergebnis erscheint plausibel, weil Förderstufe und IGS ja dafür stehen, dass noch keine Leistungsdifferenzierung vorgenommen wurde. Auch die Sozialstruktur des Grundschulbezirks ist nicht signifikant wirksam. Meines Erachtens sind die Ergebnisse möglicherweise auch ein Hinweis darauf, dass die IGS und auch die Förderstufe innerhalb der Stadt Frankfurt ganz unterschiedlich in der Leistungsdimension kommuniziert werden und es daher auch nicht zu systematisch gleichen Erklärungen der Wahlen kommen kann.

Im Modell der Wahlen einer Grundschule für die Hauptschule oder für die Realschule ist die Nähe zu einer Gesamtschule eine bedeutsame Einflussgröße. Das erscheint plausibel, weil einerseits diese Bildungsgänge formal alternative Bildungsgänge darstellen und weil andererseits in der Nähe eines Grundschulbezirks faktisch entweder ein gegliedertes oder integriertes Schulangebot vorgehalten wird. Auch im Fall dieser beiden Bildungsgänge zeigen die Ergebnisse der Orientierungsarbeiten keine signifikanten Werte.

Im Modell für die Realschule tritt erstmals der Faktor der Sozialstruktur mit mittlerem Gewicht als Prädiktor in Erscheinung. Grundschulen mit niedrigerem Rangwert des Sozialbezirks verzeichnen höhere Anteile an Realschulwahlen.

Der gegenläufige Trend zeichnet sich im Modell für das Gymnasium ab. Hier wirkt mit vergleichbarer Stärke die Sozialstruktur des Grundschulbezirks in positiver Richtung. Mit vergleichsweise geringerer Stärke wirkt die Nähe des Grundschulstandortes in Beziehung zu einem Gymnasium.

In allen 5 Modellen der Bildungsgänge wirken die Entfernungen zum Standort der nächsten Schule des eigenen respektive des konkurrierenden Bildungsgangs. Die Sozialstruktur des Grundschulbezirks zeigt beim Bildungsgang Realschule und beim Bildungsgang Gymnasium mittelstarken – komplementären – Einfluss. Die Ergebnisse der Orientierungsarbeiten zeigen auf der Ebene der Grundschulen keine Wirkung. Auch im Fall der Gymnasien kann – wider Erwarten – der Leistungsfaktor auf der Aggregatsebene der Grundschulen keinen Erklärungsbeitrag liefern.

5.6 Die Wahl des Bildungsgangs Gymnasium im Verhältnis zur Wahl aller anderen Bildungsgänge

Die Wahlen zu den Bildungsgängen stehen in Zusammenhang mit den Anteilen der Wahlen der anderen Bildungsgänge. Es soll daher ein weiteres Modell vorgestellt werden, das dieser Abhängigkeit Rechnung trägt.

Folgt man der Diskussion um die neue Zweigliedrigkeit unseres Bildungssystems, kann man auch in dieser Studie nachzeichnen, dass das Gymnasium mit über 44% der Wahlen der hoch favorisierte Bildungsgang ist und der Hauptschule mit geringen Wahlen von 9% (bzw. 5% reine Hauptschulen) nur noch eine marginale Bedeutung zukommt. In dieser Perspektive erscheinen dann Förderstufe, Integrierte Gesamtschule und Realschule als alternative Wahlen, die dann in Frage kommen, wenn eine Festlegung auf den Schulabschluss Abitur zu diesem Zeitpunkt aufgrund mangelnder Eignungsempfehlung oder pädagogischer Überlegungen (noch) nicht ansteht. Es soll daher gefragt werden, wie sich die Chancen der Wahl des Bildungsgangs Gymnasium im Verhältnis zur Nicht-Wahl Gymnasium darstellen:

Wie in den weiter oben diskutierten Modellen für die Wahl des Bildungsgangs sollen hier dieselben Erklärungsfaktoren in das logistische Regressionsmodell aufgenommen werden (Tabelle 33). Die Werte der Variablen der Grundschulen – Entfernungsminuten zum nächsten Gymnasium bzw. zur nächsten Gesamtschule, die Rangfolge der Sozialstruktur der Grundschulbezirke als auch die Ergebnisse der Orientierungsarbeiten – wurden *aus Gründen der besseren Lesbarkeit* in vier Kategorien unterteilt (Quartile).

Datenbasis sind alle 4461 Bildungsgangwahlen, von denen 2514 Wahlen (56,4%) *Nicht-Wahlen* des gymnasialen Bildungsgangs sind. Alle Wahlen können den abgebenden Grundschulen und ihren Werten zugeordnet werden.

Tab. 33: Effektstärken des logistischen Regressionsmodells

	Regressions-koeffizient B	Standardfehler	Wald	df	p.	Exp(B)
Entfernungsminuten zum nächsten Gymnasium	-0,101	0,029	12,012	1	0,001	**0,904**
Entfernungsminuten zur nächsten Gesamtschule	0,017	0,030	0,336	1	0,562	1,017
Sozialstruktur des Grundschulbezirks	0,315	0,034	85,862	1	0,000	**1,370**
Ergebnisse der Orientierungsarbeiten	0,115	0,033	12,009	1	0,001	**1,121**
Konstante	-1,128	0,130	75,072	1	0,000	0,324

Quelle: AWS 2005/2006

Die Güte des mit der Methode Einschluss (alternativ „schrittweise") gerechneten Modells ergibt einen Chi-Quadrat-Wert von 228,277 bei 4 Freiheitsgraden und ist damit höchst signifikant (p ≤ .001). Das Modell weist die in Tabelle 33 aufgeführten Effektstärken aus.

Die Variable der Entfernungsminuten zur nächsten Gesamtschule hat keinen signifikanten Einfluss, während der Einfluss des Standortes des Gymnasiums mit 0,904 ins Gewicht fällt. Das heißt, gehört die Grundschule zu einem Quartil, das einem Gymnasium entfernter liegt, verringern sich die Chancen.[148] Sowohl die Durchschnittsergebnisse der Orientierungsarbeiten der Grundschule als auch die Sozialstruktur des Grundschulbezirks stehen in einem positiven Zusammenhang mit den Chancen, eine gymnasiale Wahl zu treffen (Werte > 1). Gehört die Grundschule zu einem Quartil mit besseren Ergebnissen in den Orientierungsarbeiten, erhöhen sich die Chancen um den Faktor 1,121.[149] Den stärksten Effekt weist die Variable der Sozialstruktur des Grundschulbezirks auf. Gehört der Grundschulbezirk zu einem Quartil mit günstigeren sozialstrukturellen Werten, erhöhen sich die Chancen um den Faktor 1,370.[150]

Die Chance, dass Eltern für ihr Kind einen gymnasialen Bildungsgang wählen, ist in Grundschulen mit einer *sehr* günstigen Sozialstruktur zweieinhalb Mal größer als in Grundschulen mit einer *sehr* ungünstigen Sozialstruktur. Die Chancen für die Wahl Gymnasium erhöhen sich, wenn die Grundschule bei den Orientierungsarbeiten über gute Ergebnisse verfügt (dieser Zusammenhang war bei der Analyse nach getrennten Bildungsgängen auf der aggregierten Ebene der Schule nicht signifikant). Eine Lage der Grundschule, die eher standortfern zu einem Gymnasium ist, verschlechtert die Chancen einer Gymnasialwahl.

Das Modellfit zeigt einen Prozentsatz von 61,7% richtiger Schätzungen. Auffällig ist, dass durch das Modell sehr viel besser die *Nicht-Wahlen* vorhergesagt werden können, als die Wahlen des Bildungsgangs Gymnasium (vgl. Tabelle 34).

---

[148] Rechnerisch werden die Chancen der gymnasialen Wahl des zweiten Quartils mit 0,904 multipliziert, die des dritten mit 0,817, die des vierten mit 0,739. Dieses Ergebnis ist nur sehr vorsichtig zu interpretieren, da der Zusammenhang hier linear analysiert wird, nach den eingangs vorgestellten Analysen aber eher kurvilinear verläuft.

[149] Im Verhältnis zum ersten Quartil (mit den schlechtesten Ergebnissen) erhöhen sich die Chancen des 2. Quartils um den Faktor 1,121, die des 3. Quartils um den Faktor 1,257, die des 4. Quartils um den Faktor 1,52.

[150] Bei einer um zwei Quartile höher liegenden Sozialstruktur verändern sich die Chancen um 1,877 (1,370 × 1,370), bei einer um drei Quartile höher liegenden Sozialstruktur um den Faktor 2,570 (1,876 × 1,370).

Tab. 34: Klassifizierungstabelle

Beobachtet		Vorhergesagt		
		Gymnasiale Wahl (Bildungsgang)		Prozentsatz der Richtigen
		0,00	1,00	
Gymnasiale Wahl (Bildungsgang)	0,00	**1,905**	609	75,8
	1,00	1,100	**847**	43,5
Gesamtprozentsatz				**61,7**

Quelle: AWS 2005/2006

Die Varianzaufklärung des Modells mit einem R-Quadrat (Nagelkerke) von .067 ist nicht befriedigend. Allerdings sollte man hier bedenken, dass es sich nicht, wie schon eingangs ausgeführt, um wirkliche Individualdaten handelt, sondern um auf der Gruppenebene (der Grundschüler einer bestimmten Grundschule, die eine bestimmte Sekundarschule wählen) aggregierte Daten, die mit der Anzahl der Wahlen multipliziert wurden. Es liegen daher keine Informationen über die individuellen Schüler vor. Dieses Chancenverhältnis wird für *alle* Schüler geschätzt – unabhängig von der konkreten Leistungsperformanz des Schülers[151] – und zudem auf Merkmale der *Schule* zurückgeführt.

Bei aller Einschränkung der Datenlange und Analysemöglichkeiten – die nur explorativen Charakter haben können – bleibt festzuhalten, dass die Chancen für ein Kind, künftig ein Gymnasium zu besuchen, um 40% geringer zu sein scheinen, wenn es eine Grundschule besucht, deren Bezirk durch eine *sehr* ungünstige Sozialstruktur zu charakterisieren ist, als für ein Kind, das in einem *sehr* günstigen Grundschulbezirk wohnt. Der soziale Hintergrund kann den Familien zugeordnet werden. Das Merkmal des Leistungsstandes kann man auf die Familien, aber auch auf den Unterricht und damit auf die Schule zurückführen. Die Standortnähe aber ist zunächst ein von den Akteuren unabhängiges Merkmal des lokalen Schulsystems.

Neben dem mehrfach in der Literatur berichteten Faktoren soziale Herkunft und Leistungsperformanz lassen sich – dem Modell folgend – ungleiche Bildungsbeteiligungen innerhalb einer Stadtregion auch über

---

151 Ähnlich niedrige R-Quadrat-Werte erhält Ditton (2006, 371), wenn er die Erfüllung der Realschulaspiration nur durch Merkmale der Eltern erklärt und die Leistungsperformanz des Kindes noch nicht im Modell aufgenommen wurde.

den Faktor der Nähe eines entsprechenden Schulangebots erklären. Die Entscheidungskommunikation zum Übergang zwischen Familien und Schulen kann sich nur im Kontext eines organisationalen Feldes des unmittelbaren Schulangebots realisieren.

Selbst wenn es die Datenlage nicht erlaubt, mit Hilfe eines Mehrebenenmodells zu explizieren, welche Gewichte auf individuelle und welche auf organisationale Merkmale zuzurechnen sind, bleibt bestehen, dass in die Entscheidungskommunikation einer Schulgemeinde sowohl die Sozialstruktur des Grundschulbezirks als auch die umliegende Angebotsstruktur – beides leistungsunabhängige Faktoren – einfließen und einen Beitrag zu – ungleichen – Laufbahnentscheidungen leisten. Hierbei würde eine Erklärung im Sinne einer rationalen Wahl naher Schulen zu kurz greifen, handelt es sich doch um Schulen unterschiedlich bewerteter Bildungsgänge. Plausibel erscheint m. E., dass die Leistungsdifferenz zwischen den Bildungsgängen strukturell unterschiedlich – je nach schulischer Umwelt – bewertet und damit die „Eignung" des Schülers different zwischen Familie und Schule kommuniziert wird.[152]

5.7 Differenz zwischen Anmeldungen und vollzogenen Übergängen

Wie einleitend in dieses Kapitel dargestellt wurde, ist die Schulwahl beim Übergang in die Sekundarschule ein Prozess, der in einzelne Entscheidungsschritte aufgegliedert werden kann. Aus Analysegründen ist es notwendig, zwischen der Schulform und dem Bildungsgang zu unterscheiden. Treffen die Eltern eine Wahl für eine Haupt-, Realschule oder ein Gymnasium, ist die Schulformentscheidung gleichzeitig eine Entscheidung für einen angestrebten Schulabschluss und Bildungsgang. Auch bei der Entscheidung für eine kooperative Gesamtschule oder eine Verbundene Schule, die mehrere Bildungsgänge anbietet, muss mit der Entscheidung der Schulform ein bestimmter Bildungsgang gewählt werden. Im Fall der integrierten Gesamtschule, der kooperativen Gesamtschule mit Förderstufe und der Grundschule mit Förderstufe wird der Bildungsgang Förderstufe oder Integrierte Gesamtschule gewählt, formal sind alle anderen Bildungsgänge bzw. Schulabschlüsse für die späteren Schuljahre möglich. Die Klassenkonferenz spricht mit Konfe-

---

152 Diese Annahme könnte beispielsweise durch die Beobachtung von Übergangsgesprächen weiter untersucht werden.

renzbeschluss eine *Eignungsempfehlung* für einen bestimmten *Bildungsgang*, nicht aber für eine bestimmte Schulform aus. Im Beratungsgespräch zwischen Klassenlehrerin und Eltern können bestimmte Schulformen empfohlen werden, eine Empfehlungs*entscheidung für eine Schulform* kann die Klassenkonferenz jedoch nicht fällen.

Die Eltern votieren auch für eine konkrete Schule (die die gewünschte Schulform und den gewünschten Bildungsgang anbietet). Sie haben ein Anrecht auf einen Schulplatz für ihr Kind in einem gewünschten Bildungsgang, unabhängig davon, ob die Klassenkonferenz eine Empfehlung dafür oder dagegen ausgesprochen hat. *Wo* sich dieser Schulplatz befindet, können die Eltern nicht entscheiden, d. h. sie können weder die Aufnahme in eine bestimmte Schule noch die Kopplung eines Bildungsgangs an eine bestimmte Schulform erzwingen. An dieser Stelle endet formal das Elternrecht der freien Schulwahl, und das Recht zur Aufnahmeentscheidung der Sekundarschule bzw. das Recht des Schulträgers bzw. der Landesregierung, die für den Aus- und Abbau von Schulplätzen verantwortlich zeichnen, kommt zur Anwendung. Durch die Definition der Bildungsgänge eröffnet sich der Organisation Schule eine Steuerungsoption, die Elternwahlen auf weniger favorisierte Schulen umzulenken (Leschinsky 1994).

In Abschnitt 3 wurde der Zusammenhang zwischen den Schulwahlen aus dem Planungsbezirk der Grundschule in den Planungsbezirk der Sekundarschule in dem Sinne analysiert, ob das Vorhandensein einer Schulform (eines Bildungsgangs) einen moderierenden Effekt auf die Schulwahl ausübt. In Abschnitt 4 wurde die Differenz zwischen Angebot und Nachfrage thematisiert, inwieweit die Anmeldungen der Schulwahl mit den vorgehaltenen Schulplätzen übereinstimmen. Es wurde aufgezeigt, dass sich die Kapazitäten der Planungsbezirke deutlich voneinander unterscheiden und vor allem in den *nordwestlichen und nördlichen Stadtteilen Unterkapazitäten* vorliegen. Auf das gesamte Stadtgebiet bezogen, fehlten für den Bildungsgang IGS fast 200 Plätze, während ca. 350 Plätze für den Bildungsgang Hauptschule, ca. 200 Plätze für den Bildungsgang Realschule und ca. 150 Plätze für den Bildungsgang Gymnasium vorgehalten werden. Anscheinend besteht ein Interesse der Schulen, die ihren Bestand als ältere Schulform sichern wollen, und der Landesregierung, die ein dreigliedriges Schulsystem favorisiert. Meine Hypothese ist, dass es auch für die integrierten Gesamtschulen funktional ist, wenn einerseits Haupt- und Realschulplätze vorgehalten werden und andererseits Schulplätze an integrierten Gesamtschulen begrenzt bleiben, um Schüler „nach unten" verweisen zu können. Das Interesse der Eltern, geäußert in den Anmeldungen, steht dazu im Widerspruch.

Tab. 35: Differenz der Übergänge an die Sekundarschule, der Anmeldungen und der vorgehaltenen Schulplätze (Bildungsgang) in Frankfurt am Main 2005

	Zentrale Stadtteile			Osten	Süden	Westen	Nordwesten		Norden				
	1	2	3	4	5	6	7	8	9	10	11	Ges.	Diff.
Förderstufe Anmeldung	0	0	0	54	0	80	0	0	138	0	89	361	**71**
Übergang	0	0	0	63	0	86	0	0	151	0	68	368	**64**
Kapazität	*0*	*0*	*0*	*108*	*0*	*108*	*0*	*0*	*135*	*0*	*81*	*432*	
IGS Anmeldung	59	0	150	221	133	126	0	311	0	88	0	1088	**-74**
Übergang	86	0	85	194	140	97	0	174	0	86	0	862	**152**
Kapazität	*108*	*0*	*102*	*216*	*162*	*108*	*0*	*210*	*0*	*108*	*0*	*1014*	
Hauptschule Anmeldung	11	17	20	23	30	30	25	0	11	0	0	212	**382**
Übergang	24	44	37	30	37	70	34	0	18	0	0	294	**300**
Kapazität	*50*	*75*	*94*	*50*	*100*	*150*	*50*	*0*	*25*	*0*	*0*	*594*	

Realschule Anmeldung	39	69	83	125	96	144	27	48	103	0	0	734	**376**
Übergang	41	74	130	145	108	148	48	66	80	0	0	840	*270*
Kapazität	*60*	*90*	*150*	*240*	*120*	*180*	*60*	*120*	*90*	*0*	*0*	*1110*	
Gymnasium Anmeldung	0	374	185	273	340	205	132	0	338	0	0	1847	**193**
Übergang	0	390	218	274	317	197	122	0	294	0	24	1836	*204*
Kapazität	*0*	*390*	*240*	*330*	*360*	*240*	*120*	*0*	*300*	*0*	*60*	*2040*	
Σ Anmeldung	109	460	438	696	599	630	184	359	590	88	89	4242	**948**
Σ Übergang	151	508	470	706	602	598	204	240	543	86	92	4200	*990*
Σ Kapazität	*218*	*555*	*586*	*944*	*742*	*786*	*230*	*330*	*550*	*108*	*141*	*5190*	
Δ Anmeldung	**109**	**95**	**148**	**248**	**143**	**156**	**46**	**-29**	**-40**	**20**	**52**	**948**	
Δ Übergang	**67**	**47**	**116**	**238**	**140**	**188**	**26**	**90**	**7**	**22**	**49**	**990**	

Quelle: AWS, EM 2005/2006 und eigene Berechnungen

In diesem Abschnitt soll die Verteilung der Schüler und Schülerinnen *nach der Aufnahmeentscheidung der Sekundarschule* im Vergleich zur Anmeldeentscheidung der Eltern verglichen werden.
Die Tabelle 35 (s. oben) möchte ich in drei Schritten analysieren:
- Die Übergangsverteilung der Schüler nach Planungsbezirken,
- die Differenz zwischen Anmeldungen und Übergängen nach Bildungsgängen
- und die Umverteilung der Schüler nach Bildungsgängen.

5.7.1 Die Übergangsverteilung der Schüler nach Planungsbezirken

Vergleicht man das Angebot an vorgehaltenen Schulplätzen mit den Anmeldungen, stellt man fest, dass die Planbezirke 1 bis 6 (die zentralen, östlichen, südlichen und westlichen) beachtliche Überkapazitäten vorhalten. Während die zentralen Planungsbezirke (1 bis 3) ihre Überkapazitäten beim Übergang in Klasse 5 verringern konnten, reduzierte sich die Überkapazität in den östlichen (4) und südlichen (5) Planungsbezirken nicht wesentlich.

Im Planungsbezirk 6 sind sogar weniger Schüler aufgenommen worden als angemeldet waren, die Anzahl der vorgehaltenen Plätze ist noch gestiegen. Auch im Planungsbezirk 8 und 9 sind weniger Schüler übergegangen als angemeldet waren. Hier wurden die Unterkapazitäten ausgeglichen. Nach dieser ersten Betrachtung ist anzunehmen, dass eine Umverteilung der angemeldeten Schüler aus den Planungsbezirken 6 (Westen), 8 (Nordwesten) und 9 (Norden) beim Übergang in die Planungsbezirke 1 bis 3 (zentrale) Stadtteile stattfand. Warum die Planungsbezirke 4 und 5 trotz erheblicher Überkapazitäten von der Umverteilung ausgeschlossen blieben, kann mit ihrer geographischen Lage plausibilisiert werden.

5.7.2 Die Differenz zwischen Anmeldungen und Übergängen nach Bildungsgängen

Im Bildungsgang Förderstufe sind 7 Schüler mehr übergegangen als angemeldet waren. Korrekterweise müsste man 24 Schüler (der Otto-Hahn-Schule) von den Anmeldungen abziehen, die jetzt die gymnasiale Klasse besuchen, aber noch als Förderstufenschüler angemeldet waren, so dass 31 Schüler mehr die Förderstufe besuchen, vor allem im Planungsbezirk 9.

Den Bildungsgang IGS besuchen 226 Schüler weniger, als angemeldet waren. Vor allem die IGS Nordend (Planungsbezirk 3) und die Ernst-Reuter-Schule in der Nordweststadt (Planungsbezirk 8) können bei weitem nicht die Schüler aufnehmen, die angemeldet waren. Von dieser Absage der konkreten Schulen profitiert die Paul-Hindemith-Schule im Gallus (Planungsbezirk 1), die 27 Schüler mehr aufnehmen konnte als angemeldet waren.

Den Bildungsgang Hauptschule besuchen 82 Schüler mehr als dafür angemeldet waren. Trotzdem besteht weiterhin eine Überkapazität von 300 Plätzen.

Den Bildungsgang Realschule besuchen 106 Schüler mehr als dafür angemeldet waren, die Überkapazität beträgt 270 Plätze.

Nach der Tabelle 45 besuchen 11 Schüler weniger den Bildungsgang Gymnasium. Da die 24 gymnasialen Schüler der Otto-Hahn-Schule nicht als gymnasiale Schüler angemeldet waren, besuchen demnach 13 Schüler mehr den Bildungsgang Gymnasium – bei mehr als 1800 Schülern insgesamt – in jedem Fall aber eine zu vernachlässigende Größe.

42 Schüler weniger als angemeldet wechselten auf die Sekundarschule. Ob es sich um Wegzüge handelt oder um Entscheidungen, eine Schule außerhalb Frankfurts zu besuchen (z. B. weil die Schulform nicht realisiert werden konnte), kann hier nicht nachvollzogen werden. Diese Schülergruppe beträgt weniger als 1% der Gesamtpopulation des 5. Schülerjahrgangs 2005/2006 in Frankfurt am Main.

5.7.3 Die Umverteilung der Schüler nach Bildungsgängen

Da der Bildungsgang Gymnasium im Wesentlichen keine Differenz zwischen der Anzahl der Anmeldungen und der Anzahl der Übergänge aufzeigt, gehe ich davon aus, dass die 226 Schüleranmeldungen an eine IGS beim Übergang in den Bildungsgang Förderstufe, Haupt- oder Realschule kanalisiert wurden.

Zunächst ist zu erklären, warum abgelehnte Anmeldungen an eine IGS kaum in einen gymnasialen Bildungsgang einfließen. Hierfür gibt es zwei Gründe, die sich ergänzen: Erstens gibt es nur eine beschränkte Anzahl freier Plätze des Bildungsgangs Gymnasium, vorwiegend in den Planungsbezirken 4 (Osten) und 5 (Süden), die geographisch entfernter zu den Planungsgebieten mit großer Unterversorgung an IGS-Plätzen liegen. Zweitens werden die aufnehmenden Schulen, da sie aus einem Überangebot an Anmeldungen auswählen können, bevorzugt die Schüler mit gymnasialer Empfehlung annehmen und andere mit nicht gymnasialer Empfehlung eher ablehnen.

Durch die Möglichkeit der Auswahl können einige Integrierte Gesamtschulen (fast) das gesamte Leistungsspektrum der Schüler binden und erhalten auch für die Zukunft ihre Attraktivität für Schüler mit gymnasialer Empfehlung. Umgekehrt verlieren Integrierte Gesamtschulen, die nicht auswählen können, zunehmend an Attraktivität. Dies erklärt zum Teil, dass manche Integrierte Gesamtschulen weniger nachgefragt werden als sie Plätze anbieten können. Das Defizit von 226 IGS-Plätzen in Frankfurt am Main entsteht also durch die Attraktivität einzelner Schulen, während eine IGS sogar „abgewählt" wird.

Nichtsdestotrotz ist festzuhalten, dass 226 Elternwahlen nach einer integrierten Schulform mit der Möglichkeit *aller Bildungsgänge* nicht realisiert werden kann, und stattdessen die Schüler in Schulformen aufgenommen werden, die nur einen Bildungsgang ermöglichen. Anscheinend nehmen die Integrierten Gesamtschulen in Frankfurt nicht bis zur Schülerhöchstgrenze auf, anders als die Gymnasien. Auch die 31 Übergänge in die Förderstufe sind zu relativieren, einmal ist hier der integrierte Bildungsgang nur für weitere zwei Jahre gegeben, zum anderen finden sich die meisten zusätzlichen Förderschulplätze im Planungsbezirk 9, wo eine Grund- und Hauptschule in Klasse 5 und 6 als Förderstufe arbeitet (Anmeldung: 9 Schüler / Übergang: 34 Schüler!). Fast 200 der nicht realisierten Anmeldungen zur IGS besuchen Haupt- oder Realschulen, die damit ihre nicht nachgefragten Plätze reduzieren.

Weiterhin besteht aber ein Überhang von 300 Plätzen Bildungsgang Hauptschule und 270 Plätzen Bildungsgang Realschule. Wie diese Plätze in Zukunft genutzt sein werden, wird sich im Verlauf der Bildungskarrieren des untersuchten Schülerjahrgangs erweisen. Zwei mögliche Entwicklungen der Planung können eintreten: das Bildungssystem der Stadt Frankfurt hält Plätze für die Durchlässigkeit der Bildungsgänge nach unten vor oder die Plätze werden nicht in Anspruch genommen werden.

5.8 Diskussion der Ergebnisse

Auf der Ebene der Grundschule konnte gezeigt werden, dass die Entscheidung für eine Schulform oder einen Bildungsgang von der besonderen Struktur des Bildungsangebots beeinflusst wird, das systemisch miteinander verknüpft ist. Die Wahl einer Schulform ist abhängig von den Merkmalen der Schulform und ihrer Erreichbarkeit in Beziehung zur Erreichbarkeit aller anderen Schulformen.

Die Stadtregionen unterscheiden sich in ihrer historisch und politisch gewachsenen Struktur, daher werden bestimmte Schulformen nur in einzelnen Stadtteilen angeboten. Die Erreichbarkeit dieser Schulform ist – auf das gesamte Stadtgebiet verteilt gesehen – sehr eingeschränkt und daher werden diese Schulformen nur in der unmittelbaren Umgebung gewählt.

Grundschulen unterscheiden sich in der Anzahl der Wahlen verschiedener Schulformen und in der Anzahl der Sekundarschulen pro Schulform. Die Anzahl der gewählten Sekundarschulen ist abhängig von der Größe der Grundschule, aber auch von ihrer Lage: Grundschulen in zentralen Lagen wählen mehrere Sekundarschulen als Grundschulen in peripheren oder singulären Lagen.

Auf die Schulformen der Sekundarschulen bezogen bilden sich spezifische Muster der Schulwahl aus: *Verbundene Schulen* werden vorrangig von der eigenen Klientel gewählt. Ein Viertel der Wahlen zum Bildungsgang Hauptschule wählen gleichzeitig verbundene Schulformen. Hier könnte man argumentieren, dass die Organisation ihr Interesse am Erhalt der Sekundarschulklassen über die mit ihr verbundene Grundschule realisieren kann.

Wahlen der *Schulform Gesamtschule* verteilen sich in der Regel nicht auf mehrere Gesamtschulen. Sie sind stark abhängig von der Standortnähe der Schule im Verhältnis zur Grundschule. Zur Erklärung der Abhängigkeit der Wahl von der Standortnähe werden zwei Gründe angeben: die Lage der Gesamtschulen, die nur von einigen Grundschulen gut zu erreichen sind, und die Konkurrenz zu den verbundenen Haupt- und/oder Realschulen, die als Alternative zur Gesamtschule gewählt werden.

Der Anteil der Wahlen *Schulform Gymnasium* verteilt sich auf mehrere Einzelschulen. Die Abhängigkeit von der Erreichbarkeit der Schule ist nicht gleichermaßen stark ausgeprägt. Eine Erklärung dieses Befundes ist: Eltern mit höherer Bildungsaspiration nehmen höhere Kosten (Zeit) in Kauf und sind besser über die Schulprofile unterrichtet. Ein weiteres Argument ist: Gymnasien treten *untereinander* in Konkurrenz (im Gegensatz zu Gesamtschulen, die in der Regel mit anderen Schulformen konkurrieren) und zwar auch, weil sie *zentral liegen* und mehrere Gymnasien fast gleich gut zu erreichen sind.

5.8.1 Die Wahl der Gesamtschule – eine Alternative zur Wahl des Gymnasiums?

Gymnasien und Gesamtschulen sind große Schulsysteme, die vier oder fünf Klassen (88–150 Schüler) pro Jahrgang aufnehmen und daher in der Regel darauf angewiesen sind, Schüler in einem größeren Umkreis an sich zu binden. Aus diesem Grund sind die geographische Lage und die Erreichbarkeit mit öffentlichen Verkehrsmitteln für diese Schulen von entscheidender Bedeutung. Wie oben gesagt, liegen alle Gymnasien zentral und sind gut zu erreichen, die Gesamtschulen konnten aber (in der Regel) nur in peripheren Lagen errichtet werden.

Dieser Standortnachteil der Gesamtschulen kommt in Ausnahmelagen nicht zum Tragen, wenn Grundschulen mit einer ausreichenden Anzahl an Schülern im peripheren Stadtteil vorhanden sind und gleichzeitig die Anbindung an andere Schulsysteme ungünstig ist (z. B. Fechenheim und Goldstein).

Aber auch das Schulprofil wirkt auf die Wahlentscheidungen der Eltern. Entscheidend für die Attraktivität einer Gesamtschule ist, ob sie über Jahre aus Schüleranmeldungen auswählen kann oder nicht (und umgekehrt führen zu wenige Wahlen zu einem negativen Image und einer Abwärtsspirale der Schüleranmeldungen).

Die Anzahl der Schüleranmeldungen wiederum ist abhängig von der allgemeinen Schülerverteilung im Stadtgebiet (in den aktuellen Jahren gibt es einen Mangel an Sekundarschulen im Norden Frankfurts), von der Erreichbarkeit, von der Attraktivität des Schulprofils, von dem konkurrierenden Angebot der Nachbarschulen und vor allem auch vom sozialen Rang des Stadtteils, in dem die Gesamtschule liegt.

Meines Erachtens ist die Wahl einer Gesamtschule für Eltern, deren Kind eine Eignungsempfehlung für den gymnasialen Bildungsgang erhält, nur in Ausnahmefällen eine Alternative zur Schulform Gymnasium. Dafür spricht:

- Die Anzahl der Schüler einer kooperativen Gesamtschule, die einen gymnasialen Bildungsgang wählen, liegt bei 7,2% der gesamten Wahlen für diesen Bildungsgang.
- Die circa 300 Schüler, die eine Förderstufe in einer kooperativen Gesamtschule besuchen, werden zu vier Fünfteln keinen gymnasialen Bildungsgang einschlagen.[153]

---

153 Schulentwicklungsplan Fortschreibung 2007–2011 der Stadt Frankfurt am Main

- Nur zwei der integrierten Gesamtschulen können aus einem Überangebot an Anmeldungen auswählen, so dass sie auch Kinder mit gymnasialer Eignungsempfehlung binden können.

In Kapitel 3 wurde berichtet, dass die Gesamtschule je nach alternativen Schulformen in den verschiedenen Bundesländern von den Eltern unterschiedlich konnotiert wird. Auch innerhalb der städtischen Regionen Frankfurts wird die integrierte Gesamtschule – aufgrund sozialstruktureller, historischer und pädagogischer Besonderheiten – jeweils unterschiedlich auf der Leistungs- und Sozialdimension bewertet.

5.8.2 Die aktuell diskutierte Zweigliedrigkeit des Bildungssystems

Die Schulwahl erfordert eine zweifache Entscheidung: Erstens – Wird eine gymnasiale Eignung (der Klassenkonferenz) ausgesprochen? Zweitens – Soll ein Bildungsgang festgelegt werden oder ein integrierter (noch offener) Bildungsgang gewählt werden? Je nach Eignungsempfehlung wird die Wahl der Eltern zu unterschiedlichen Ergebnissen führen.

Wie oben erläutert, führt eine Eignungsempfehlung der Klassenkonferenz für den gymnasialen Bildungsgang in der Regel zu einer Wahl des Gymnasiums, es sei denn, die Eltern wünschen ein besonderes pädagogisches Konzept, dann werden *einzelne* Gesamtschulen gewählt.

Wird hingegen eine Nicht-Eignung ausgesprochen, kommt es zur Wahl von verbundenen Schulen, Gesamtschulen oder reinen Haupt- oder Realschulen. Diese Wahl wiederum ist abhängig von der Angebotsstruktur des Stadtteils bzw. der Erreichbarkeit der entsprechenden Schulformen. In den Elternwahlen in der Stadt Frankfurt zeichnet sich eine Entwicklung zur Zweigliedrigkeit ab:

- Der Bildungsgang Hauptschule wird nur von 5% der Eltern, hingegen der Bildungsgang Gymnasium von 44% der Eltern gewählt.
- Nach dem Gymnasium ist die IGS der am zweithäufigsten gewählte Bildungsgang (25% aller Wahlen).
- Die Integrierte Gesamtschule wird konkurrierend zu verbundenen Schulen und Förderstufen je nach Stadtteilangebot gewählt.

Die von der Stadt Frankfurt positiv hervorgehobene „vielfältige Schullandschaft"[154] ist aus zwei Gründen kritisch zu sehen: Einmal verstärkt die Vielzahl der Schulangebote den Trend weg von der Hauptschule, so

---

154 Schulentwicklungsplan Fortschreibung 2007 bis 2011, S. 7

dass in Frankfurt nur noch „ein Rest" von 1,3% der Schülerwahlen auf reine Hauptschulen fallen.

Zum zweiten wird die Nachfrage nach Plätzen in einer integrierten Gesamtschule auf die Bildungsgänge der Realschulen und Hauptschulen umgelenkt, die wiederum beachtliche Überkapazitäten vorhalten. Die Gymnasien nehmen bis zur Schülerhöchstzahl auf, integrierte Gesamtschulen nicht. Mit dem Begriff der Vielfältigkeit im Schulentwicklungsplan wird nahe gelegt, dass die Stadt ein Schulangebot vorhält, das auch vielfältig nachgefragt würde. Dagegen sprechen *ein*deutig die Wahlen der Eltern, die vorrangig für Plätze in Gymnasien und in Integrierten Gesamtschulen votieren, wobei die letzteren *nicht* in ausreichendem Umfang angeboten werden. Die Eigenlogik der bestehenden Schulen, das Fortbestehen ihrer Organisation zu sichern, scheint im lokalen Schulsystem mehr Berücksichtigung zu finden als das durch die Wahlen geäußerte Elterninteresse. Die Differenzierung eines Schulsystems in parallele gegliederte und integrierte Bildungsgänge prozessiert eine Umverteilung von Wahlen für integrierte Bildungsgänge in die unteren differenzierten Bildungsgänge.

5.8.3 *Soziale Ungleichheit, meritokratisches Prinzip und lokale Entscheidungskommunikation*

Die Wahlen bzw. die Nicht-Wahlen eines gymnasialen Bildungsgangs stehen in engem Zusammenhang mit der Sozialstruktur des abgebenden Grundschulbezirks. Die Datenlage erlaubt es nicht, diesen Befund quantitativ auf den Beitrag der primären Sozialisationsleistungen der Familien oder ihres Einflusses im Übergangsverfahren zuzurechnen. Ebenso wenig kann der Beitrag des Unterrichts oder der Eignungskommunikation quantitativ bestimmt werden. Dieser Befund bestätigt den Zusammenhang zwischen Schullaufbahnentscheidungen und sozialer Herkunft wie sie in der Literatur zur ungleichen Bildungsbeteiligung (vgl. Bos et al. 2004, Becker/Lauterbach 2007) berichtet werden.

Die durchschnittlichen[155] Ergebnisse der Orientierungsarbeiten erklären nur sehr vermittelt die Wahlen der Bildungsgänge: In der bivariaten Betrachtung zeigt sich ein negativer Zusammenhang bei den Realschulenwahlen und ein positiver bei den gymnasialen Wahlen. Bei Auf-

---

155 Der durchschnittliche Wert enthält keine Information über die Streuung der Werte der einzelnen Arbeiten, im Extrem könnten alle Schüler einer Schule mittelmäßig sein, oder aber der Wert könnte sich aus sehr gut und sehr schlecht bewerteten Orientierungsarbeiten zusammensetzen.

nahme des Merkmals der Sozialstruktur erklärten die Ergebnisse der Orientierungsarbeiten größere Anteile an gymnasialen Wahlen *der einzelnen Schulen* nicht mehr signifikant. Offensichtlich haben einzelne Grundschulen hohe Anteile an gymnasialen Wahlen – auch bei schlechteren Ergebnissen in den Orientierungsarbeiten – sofern sie in einem Grundschulbezirk mit höheren Werten des Sozialindexes liegen. Im logistischen Modell der *Einzelwahlen* tritt die Bedeutung der Ergebnisse der Orientierungsarbeiten (als Annäherung an das Merkmal der Leistungsperformanz der Schule) mit vergleichbarer Stärke in Erscheinung wie der Sozialindex (als Annäherung an das Merkmal der sozialen Herkunft der Schülerschaft). Offen ist, ob sich dieser Zusammenhang in der Zukunft replizieren ließe. Zurzeit sind die Ergebnisse der Orientierungsarbeiten nicht veröffentlicht, den Schulen werden als statistische Daten nur der städtische und der eigene Durchschnitt rückgemeldet, so dass ein Vergleich untereinander von den Schulen nicht geleistet werden und auch nicht in die Kommunikation der Selbstbeschreibung der Organisation einfließen kann.[156]

Der Zusammenhang zwischen Leistung und höherwertigem Bildungsgang entspricht dem meritokratischen Prinzip, dass bessere Leistungen „verdientermaßen" zu höheren Bildungsgängen führen. Die Stärke des Zusammenhangs bleibt unter den Erwartungen zurück.

Von fast gleicher Stärke für die Erklärung von Einzelwahlen bzw. Nicht-Wahlen des Gymnasiums erwies sich ein Merkmal der Organisation des Schulangebots auf lokaler Ebene: die Nähe respektive die Ferne eines Gymnasiums im Verhältnis zur besuchten Grundschule. In diesem Sinne stellen sich soziale Ungleichheiten in den Bildungsbeteiligungen nicht bloß über die ungleiche soziale Herkunft der Schülerschaft ein, sondern im selben Maße werden sie durch ein Organisationsmerkmal, die Struktur des lokalen Schulangebots, und der damit verbundenen Entscheidungskommunikation vor Ort hervorgerufen.

---

156 Zudem gibt es erst seit zwei Jahren Erfahrungen mit den Aufgabenformaten in dieser Form und die Standards werden erst langsam umgesetzt. Damit ist auch die Frage der Steuerungsfähigkeit des Schulsystems auf Länderebene angesprochen, die hier aber nicht thematisiert werden kann.

6 Schlussbemerkungen

Die vorliegende Studie setzte sich das Ziel, den Beitrag der Organisation Schule zu Laufbahnentscheidungen und sozialen Disparitäten in der Bildungsbeteiligung zu bearbeiten. Bildungsentscheidungen werden vor allem in einem Theoriezusammenhang untersucht, der den Beitrag der Herkunftsfamilien zum zentralen Forschungsgegenstand erhebt. Entscheidungen zum Bildungsverlauf eines Kindes werden – sofern es die Schule betrifft – in der Regel als Selektions- und Allokationsentscheidungen definiert und verweisen damit auf den *gesellschaftlichen* Auftrag der Schule, die Lebensläufe der Kinder durch Bildung und Ausbildung an die Teilsysteme der Gesellschaft anschlussfähig zu machen.

Während das soziale System der Familie in der ‚Kommunikation unter Anwesenden' auf der Ebene der *Interaktion* zum Bildungsverlauf der Kinder Überlegungen anstellt und Entscheidungen fällt, bearbeitet auch die Organisation Schule den Bildungsverlauf der Schulkinder auf der Ebene der *Organisation* als ‚Kommunikation von *Entscheidungen*'. Die Organisation Schule wurde hier vorrangig an der Schnittstelle zum sozialen System der Schülerfamilien und weniger im Hinblick auf das soziale System der Gesellschaft untersucht; die Studie benutzt den Begriff ‚Bildungsentscheidungen', um einzelne Zeitpunkte im Voranschreiten des Bildungslebenslaufs zu identifizieren.

Systemisch gedacht, handeln beide Systeme – Familie und Schule – nicht unabhängig voneinander, sondern stehen durch strukturelle Kopplung im Austausch miteinander. Das heißt, dass Familien nur im Austausch mit der Organisation Schule Bildungsentscheidungen fällen können: *Schul*bildung kann nur in der Organisation Schule realisiert werden, die Schülerleistung sollte in der Schule erworben werden, muss sich aber in jedem Fall in der Schule (und nicht etwa zu Hause) darstellen, um bewertet zu werden. Nur in der Organisation Schule können Bildungsentscheidungen zunächst vorläufig durch Schüleraufnahme – und später durch die Vergabe von Zertifikaten – zum Abschluss gebracht werden. Selbstverständlich kann die Organisation Schule nicht ohne das System Familie operieren, schließlich ist sie darauf angewiesen, dass die Familien ihre Kinder in die Schule schicken. (Auch bei bestehender allgemeiner Schulpflicht werden Sekundarschulen gewählt und Grundschulen können durch Gestattungsanträge an- und abgewählt werden.)

Im Gegensatz zu Modellen, die Bildungsentscheidungen durch Rückbezug auf die Herkunftsfamilien erklären und den Entscheidungsbeitrag der Organisation Schule als *gleich*bleibende Größe voraussetzen, belegen empirische Beispiele, die im Zusammenhang mit der Theorie der institutionellen Diskriminierung publiziert wurden, dass die Organisation Schule so und auch *anders* entscheiden kann. Dieser Theorieansatz belegte, dass so beschriebene *andere* Entscheidungen nicht den Gesetzen des Zufalls unterliegen und auch unter dem Gesichtspunkt der Professionalität betrachtet keine ‚Fehlentscheidungen' darstellen, sondern strukturell der Eigenlogik des Systems Schule Folge leisten.

Die Suche nach solchen *systematischen* Unterschieden in der Entscheidungskommunikation der Schulen nahm die Studie zum Ausgangspunkt. Dazu untersuchte sie die Entscheidungsergebnisse, dokumentiert in den amtlichen Schulstatistiken. Die Ergebnisse der Analyse bestätigten die grundlegende Hypothese, dass ungleiche Bildungsentscheidungen und Bildungsbeteiligungen auch auf die Strukturmerkmale der Organisation Schule zurückzuführen sind:

Entscheidungen einer *verspäteten Einschulung* lassen sich auf der Schulebene systematisch durch die Merkmale der Organisation erklären. Weist die Grundschule das Angebot einer Vorklasse auf, beträgt das Chancenverhältnis für die Zurückstellung eines Kindes 5 zu 1 – im Verhältnis zu einem Kind, das eine Grundschule ohne Vorklasse besucht. Die sozialstrukturelle Zusammensetzung des Grundschulbezirks scheint dagegen zur Erklärung unterschiedlicher Zurückstellungsquoten der Grundschulen nicht signifikant aussagekräftig. Dieses erwartungswidrige Ergebnis lässt sich im lokalen und historischen Kontext verstehen, der sich durch eine hohe Vorklassendichte und eine sehr lange und unverändert anhaltende Tradition des ‚Entscheidungsprogramms' Vorklasse charakterisieren lässt. Dieser Befund verdeutlicht, dass erstens die Erwartungen an ein Schulkind kommunikativ ausgehandelt werden und damit veränderbar sind. Und dass zweitens ein System eine vorhandene Differenzierungsform (eine Grundschule mit einer Vorklasse) fortwährend nutzt und aus sich selbst heraus nicht auf Aufgabe dieser Differenzierung drängen wird. Die Untersuchung zeigte weiter, dass die Organisation an der Fortsetzung ihrer Entscheidungsprogramme festhält.

Entscheidungen zum Übergang in die Sekundarstufe beziehen die Gesamtheit des lokalen Schulsystems mit ein, weil hier die Systeme der Einzelorganisationen gewechselt werden. Aus diesem Grund war es sehr viel schwieriger, ein Modell zu entwickeln, das die Schulwahlen innerhalb eines lokalen Schulsystems erklären kann. Unmittelbar konnte beobachtet werden, dass die Schulformen auf die einzelnen Stadtbezirke unterschiedlich verteilt sind, sich die Stadtbezirke durch unterschiedliche Bildungsgelegenheiten auszeichnen. Im zweiten Schritt wurde die Annahme überprüft, ob die Wohnortnähe ein Kriterium für die Schulformwahl ist. Während sich für verbundene Schulen und Gesamtschulen ein enger Zusammenhang aufzeigen ließ, wiesen vor allem die Grundschulen in Fußnähe von Gymnasien besonders hohe Anteile von Übergangswahlen an dieser Schulform auf, für die weiter entfernt zu einem Gymnasium liegenden Grundschulen konnte dieser Zusammenhang nicht linear nachvollzogen werden.

Neben dem Argument einer höheren ‚Bildungsinvestition' in der Form eines längeren Schulwegs, könnten auch Kontextfaktoren diesen Sachverhalt erklären. Historisch bedingt nehmen in Frankfurt die Gymnasien zentrale Standorte ein, während in der Regel Gesamtschulen nur in peripheren Lagen realisierbar waren. Demnach streut die Ungleichheit der Bildungsgelegenheiten nicht über das gesamte Stadtgebiet, sondern es bildet sich ein Muster der unterschiedlichen Erreichbarkeit der Schulen heraus, da zentrale Lagen von Fahrschülern besser erreicht werden können als Randlagen.

Der Zusammenhang zwischen Sozialstruktur des Grundschulbezirks und Schulformwahlen konnte bestätigt werden: Beispielsweise stehen hohe Anteilswahlen Gymnasien in einem positiven Zusammenhang mit hohen Werten des Sozialindexes. Die Ergebnisse der Orientierungsarbeiten leisten keinen signifikanten Erklärungsbeitrag für hohe Anteilswahlen Gymnasium.[157] Ein hoher Anteil an gymnasialen Wahlen ist *auf der Schulebene* erwartungswidrig nicht signifikant an durchschnittlich gute Ergebnisse in den Orientierungsarbeiten gekoppelt.

Spitzt man die Bildungsentscheidung auf die alternative Wahl bzw. Nicht-Wahl eines gymnasialen Bildungsgangs zu, fällt im Modell der *Einzelwahlen* auf, dass durch drei Faktoren eine Entscheidung vorausgesagt werden kann: Der Sozialindex des Grundschulbezirks, die durchschnittliche Leistungsperformanz der Grundschule und die Entfernungsminuten zum nächsten Gymnasium. Alle drei Dimensionen verzeichnen einen vergleichbar starken Effekt. Ist der Leistungsaspekt und die Dimension der sozialen Herkunft umfangreich in der Literatur beschrieben, stellt die Dimension der Struktur des lokalen Schulangebots eine neue Einsicht im Hinblick auf das Zusammenwirken von Familie und Schule bei der Entstehung ungleicher Bildungsbeteiligungen dar. Schulwahlen werden im Kontext eines unmittelbar vorhandenen Schulformangebots getroffen.

Betrachtet man das lokale Schulsystem aus der Perspektive der aufnehmenden Sekundarschulen, fällt auf, dass für einige Schulformen Plätze in einem Umfang vorgehalten werden, die keineswegs nachgefragt werden. Hier entscheidet ein lokales Schulsystem offensichtlich nicht nach einem Nachfrage/Angebot-Kalkül. Die Systemlogik der betreffenden Schulen, ihren Bestand fortzusetzen, kann sich gegenüber

---

157 Im multivariaten Regressionsmodell

dem Interesse der Schulwahl der Eltern durchsetzen. Obgleich Eltern andere Bildungsentscheidungen treffen, können diese nicht realisiert werden, weil die Struktur der Bildungsgelegenheiten sie nicht vorhält. Die ‚rationale' Wahl der Eltern findet somit eine Grenze in der Entscheidungskommunikation des lokalen Schulsystems. Die Entscheidungen der Eltern werden innerhalb des Systems umgeleitet. Nicht alle Wahlentscheidungen sind gleichermaßen hiervon betroffen, alle Wahlen des am höchsten bewerteten Bildungsgangs Gymnasium können realisiert werden. An dieser Stelle verweist die Studie auf künftige Fragestellungen der Steuerbarkeit des Schulsystems und damit auf die Schnittstelle Organisation und Erziehungssystem.

Durch die Wahl eines theoretischen Zugangs, der auf Strukturen und nicht auf Personen zurechnet, ist verstehbar, dass die im System unterrichtenden Lehrer in ‚guter Absicht' ihre Schüler unterrichten, fördern und im Hinblick auf Schullaufbahnen beraten, ohne sehen zu können, welche strukturellen Effekte der Eigenlogik der Organisation Schule – sowohl als Einzelschule als auch als lokales Schulsystem – im Hinblick auf Bildungsentscheidungen zuzurechnen sind. Hier schließen sich künftige Fragestellungen des professionellen Handelns in der Organisation Schule an.

Die Studie geht davon aus, dass Bildungsentscheidungen nicht ohne Bildungsgelegenheiten zu verstehen sind. In der Differenz zwischen System und Umwelt prozessiert sich der Bildungslebenslauf eines Kindes in der wechselseitigen Kommunikation der Systeme Familie und Schule. Im Unterschied zu Untersuchungen, die den Herkunftseffekt an ungleicher Bildungsbeteiligung fokussieren, haben die hier vorliegenden Modellberechnungen die These, dass auch die Organisation – in einem lokalen Kontext – einen *beachtlichen* Beitrag zu ungleichen Bildungsentscheidungen leistet, plausibilisiert. Die Studie kann diesen Beitrag der Organisation nicht in Relation etwa zu dem Beitrag der Herkunftsfamilien quantifizieren. Schon der Versuch, die Wirkung von Schule einerseits und Unterricht andererseits auf *Schülerleistung* zu quantifizieren, ist ein sehr anspruchsvolles Forschungsvorhaben, die Wirkung von Familie und Schule auf *Bildungsentscheidungen* zu quantifizieren, erscheint mir ebenso ambitioniert.

Verzeichnis der Tabellen und Abbildungen

Tabellen:

Tab. 1   Schüler/innen in Vorklassen in Frankfurt am Main 2000-2005 123

Tab. 2: Entwicklung der Vorklassen in Frankfurt am Main 1970-2010 125

Tab. 3: Zurückstellen und Wiederholen in Prozent zum Einschulungsjahrgang 2000-2005 in Frankfurt am Main 128

Tab. 4: Anteil der ausländischen Kinder in den Vorklassen 1998-2005 in Frankfurt am Main 130

Tab. 5: Anteil der ausländischen Kinder am Einschulungsjahrgang 2000-2005 in Frankfurt am Main 131

Tab. 6: Anteil der ausländischen Kinder in Vorklassen im Verhältnis zum Anteil der ausländischen Kinder am Einschulungsjahrgang 131

Tab. 7: Sozialer Rang und Zurückstellungsquoten 2000-2005 in Frankfurt am Main 134

Tab. 8: Schulgröße und Zurückstellungsquoten 2000-2005 in Frankfurt am Main 136

Tab. 9: Schulgröße und Zurückstellungsquoten nach dem Merkmal Vorklasse 2000-2005 in Frankfurt am Main 136

Tab. 10: Anzahl der zurückgestellten Kinder in Grundschulen mit und ohne Vorklasse 2000-2005 in Frankfurt am Main 138

Tab. 11: Ergebnisse des Log-linearen Modells, Kinder in Vorklassen 2000-2005 in Frankfurt am Main 139

Tab. 12: Log-lineares Modell, Kinder in Vorklassen 2000-2005 in Frankfurt am Main – mit Sozialstruktur des Grundschulbezirks 140

Tab. 13: Log-lineares Modell, Kinder in Vorklassen 2000-2005 in Frankfurt am Main mit dem Faktor der Schulgröße 141

Tab 14:	Angepasstes Modell: Kinder in Vorschulklassen 2000-2005 in Frankfurt am Main	142
Tab. 15:	Schulformen in Frankfurt am Main 2007 (Schulträger Stadt Frankfurt)	150
Tab. 16:	Die Einteilung der Planungsbezirke in Frankfurt am Main	156
Tab. 17:	Anmeldungen an die Sekundarschulen nach Schulformen in Frankfurt am Main 2005	158
Tab. 18:	Anmeldungen an die Sekundarschule (Grundschulstandort) in Frankfurt am Main 2005	159
Tab. 19:	Anmeldungen an die Sekundarschulen (Grundschulstandort) in Frankfurt am Main 2005 in Prozent	161
Tab. 20:	Anmeldungen an die Sekundarschule (Sekundarschulstandort) und Standort der Sekundarschulen in Frankfurt am Main 2005	162
Tab. 21:	Wanderungssaldo zwischen den Planungsbezirken in Frankfurt am Main 2005	164
Tab. 22:	Sollgrößen der Klassen nach Schulformen	167
Tab. 23:	Differenz der Anmeldungen an die Sekundarschule und der vorgehaltenen Schulplätze (Schulform) in Frankfurt am Main 2005	168
Tab. 24:	Differenz der Anmeldungen an die Sekundarschule und der vorgehaltenen Schulplätze (Bildungsgang) in Frankfurt am Main 2005	170
Tab. 25:	Schulformen gruppiert und Anzahl der Anmeldungen in Frankfurt am Main 2005	173
Tab. 26:	Mittelwert der Entfernungsminuten zwischen Grundschule und Sekundarschule in Frankfurt am Main 2005	174
Tab. 27:	Mittelwert der Gruppengröße in Prozent der Schüleranmeldungen nach Schulformen in Frankfurt am Main 2005	175
Tab. 28:	Wahl des Bildungsgangs Förderstufe in Frankfurt am Main 2005	185

Tab. 29:	Wahl des Bildungsgangs IGS in Frankfurt am Main 2005	186
Tab. 30:	Wahl des Bildungsgangs Hauptschule in Frankfurt am Main 2005	187
Tab. 31:	Wahl des Bildungsgangs Realschule in Frankfurt am Main 2005	188
Tab. 32:	Wahl des Bildungsgangs Gymnasium in Frankfurt am Main 2005	189
Tab. 33:	Effektstärken des logistischen Regressionsmodells	191
Tab. 34:	Klassifizierungstabelle	193
Tab. 35:	Differenz der Übergänge an die Sekundarschule, der Anmeldungen und der vorgehaltenen Schulplätze (Bildungsgang) in Frankfurt am Main 2005	196

Abbildungen:

Abb. 1:	Soziale Systeme als operativ geschlossene autopoietische Systeme	41
Abb. 2:	Systemtypen	43
Abb. 3:	Das Verhältnis von Institution und Organisation im Neo-Institutionalismus	44
Abb. 4:	Die Funktion der Organisation des Erziehungssystems	59
Abb. 5:	Entscheidungen des Bildungswegs (Hessen 2007 bis zur 10. Klasse)	77
Abb. 6:	Modell der Bildungsentscheidung	98
Abb. 7:	Bildungsmotivation und Investitionsrisiko	100
Abb. 8:	Heuristisches Modell für Genese und Dauerhaftigkeit von sozialer Ungleichheit der Bildungschancen	101
Abb. 9:	Zeitliche Abfolge und soziales System der Bildungsentscheidung	105
Abb. 10:	Heuristisches Modell der Bildungsentscheidungen der Organisation	111

Abb. 11: Anteil der Zurückstellungen am Einschulungsjahrgang (in Prozent) 2000-2005 in Frankfurt am Main 126

Abb. 12: Zeitlicher Ablauf der Übergangsentscheidung 148

Abb. 13: Anzahl der Schüler/innen in den Planungsbezirken in Frankfurt am Main 2005 154

Abb. 14: Planungsbezirke der Stadt Frankfurt am Main 155

Abb. 15: Entfernungsminuten und Gruppengröße in Prozent beim Wechsel in die Sekundarschule in Frankfurt am Main 2005, hier: Verbundene Schulen 176

Abb. 16: Entfernungsminuten und Gruppengröße in Prozent beim Wechsel in die Sekundarschule in Frankfurt am Main 2005, hier: Haupt- oder Realschulen 177

Abb. 17: Entfernungsminuten und Gruppengröße in Prozent beim Wechsel in die Sekundarschule in Frankfurt am Main 2005, hier: Gesamtschulen 178

Abb. 18: Entfernungsminuten und Gruppengröße in Prozent beim Wechsel in die Sekundarschule in Frankfurt am Main 2005, hier: Gymnasien 179

Abb. 19: Anteil der Wahlen zum Gymnasium und mittlere Entfernungsminuten in Frankfurt am Main 2005 180

Abb. 20: Anteil der Wahl zum Gymnasium und Entfernungsminuten des nächst liegenden Gymnasiums in Frankfurt am Main 2005 181

Abb. 21: Anteil Wahl zum Gymnasium und Entfernungsminuten des nächst liegenden Gymnasiums (Kurve) in Frankfurt am Main 2005 182

Literaturverzeichnis

Altrichter, H. (2000): Konfliktzonen beim Aufbau schulischer Qualitätssicherung und Qualitätsentwicklung. In: Zeitschrift für Pädagogik, Beiheft 41, 2000, S. 93-110.
Avenarius, H. et al. (2003): Bildungsbericht für Deutschland – Erste Befunde. Opladen.
Baraldi, C./Corsi, G./Esposito, E. (1997): GLU Glossar zu Niklas Luhmanns Theorie sozialer Systeme. Frankfurt am Main.
Barnes, B. (1983): Social life as Bootstrapped Induction. In: Sociology, 14. Jg., S. 524-545.
Baumert, J. (Hrsg.) (2003): PISA 2000: Ein differenzierter Blick auf die Länder der Bundesrepublik Deutschland. Deutsches PISA-Konsortium. Opladen.
Baumert, J./Stanat, P./Watermann, R. (Hrsg.) (2006): Herkunftsbedingte Disparitäten im Bildungswesen: Differenzielle Bildungsprozesse und Probleme der Verteilungsgerechtigkeit. Vertiefende Analysen im Rahmen von PISA 2000. Wiesbaden.
Baumert, J./Maaz, K./Trautwein, U. (Hrsg.) (2010): Bildungsentscheidungen. Zeitschrift für Erziehungswissenschaft. Sonderheft 12, 2009. Wiesbaden.
Becker, B./Biedinger, N. (2006): Ethnische Bildungsungleichheit zu Schulbeginn. In: Kölner Zeitschrift für Soziologie und Sozialpsychologie, 58. Jg., S. 660-684.
Becker, R./Lauterbach, W. (2004): Bildung als Privileg? Theoretische Erklärungen und empirische Befunde zu den Ursachen der Bildungsungleichheiten. Wiesbaden.
Becker, R./Lauterbach, W. (2007): Bildung als Privileg. Ursachen, Mechanismen, Prozesse und Wirkungen. In: Dies. (Hrsg.), Bildung als Privileg Erklärungen und Befunde zu den Ursachen der Bildungsungleichheit, 2. aktualisierte Auflage. Wiesbaden, S. 9-42.
Becker-Ritterspach, F. A. A./Becker-Ritterspach, J. C. E. (2006): Isomorphie und Entkopplung im Neo-Institutionalismus. In: Senge, K./Hellmann, K.-W. (Hrsg.): Einführung in den Neo-Institutionalismus. Wiesbaden, S. 102-117.
Becker-Ritterspach, J. C. E./Becker-Ritterspach, F. A. A. (2006): Organisationales Feld und Gesellschaftlicher Sektor im Neo-Institutionalismus. In: Senge, K./Hellmann, K.-U. (Hrsg.): Einführung in den Neo-Institutionalismus. Wiesbaden, S. 118-136.
Beet, S. (1997): Autonome öffentliche Schule – Diskussion eines Auftrags zur Schulentwicklung. Der Bremer Weg. Von Autonomer Praxis und der Verordnung autonomer Schulentwicklungen. In: Zeitschrift für Pädagogik, 43. Jg., S. 149-164.

Bellenberg, G. (1999): Individuelle Schullaufbahnen. Eine empirische Untersuchung über Bildungsverläufe von der Einschulung bis zum Abschluss. Weinheim und München.
Bellenberg, G./Klemm, K. (2000): Scheitern im System, Scheitern des Systems? Ein etwas anderer Blick auf Schulqualität. Jahrbuch der Schulentwicklung, Bd. 11. Weinheim und München, S. 51-75.
Bellenberg, G./Hovestadt, G./Klemm, K. (2005): Selektivität und Durchlässigkeit im allgemein bildenden Schulsystem, Rechtliche Regelungen und Daten unter besonderer Berücksichtigung der Gleichwertigkeit von Abschlüssen. Bfp Bildungsforschung Bildungsplanung. GEW. Frankfurt am Main, S. 48-59.
Bellmann, J. (2006): Bildungsforschung und Bildungspolitik im Zeitalter ‚Neuer Steuerung'. In: Zeitschrift für Pädagogik, 52. Jg., S. 487-504.
Bennett, N. (1979): Unterrichtsstil und Schülerleistung. Stuttgart.
Berger, P. A./Kahlert, H. (Hrsg.) (2005): Institutionalisierte Ungleichheiten. Wie das Bildungswesen Chancen blockiert. Weinheim.
Bortz, J./Döring, N. (2002): Forschungsmethoden und Evaluation. 3. Auflage. Berlin.
Bos, W. et al. (2003): Erste Ergebnisse aus IGLU. Münster.
Bos, W./Voss, A./Lankes, E.-M./Schwippert, K./Thiel, O./Valtin, R. (2004): Schullaufbahnempfehlungen von Lehrkräften für Kinder am Ende der vierten Jahrgangsstufe. In: Bos, W. et al. (Hrsg.): IGLU Einige Länder der Bundesrepublik Deutschland im nationalen und internationalen Vergleich. Münster, S. 193-228.
Bos, W./Lankes, E.-M./Prenzel, M./Schwippert, K./Valtin, R./Voss, A./Walther, G. (Hrsg.) (2005): IGLU Skalenbuch zur Dokumentation der Erhebungsinstrumente. Münster.
Bosch, S./de Medeiros Valle, S. (2006): Chancengleichheit an Berliner Grundschulen – können Berliner Grundschulen in Bezug auf soziale und ethnische Herkunft Chancengleichheit gewährleisten? Unveröffentlichte Diplomarbeit. Berlin.
Böttcher, W. (1991): Soziale Auslese im Bildungswesen. Ausgewählte Daten des Mikrozensus 1989. In: Die Deutsche Schule, 83. Jg., S. 151-161.
Böttcher, W. (2002): Standardisierung versus Vielfalt? Hypothesen zum Entwicklungs- und Forschungsprojekt „Kerncurriculum für Grundschulen". In: Heinzel, F./Prengel, A. (Hrsg.): Heterogenität, Integration und Differenzierung in der Primarstufe, Jahrbuch Grundschulforschung 6. Opladen, S. 108-114.
Böttcher, W./Terhart, E. (Hrsg.) (2004): Organisationstheorie in pädagogischen Feldern. Wiesbaden.
Boudon, R. (1974): Education, Opportunity and Social Inequality. New York.
Bourdieu, P. (1982): Die feinen Unterschiede. Frankfurt am Main.

Bourdieu, P. (1983): Ökonomisches Kapital, kulturelles Kapital, soziales Kapital. In: Kreckel, R. (Hrsg.): Soziale Ungleichheiten. (Soziale Welt, Sonderband 2). Göttingen, S. 183-198.

Bronfenbrenner, U. (1981): Die Ökologie der menschlichen Entwicklung. Stuttgart.

Brügelmann, H. (2002): Heterogenität, Integration, Differenzierung: empirische Befunde – pädagogische Perspektiven. In: Heinzel, F./Prengel, A. (Hrsg.): Heterogenität, Integration und Differenzierung in der Primarstufe, Jahrbuch Grundschulforschung 6. Opladen, S. 31-43.

Brüsemeister, T. (2005): „Wo Interaktion ist, soll Organisation werden" – Zur Einführung von Qualitätsmanagement in Schulen. In: Jäger, W./Schimank, U. (Hrsg.): Organisationsgesellschaft. Facetten und Perspektiven. Wiesbaden, S. 313-343.

Büchner, P./Koch, K. (2001): Von der Grundschule in die Sekundarschule. Bd. 1. Der Übergang aus Kinder- und Elternsicht. Opladen.

Burk, K./Mangelsdorf, M./Schoeler, U. (1998): Die neue Schuleingangsstufe. Weinheim.

Deutscher Bildungsrat (1975): Bericht 1975. Entwicklungen im Bildungswesen. Bonn. Bad Godesberg.

Deutsches Pisa-Konsortium (2001): PISA 2000. Opladen.

Deutsches Pisa-Konsortium (2003): PISA 2000. Ein differenzierter Blick auf die Länder der Bundesrepublik Deutschland. Opladen.

Dezernat für Soziales und Jugend Stadt Frankfurt am Main (2002): Frankfurter Sozialbericht Teil V: Segregation und Wohngebiete mit verdichteten sozialen Problemlagen. Frankfurt am Main.

Dezernat Schule und Sport, Stadtschulamt (1969): Anmeldung des Investitionsbedarfs. In: Institut für Stadtgeschichte, Magistratsakten, Signatur 2.168 (20.05.1969). Frankfurt am Main.

Diehm, I. (2002): Pädagogische Arrangements und die Schwierigkeit, Differenz zu thematisieren. In: Heinzel, F./Prengel,A. (Hrsg.): Heterogenität, Integration und Differenzierung in der Primarstufe, Jahrbuch Grundschulforschung 6. Opladen, S. 162-170.

Diehm, I. (2004): Kindergarten und Grundschule – Zur Strukturdifferenz zweier Erziehungs- und Bildungsinstitutionen. In: Helsper, W./Böhme, J. (Hrsg.): Handbuch der Schulforschung. Wiesbaden, S. 529-547.

DIPF (2006): „Bildung in Deutschland Ein indikatorengestützter Bericht mit einer Analyse zu Bildung und Migration" – Zentrale Befunde des nationalen Bildungsberichts in 12 Thesen. Frankfurt am Main.

DiMaggio, P./Powell, W. W. (1983): The Iron Case Revisited: Institutional Isomorphism and Collective Rationality in Organization Fields. In: American Sociological Review. 48. Jg., S. 147-160.

Ditton, H. (1992): Ungleichheit und Mobilität durch Bildung. Theorie und empirische Untersuchung über sozialräumliche Aspekte von Bildungsentscheidungen. Weinheim und München.

Ditton, H. (1995): Ungleichheitsforschung. In: Rolff, H.-G. (Hrsg.): Zukunftsfelder von Schulforschung. Weinheim, S. 89-124.
Ditton, H. (2000a): Qualitätskontrolle und Qualitätssicherung in Schule und Unterricht. Ein Überblick zum Stand der empirischen Forschung. In: Zeitschrift für Pädagogik, Beiheft 41, 2000, S. 73-92.
Ditton, H. (2000b): Elemente eines Systems der Qualitätssicherung im schulischen Bereich. In: Weishaupt, H. (Hrsg.): Qualitätssicherung im Bildungswesen. Problemlage und aktuelle Forschungsbefunde. Erfurt.
Ditton, H. (2004a): Schule und sozial-regionale Ungleichheit. In: Helsper, W./Böhme, J. (Hrsg.): Handbuch der Schulforschung. Wiesbaden, S. 605-624.
Ditton, H. (2004b): Der Beitrag von Schule und Lehrern zur Reproduktion von Bildungsungleichheit. In: Becker, R./Lauterbach, W. (Hrsg.) (2004): Bildung als Privileg? Erklärungen und Befunde zu den Ursachen der Bildungsungleichheit. Wiesbaden, S. 243-271.
Ditton, H. (Hrsg.) (2007): Kompetenzaufbau und Laufbahnen im Schulsystem. Ergebnisse einer Längsschnittuntersuchung an Grundschulen. Münster.
Ditton, H./Krüsken, J./Schauenberg, M. (2005): Bildungsungleichheit – der Beitrag von Familie und Schule. In: Zeitschrift für Erziehungswissenschaft, 8 Jg., S. 285-304.
Ditton, H./Krüsken, J. (2006): Der Übergang von der Grundschule in die Sekundarstufe I. In: Zeitschrift für Erziehungswissenschaft, 9. Jg., S. 348-372.
Einsiedler, W./Glumpler, E. (1988): Analysen zur Entwicklung des Sitzenbleibens in der Grundschule. Berichte und Arbeiten aus dem Institut für Grundschulforschung. Nürnberg.
Elias, N. (1979): Über den Prozeß der Zivilisation. Soziogenetische und psychogenetische Untersuchungen. Zweiter Band. Wandlungen der Gesellschaft. Entwurf zu einer Theorie der Zivilisation. Frankfurt am Main, 6. Auflage.
Erikson, R./Jonsson, J. O. (1996): Explaining Class Inequality in Education: The Swedish Test Case. In: Erikson, R./Jonsson, J. O. (Hrsg.): Can Education Be Equalized? Boulder, S. 1-63.
Esser, H. (1996): Soziologie: Allgemeine Grundlagen, 2. durchgesehene Auflage Frankfurt am Main/New York.
Esser, H. (1999): Soziologie. Spezielle Grundlagen. Bd. 1: Situationslogik und Handeln. Frankfurt am Main.
Esser, H. (2001): Integration und ethnische Schichtung. Mannheimer Zentrum für Europäische Sozialforschung, 40.
Esser, H. (2006): Sprache und Integration. Frankfurt am Main/New York.
Faust, G. (2002): PISA und die Grundschule. Interpretation der Befunde und mögliche Konsequenzen. In: Die Deutsche Schule, 94. Jg., S. 300-317.
Faust, G. (2006): Zum Stand der Einschulung und der neuen Schuleingangsstufe in Deutschland. In: Zeitschrift für Erziehungswissenschaft, 9. Jg., S. 328-347.

Faust-Siehl, G. (2001): Die neue Schuleingangsstufe in den Bundesländern. In: Beiträge zur Reform der Grundschule 111. Schulanfang ohne Umwege. Frankfurt am Main, S. 194-252.

Fend, H. (1974): Gesellschaftliche Bedingungen schulischer Sozialisation. Weinheim, Basel.

Fend, H. (1981): Theorie der Schule. München. 2. durchgesehene Auflage.

Fend, H. (2004): Was stimmt mit den deutschen Bildungssystemen nicht? Wege zur Erklärung von Leistungsunterschieden zwischen Bildungssystemen. In: Schümer, G./Tillmann, K.-J.,/Weiß, M. (Hrsg.): Die Institution Schule und die Lebenswelt der Schüler. Vertiefende Analysen der PISA-2000-Daten zum Kontext von Schülerleistungen. Wiesbaden, S. 15-38.

Fend, H. (2006a): Neue Theorie der Schule. Einführung in das Verstehen von Bildungssystemen. Wiesbaden.

Fend, H. (2006b): Geschichte des Bildungswesens. Der Sonderweg im europäischen Kulturraum. Wiesbaden.

Fiedler, U./Steenbuck, O./Zimpel, A. F. (2003): Gleichaltrigeninteraktion in heterogenen Gruppen als didaktische Herausforderung. In: Warzecha, B. (Hrsg.): Heterogenität macht Schule. Beiträge aus sonderpädagogischer und interkultureller Perspektive. Novemberakademie; Bd. 3. Münster, S. 153-171.

Finn, J. D./Pannozo, G. M./Achilles, C. M. (2003): The „Why`s" of Class Size: Students Behavior in Small Classes. In: Review of Educational Research, 73. Jg., S. 321-368.

Fölling-Albers, M. (2005): Chancenungleichheit in der Schule – (k)ein Thema? In: Zeitschrift für Soziologie der Erziehung und Sozialisation, 25. Jg., S. 198-213.

Francke, A. H. (1966): Pädagogische Schriften. Neudruck der 2. Ausgabe 1885. Osnabrück.

Freie und Hansestadt Hamburg, Behörde für Bildung und Sport (Hrsg.) (2002): Aspekte der Lernausgangslage und der Lernentwicklung – Klassenstufe 9 – Kurzfassung des wissenschaftlichen Berichts. Eigendruck.

Friedrichs, J. (1988): Makro- und mikrosoziologische Theorien der Segregation. In: Kölner Zeitschrift für Soziologie und Sozialpsychologie 40, Sonderheft 29, S. 56-77.

Giesinger, J. (2007): Was heißt Bildungsgerechtigkeit? In: Zeitschrift für Pädagogik, 53. Jg., S. 362-381.

Göhler, G. (1994): Politische Institutionen und ihr Kontext. Begriffliche und konzeptionelle Überlegungen zur Theorie politischer Institutionen. In: Ders. (Hrsg.): Die Eigenart der Institutionen. Zum Profil politischer Institutionentheorie. Baden Baden, S. 19-46.

Göhlich, M. (2005): Pädagogische Organisationsforschung – Eine Einführung. In: Göhlich, M./Hopf, C./Sausele, I. (Hrsg.): Pädagogische Organisationsforschung. Wiesbaden, S. 9-24.

Gomolla, M./Radtke, F.- O. (2002): Institutionelle Diskriminierung. Die Darstellung ethnischer Differenz in der Schule. Opladen.
Göschel, A./Herlyn, U./Krämer, J./Schardt, Th./Wendt, G. (1980): Zum Gebrauch von sozialer Infrastruktur im städtebaulichen und sozialen Kontext. In: Herlyn, U. (Hrsg.): Großstadtstrukturen und ungleiche Lebensbedingungen in der Bundesrepublik. Frankfurt am Main, New York, S. 129-201.
Graumann, O. (2003): Heterogene Schulklassen – eine allgemeindidaktische Betrachtung. In: Warzecha, B. (Hrsg.): Heterogenität macht Schule. Beiträge aus sonderpädagogischer und interkultureller Perspektive. Novemberakademie; Bd. 3, Münster, S. 127-144.
Greshoff, R. (2006): Die Esser-Luhmann-Kontroverse als unbefriedigender Streit um die Grundlagen der Soziologie. In: Soziologie, 35. Jg., S. 161-177.
Gutiérrez, R./Slavin, R. E. (1992): Achievement Effects of Nongraded Elementary School: A Best Evidence Synthesis. In: Review of Educational Research, 62. Jg., S. 333-376.
Hanke, P. (2001): Forschungen zur inneren Reform der Grundschule am Beispiel der Öffnung des Unterrichts. Forschungen zu Lehr- und Lernkonzepten für die Grundschule. Jahrbuch Grundschulforschung 4. Opladen, S. 46-62.
Hanke, P. (2003): Perspektiven der Grundschulforschung. In: Panagiotopoulou, A./Brügelmann, H. (Hrsg.): Grundschulpädagogik meets Kindheitsforschung. Zum Wechselverhältnis von schulischem Lernen und außerschulischen Erfahrungen im Grundschulalter. Jahrbuch Grundschulforschung 7. Opladen, S. 243-246.
Harazd, B. (2007): Die Bildungsentscheidung. Zur Ablehnung der Schulformempfehlung am Ende der Grundschulzeit. Münster, New York, München, Berlin.
Harazd, B./van Ophuysen, S. (2008): Was bedingt die Wahl eines nicht empfohlenen Bildungsgangs? In: Zeitschrift für Erziehungswissenschaft, 11. Jg., S. 626-647.
Hasse, R. (2006): Der Neo-Institutionalismus als makrosoziologische Kulturtheorie. In: Senge, K./Hellmann, K.-U. (Hrsg.): Einführung in den Neo-Institutionalismus. Wiesbaden, S. 150-159.
Hasse, R./Krücken, G. (2005): Der Stellenwert von Organisationen in Theorien der Weltgesellschaft – Eine kritische Weiterentwicklung systemtheoretischer und neo-institutionalistischer Forschungsperspektiven. In: Zeitschrift für Soziologie, Sonderheft „Weltgesellschaft", S. 186-204.
Hauf, T. (2007): Innerstädtische Bildungsdisparitäten an der Übergangsschwelle von den Grundschulen zum Sekundarschulsystem. In: Zeitschrift für Pädagogik, 53. Jg., S. 299-325.
Heinzel, F./Prengel, A. (Hrsg.) (2002): Heterogenität, Integration und Differenzierung in der Primarstufe. Jahrbuch Grundschulforschung 6. Opladen.

Heller, K./Rosemann, B./Steffens, K.-H. (1978): Prognose des Schulerfolgs Weinheim und Basel.
Hellmann, K.-U. (2006): Organisationslegitimität im Neo-Institutionalismus. Senge, K./Hellmann, K.-U. (Hrsg.): Einführung in den Neo-Institutionalismus. Wiesbaden, S. 75-88.
Helmke, A. (1988): Leistungssteigerung und Ausgleich von Leistungsunterschieden in Schulklassen: unvereinbare Ziele? In: Zeitschrift für Entwicklungspsychologie und Pädagogische Psychologie 20, S. 45-76.
Helsper, W. (1996): Antinomien des Lehrerhandelns in modernisierten pädagogischen Kulturen. In: Combe, A./Helsper, W. (Hrsg.): Pädagogische Professionalität. Frankfurt am Main, S. 521-569.
Helsper, W./Herwartz-Emden, L./Terhart, E. (2001): Qualität qualitativer Forschung in der Erziehungswissenschaft. Ein Tagungsbericht. In: Zeitschrift für Pädagogik. 47 Jg., S. 251-270.
Helsper, W./Böhme, J. (Hrsg.) (2004): Handbuch der Schulforschung. Wiesbaden.
Hessisches Statistisches Landesamt (2003): Statistische Berichte. Die allgemein bildenden Schulen in Hessen 2002. Wiesbaden.
Holtappels, H. G./van Ophuysen, S.: Von der Grundschule zur weiterführenden Schule. DFG-Projekt. Noch nicht veröffentlicht.
Holtappels, H. G./Heerdegen, M. (2005): Schülerleistungen in unterschiedlichen Lernumwelten im Vergleich zweier Grundschulmodelle in Bremen. In: Wilfried Bos et al. (Hrsg.): IGLU – Vertiefende Analysen zum Leseverständnis. Rahmenbedingungen und Zusatzstudien. Münster, S. 361-398.
Hong, G./Raudenbush, S. W. (2005): Effects of Kindergarten Retention Policy on Children Cognitive Growth in Reading and Mathematics. In: Educational Evaluation and Policy Analysis. 27. Jg., S. 205-224.
Hradil, S. (2001): Soziale Ungleichheit in Deutschland. 8. Auflage, Opladen.
Jäger, W./Schimank, U. (Hrsg.) (2005): Organisationsgesellschaft: Facetten und Perspektiven. Wiesbaden.
Kade, J. (1997): Vermittelbar/nicht-vermittelbar: Vermitteln: Aneignen. Im Prozess der Systembildung des Pädagogischen. In: Lenzen, D./Luhmann, N. (Hrsg.): Bildung und Weiterbildung im Erziehungssystem. Frankfurt am Main, S. 30-70.
Kade, J. (2004): Erziehung als pädagogische Kommunikation. In: Lenzen, D. (Hrsg.): Irritationen des Erziehungssystems. Pädagogische Resonanzen auf Niklas Luhmann. Frankfurt am Main, S. 199-232.
Kanton Zürich: Sozialindex: Das Wichtigste in Kürze. Internetquelle: http://www.bista.zh.ch/pub/downloads/SI/SI_DasWichtigste.pdf. Zuletzt aufgerufen am 14.06.07.
Kasap-Cetingök, Y. (2005): Das Bildungssystem der Türkei zwischen Internationalisierung und Islamisierung. Eine vergleichende Studie über die Schul- und Hochschulreformen der 90er Jahre. Unveröffentlichte Dissertation. Frankfurt am Main.

Keck, R. W./Sandfuchs, U. (Hrsg.) (1994): Wörterbuch Schulpädagogik. Bad Heilbrunn.
Keck, R. W./Sandfuchs, U./Feige, B. (Hrsg.) (2004): Wörterbuch Schulpädagogik, 2. Auflage. Bad Heilbrunn.
Kemmler, L. (1975): Erfolg und Versagen in der Grundschule: empirische Untersuchungen. Göttingen.
Kern, A. (1951): Sitzenbleiberelend und Schulreife. Ein psychologisch-pädagogischer Beitrag zu einer inneren Reform der Grundschule. Freiburg.
KESS (2006): Erste Ergebnisse aus KESS 4. Kurzbericht. Internetquelle: http://www.erzwiss.uni-hamburg.de/kess/kurzbericht.pdf. Zuletzt aufgerufen am 14.06.07.
Kieserling, A. (1999): Kommunikation unter Anwesenden. Studien über Interaktionssysteme. Frankfurt am Main.
Klatetzki, T. (2006): Der Stellenwert des Begriffs „Kognition" im Neo-Institutionalismus. In: Senge, K./Hellmann, K. U. (Hrsg.): Einführung in den Neo-Institutionalismus. Wiesbaden, S. 48-61.
Klausenitzer, J. (2002): Altes und Neues – Anmerkungen zur Diskussion über die gegenwärtige Restrukturierung des deutschen Bildungswesens. In: Widersprüche, Heft 83, März 2002. Bielefeld.
Kleine, L./Paulus, W./Blossfeld, H.-P. (2009): Die Formation elterlicher Bildungsentscheidungen beim Übergang von der Grundschule in die Sekundarstufe. In: Zeitschrift für Erziehungswissenschaft. Sonderheft 12. 2009, S. 103-125.
Klieme, E. et al. (2003): Zur Entwicklung nationaler Bildungsstandards. BMBF. Referat Öffentlichkeitsarbeit. Bonn.
Knörzer, W./Grass, K. (1992): Den Anfang der Schulzeit pädagogisch gestalten. Ein Studien- und Arbeitsbuch für den Anfangsunterricht. Weinheim.
Knörzer W./Grass, K. (1998): Einführung Grundschule. Geschichte – Auftrag – Innovation. Weinheim.
Koch, K. (2001): Von der Grundschule in die Sekundarstufe. Bd. 2: Der Übergang aus der Sicht der Lehrerinnen und Lehrer. Opladen.
Koch, K. (2004): Von der Grundschule zur Sekundarstufe. In: Helsper, W./Böhme, J. (Hrsg.): Handbuch der Schulforschung. Wiesbaden, S. 549-565.
Konsortium Bildungsberichterstattung im Auftrag der Ständigen Konferenz der Kultusminister der Länder in der Bundesrepublik Deutschland und des Bundesministerium für Bildung und Forschung (Hrsg.) (2006): Bildung in Deutschland. Ein indikatorengestützter Bericht mit einer Analyse zu Bildung und Migration. www.bildungsbericht.de oder Bielefeld.
Kornmann, R. (2003): Zur Überrepräsentation ausländischer Kinder und Jugendlicher in „Sonderschulen mit dem Schwerpunkt Lernen". In: Auernheimer, G. (Hrsg.): Schieflagen im Bildungssystem, Die Benachteiligung der Migrantenkinder. Opladen, S. 81-95.

Koselleck, R. (1979): Vergangene Zukunft. Zur Semantik geschichtlicher Zeiten. Frankfurt am Main.
Kristen, C. (1999): Bildungsentscheidungen und Bildungsungleichheit – ein Überblick über den Forschungsstand. Mannheim.
Kristen, C. (2002): Hauptschule, Realschule oder Gymnasium? Ethnische Unterschiede am ersten Bildungsübergang. In: Kölner Zeitschrift für Soziologie und Sozialpsychologie, 54. Jg., S. 534-552.
Kristen, C. (2005): School Choice and Ethnic School Segregation. Primary School Selection in Germany. Münster, New York, München, Berlin.
Kristen, C. (2006): Ethnische Diskriminierung in der Grundschule? Die Vergabe von Noten und Bildungsempfehlungen. In: Kölner Zeitschrift für Soziologie und Sozialpsychologie, 58. Jg., S. 79-97.
Krohne, J./Tillmann, K. J. (2006): Förderung statt Selektion. In: Schulmanagement 3, S. 8-10.
Krücken, G. (2006): World Polity Forschung. In: Senge, K./HellmannK.-U. (Hrsg.): Einführung in den Neo-Institutionalismus. Wiesbaden, S. 139-149.
Kuckartz, U. (1994): Methoden erziehungswissenschaftlicher Forschung 2: Empirische Methoden. In: Lenzen, D. (Hrsg.): Erziehungswissenschaft – Ein Grundkurs. Reinbek bei Hamburg, S. 543-567.
Kuper, H. (2001): Organisationen im Erziehungssystem. Vorschläge zu einer systemtheoretischen Revision des erziehungswissenschaftlichen Diskurses über Organisation. In: Zeitschrift für Erziehungswissenschaft, 4. Jg., S. 83-106.
Kuper, H. (2004): Das Thema ‚Organisation' in den Arbeiten Luhmanns über das Erziehungssystem. In: Lenzen, D. (Hrsg.): Irritationen des Erziehungssystems. Pädagogischen Resonanzen auf Niklas Luhmann. Frankfurt am Main, S. 122-151.
Kuper, H. (2005): Evaluation im Bildungssystem – Eine Einführung. Grundriss der Pädagogik/Erziehungswissenschaft, Bd. 28. Stuttgart.
Kurtz, T. (2000): Moderne Professionen und gesellschaftliche Kommunikation. In: Soziale Systeme 6, S. 169-194.
Kurtz, T. (2004): Organisation und Profession im Erziehungssystem. In: Böttcher, W./Terhart, E. (Hrsg.): Organisationstheorie in pädagogischen Feldern. Wiesbaden, S. 43-53.
Kuthe, M./Bargel, T./Nagl, W./Reinhardt, K. (1979): Siedlungsstruktur und Schulstandort. Sozialräumliche Gliederung der Städte mit Gesamtschulen in Nordrhein-Westfalen. Paderborn.
Lange, S./Braun, D. (2000): Politische Steuerung zwischen System und Akteur. Eine Einführung. Opladen.
Lang-Wojtasik, G. (2006): Die Idee der Chancengleichheit. Gleichheit und Ungleichheit aus der Perspektive systemtheoretischer Schultheorie. Vortrag auf dem DGfE-Kongress Frankfurt am Main 22.3.2006. Unveröffentlichtes Manuskript.

Lankes, E.-M. et al. (2003): Lehr- und Lernbedingungen in den Teilnehmerländern. In: Bos, W. et al. (Hrsg.): Erste Ergebnisse aus IGLU – Schülerleistungen am Ende der vierten Jahrgangsstufe im internationalen Vergleich. Münster, S. 21-48.
Lankes, E.-M. et al. (2004): Lehr- und Lernbedingungen in einigen Ländern der Bundesrepublik Deutschland und im internationalen Vergleich. In: Bos, W. et al. (Hrsg.): IGLU Einige Länder der Bundesrepublik Deutschland im nationalen und internationalen Vergleich. Münster, S. 29-68.
Lehmann, R. H. et al. (2005): ELEMENT. Erhebung zum Lese- und Mathematikverständnis. Entwicklungen in den Jahrgangsstufen 4 bis 6 in Berlin. Bericht über die Untersuchung 2003 an Berliner Grundschulen und grundständigen Gymnasien. Berlin.
Lehmann, R. H./Peek, R./Gänsfuß, R.(1997): Aspekte der Lernausgangslage von Schülerinnen und Schülern der fünften Klassen an Hamburger Schulen. Bericht über die Untersuchung im September 1996. Behörde für Schule, Jugend und Berufsbildung, Amt für Schule. Hamburg.
Lenzen, D. (2004a): Erziehungswissenschaft – Pädagogik Geschichte – Konzepte – Fachrichtungen. In: Lenzen, D. (Hrsg.): Erziehungswissenschaft – Ein Grundkurs. 6. Auflage. Reinbek bei Hamburg, S. 11-42.
Lenzen, D. (Hrsg.) (2004b): Irritationen des Erziehungssystems. Pädagogische Resonanzen auf Niklas Luhmann. Frankfurt am Main.
Lersch, R. (2004): Schule als Sozialsystem. Theoretische Modellierungsvarianten und ihr Potenzial für Analyse und Entwicklung dieses pädagogischen Feldes. In: Böttcher, W./Terhart, E. (Hrsg.): Organisationstheorie in pädagogischen Feldern. Wiesbaden, S. 71-84.
Leschinsky, A. (1994): Freie Schulwahl und staatliche Steuerung. In: Zeitschrift für Pädagogik, 40. Jg., S. 963-981.
Lüde, R. v. (2002): Konstruktivistische Handlungsansätze zur Organisationsentwicklung in der Schule. In: Voß, R. (Hrsg.): Die Schule neu erfinden. Systemisch-konstruktivistische Annäherungen an die Schule und Pädagogik. Neuwied und Kriftel, S. 282-299.
Lüders, M. (1997): Von Klassen und Schichten zu Lebensstilen und Milieus. Zur Bedeutung der neueren Ungleichheitsforschung für die Bildungssoziologie. In: Zeitschrift für Pädagogik, 43. Jg., S. 301-320.
Luhmann, N. (1968): Zweck – Herrschaft – System. Grundbegriffe und Prämissen Max Webers. In: Mayntz, R. (Hrsg.): Bürokratische Organisation. Berlin, S. 36-55.
Luhmann, N. (1990): Die Homogenisierung des Anfangs: Zur Ausdifferenzierung der Schulerziehung. In: Luhmann, N./Schorr K. E. (Hrsg.): Zwischen Anfang und Ende. Frankfurt am Main, S. 11-23.
Luhmann, N. (1994): Soziale Systeme: Grundriss einer allgemeinen Theorie. Frankfurt am Main.
Luhmann, N. (2000): Organisation und Entscheidung. Opladen und Wiesbaden

Luhmann, N. (2002): Das Erziehungssystem der Gesellschaft. Frankfurt am Main.
Luhmann, N./Lenzen, D. (Hrsg.) (2004a): Schriften zur Pädagogik. Frankfurt am Main.
Luhmann, N. (2004b): Codierung und Programmierung: Bildung und Selektion im Erziehungssystem. In: Luhmann, N./Lenzen, D. (Hrsg.): Schriften zur Pädagogik. Frankfurt am Main, S. 23-47.
Luhmann, N. (2004c): Systeme verstehen Systeme. In: Luhmann, N./Lenzen, D. (Hrsg.): Schriften zur Pädagogik. Frankfurt am Main, S. 48-90.
Luhmann, N. (2004d): Das Erziehungssystem und die Systeme seiner Umwelt. In: Luhmann, N./Lenzen, D. (Hrsg.): Schriften zur Pädagogik. Frankfurt am Main, S. 209-245.
Luhmann, N./Schorr, K.-E. (1982): Das Technologiedefizit der Erziehung und die Pädagogik. In: Dies. (Hrsg.): Zwischen Technologie und Selbstreferenz. Fragen an die Pädagogik, Frankfurt am Main, S. 11-40.
Luhmann, N./Schorr, K.-E. (1988): Reflexionsprobleme im Erziehungssystem. Frankfurt am Main.
Maaz, K. et al. (2006): Stichwort: Übergänge im Bildungssystem. Theoretische Konzepte und ihre Anwendung in der empirischen Forschung beim Übergang in die Sekundarstufe. In: Zeitschrift für Erziehungswissenschaft, 9. Jg., S. 299-327.
Mader, J. (1989): Schulkindergarten und Zurückstellung. Zur Bedeutung schulisch-ökologischer Bedingungen bei der Einschulung. Münster und New York.
Mahr-George, H. (1999): Determinanten der Schulwahl beim Übergang in die Sekundarstufe I. Forschung Soziologie, Bd. 28. Opladen.
March, J. G./Simon, H. A. (1958): Organizations. New York.
March, J. G. (Hrsg.) (1990): Entscheidung und Organisation. Wiesbaden.
March, J. G./Olsen, J. P. (1990): Die Unsicherheit der Vergangenheit: Organisatorisches Lernen unter Ungewissheit. In: March, J. G. (Hrsg.): Entscheidung und Organisation. Wiesbaden.
Mayring, P. (2003): Qualitative Inhaltsanalyse. 8.Auflage. Weinheim.
Meinhold-Henschel, S. et al. (2000): Lebendige Schule in einer lebendigen Stadt. Berichtwesen „Kommunale Schullandschaft" – Analyse der ersten Datenerhebung. Gütersloh.
Mense-Petermann, U. (2006): Das Verständnis von Organisation im Neo-Institutionalismus. In: Senge, K./Hellmann, K.-U. (Hrsg.): Einführung in den Neo-Institutionalismus. Wiesbaden, S. 62-74.
Merkens, H./Wessel, A. (2002): Zur Genese von Bildungsentscheidungen. Eine empirische Studie in Berlin und Brandenburg. Hohengehren.
Meulemann, H. (1985): Bildung und Lebensplanung. Die Sozialbeziehung zwischen Elternhaus und Schule. Frankfurt am Main/New York.
Meulemann, H./Weishaupt, H. (1982): Stadt und Bildungschancen: Der Einfluss örtlicher Milieus auf den weiterführenden Schulbesuch am Beispiel Frank-

furts. In: Vaskovics, L. (Hrsg.): Umweltbedingungen familialer Sozialisation. Beiträge zur sozialökologischen Sozialisationsforschung. Stuttgart.
Meyer, J. W./Rowan, B. (1977): Institutionalized Organizations: Formal Structure as Myth and Ceremony. In: American Journal of Sociology, 83. Jg., S. 340-363.
Meyer, J. W. (2005): Weltkultur: Wie die weltlichen Prinzipien die Welt durchdringen. Frankfurt am Main.
Meyer, R./Hammerschmid, G. (2006): Die Mikroperspektive des Neo- Institutionalismus: Konzeption und Rolle des Akteurs. In: Senge, K./Hellmann, K.-U. (Hrsg.): Einführung in den Neo-Institutionalismus. Wiesbaden, S. 160-171.
Niederberger, J. M. (1984): Organisationssoziologie der Schule. Motivation, Verwaltung, Differenzierung. Stuttgart.
Panagiotopoulou, A. (2002): Lernbiografien von Schulanfängern im schriftkulturellen Kontext. In: Heinzel, F./Prengel, A. (Hrsg.): Heterogenität, Integration und Differenzierung in der Primarstufe, Jahrbuch Grundschulforschung 6. Opladen, S. 235-241.
Panagiotopoulou, A./Brügelmann, H. (Hrsg.) (2003): Grundschulpädagogik meets Kindheitsforschung. Zum Wechselverhältnis von schulischem Lernen und außerschulischen Erfahrungen im Grundschulalter. Jahrbuch Grundschulforschung 7. Opladen.
Parsons, T. (1968): Die Schulklasse als soziales System. In: Ders.: Sozialstruktur und Persönlichkeit. Frankfurt am Main, S. 161-193.
Peek, R./Neumann, A. (2003): Schulische und unterrichtliche Prozessvariable in internationalen Schulleistungsstudien. In: Auernheimer, G. (Hrsg.): Schieflagen im Bildungssystem. Die Benachteiligung der Migrantenkinder. Opladen, S. 139-160.
Peisert, H. (1967): Soziale Lage und Bildungschancen in Deutschland. Studien zur Soziologie. Bd. 7. München.
Plath, I./Bender-Szymanski, D./Kodron, C. (2002): Dokumentation zur Situation von Schülerinnen und Schülern mit Migrationserfahrungen an Frankfurter Schulen im Schuljahr 2000/2001. DIPF. Frankfurt am Main.
Preuss-Lausitz, U. (1997): Soziale Ungleichheit, Integration und Schulentwicklung. In: Zeitschrift für Pädagogik, 43. Jg. (1997) 4, S. 583-596.
Prielipp, G. (1997): Schulkindergarten/Vorklasse in der Gegenwart: Situation, Probleme und Konsequenzen für eine zeitgemäße pädagogische Arbeit. Hamburg.
Puhani, P./Weber, A. M. (2005): Does the Early Bird Catch the Worm? IZA Discussion Paper, No. 1827. October 2005 Internetquelle: http://www.iza.org/index_html?lang=de&mainframe=http%3A//www.iza.org/de/webcontent/publications/papers&topSelect=publications&subSelect=papers Zuletzt aufgerufen: 14.06.07.

Quack, S. (2006): Institutionalisierung und De-Institutionalisierung. In: Senge, K./Hellmann. K. U. (Hrsg.): Einführung in den Neo-Institutionalismus. Wiesbaden, S. 172-184.

Radisch, F./Steinert, B. (2005): Schulische Rahmenbedingungen im internationalen Vergleich. In: Bos, W. et al. (Hrsg.): IGLU – Vertiefende Analysen zu Leseverständnis, Rahmenbedingungen und Zusatzstudien. Münster, S. 159-185.

Radtke, F.-O. (1992): Wissen ohne Können – Die unerwarteten Folgen der Verbesserung des Argumentierens über Unterricht in der Lehrerausbildung Paschen, H./Wigger, L. (Hrsg.): Pädagogisches Argumentieren. Weinheim, S. 341-356.

Radtke, F.-O. (2000): Einleitung: Schulautonomie, Sozialstaat & Chancengleichheit. In: Radtke, F.-O./Weiß, M. (Hrsg.): Schulautonomie, Wohlfahrtsstaat und Chancengleichheit. Opladen, S. 13-32.

Radtke, F.-O. (2003): Die Erziehungswissenschaft der OECD.

Radtke, F.-O. (2004): Schule und Ethnizität. In: Helsper, W./Böhme, J. (Hrsg.): Handbuch der Schulforschung. Wiesbaden, S. 625-646.

Rauin, U. (1987): Differenzierender Unterricht: Empirische Studien im Überblick. In: Steffens, U./Bargel, T. (Hrsg.) (1993): Erkundungen zur Qualität von Schule. Neuwied.

Rolff, H.-G. (1992): Die Schule als besondere soziale Organisation. In: Zeitschrift für Sozialisationsforschung und Erziehungssoziologie, 12. Jg., S. 306-324.

Rösner, E. (1989): Abschied von der Hauptschule. Folgen einer verfehlten Schulpolitik. Frankfurt am Main.

Roßbach, H.-G./Blossfeld, H.-P. (2005): Bildungsprozesse, Kompetenzentwicklung und Selektionsentscheidungen im Vor- und Grundschulalter (BiKS). DFG-Projekt.

Roßbach, H.-G./Tietze, W. (1996): Schullaufbahnen in der Primarstufe. Eine empirische Untersuchung zu Integration und Segregation von Grundschülern. Münster.

Roßbach, H.-G./Wellenreuther, M. (2002): Empirische Forschungen zur Wirksamkeit von Methoden der Leistungsdifferenzierung in der Grundschule. In: Heinzel, F./Prengel, A. (Hrsg.): Heterogenität, Integration und Differenzierung in der Primarstufe, Jahrbuch Grundschulforschung 6. Opladen, S. 44-57.

Rost, D. H. (2005): Interpretation und Bewertung pädagogisch-psychologischer Studien. Weinheim und Basel.

Roth, H. (1969): Begabung und Lernen. Ergebnisse und Folgerungen neuer Forschungen. Stuttgart.

Rüesch, P. (1998): Spielt die Schule eine Rolle? Schulische Bedingungen ungleicher Bildungschancen von Immigrantenkindern. Eine Mehrebenenanalyse. Bern.

Sachverständigenrat Bildung bei der Hans Böckler-Stiftung (2002): Reformempfehlungen für das Bildungswesen. Weinheim und München.
Schaefers, C. (2002): Der soziologische Neo-Institutionalismus. Eine organisationstheoretische Analyse und Forschungsperspektive auf schulische Organisationen. In: Zeitschrift für Pädagogik, 48. Jg., S. 835-855.
Schäfer, K. (1994): Schulen und Schulpolitik in Frankfurt am Main 1900-1945 In: Studien zur Frankfurter Geschichte. Bd. 35. Frankfurt am Main.
Scheerens, J. (2006): Starke und schwache Schulen – Ergebnisse aus der Schulforschung. Failing Schools – von der Diagnose zur Therapie. In: Pädagogische Führung, 17. Jg., S. 72-75.
Schirp, H. (2006): Erfolgreiches Lernen geht nicht primär über Leistungsmessung, sondern über Unterstützung und Förderung. In: Pädagogische Führung, 17. Jg., S. 109-112.
Schley, W. (2006): Vorwort. In: Sieber, P.: Steuerung und Eigendynamik der Aussonderung. Luzern 2006.
Schulentwicklungsplan für die Stadt Frankfurt am Main, Teilplan für die westlichen Stadtteile Griesheim, Nied, Höchst, Unterliederbach, Sossenheim, Sindlingen, Zeilsheim. In: Institut für Stadtgeschichte, Magistratsakten, Signatur 2.168 Frankfurt. (Ohne Datum) wahrscheinlich 1966 (verantwortlich Stadtrat Cordt, ab Okt. 1968 Stadtrat Prof. Dr. Rhein).
Schulz, A. (2000): Grundschule und soziale Ungleichheiten. Bildungsperspektiven in großstädtischen Regionen. In: Die Deutsche Schule, 92. Jg., S. 465-479.
Schümer, G. (2004): Zur doppelten Benachteiligung von Schülern aus unterprivilegierten Gesellschaftsschichten im deutschen Schulwesen. In: Schümer, G. et al. (Hrsg.): Die Institution Schule und die Lebenswelt der Schüler. Vertiefende Analysen der PISA-2000-Daten zum Kontext von Schülerleistungen. Wiesbaden.
Schümer, G. (2005): Schule und soziale Ungleichheit. Zum Umgang mit unterschiedlichen Lernvoraussetzungen in Deutschland und anderen OECD-Ländern. In: Die Deutsche Schule, 97. Jg., S. 266-284.
Schümer, G./Tillmann, K.-J./Weiß, M. (Hrsg.) (2004): Die Institution Schule und die Lebenswelt der Schüler. Vertiefende Analysen der PISA-2000-Daten zum Kontext von Schülerleistungen. Wiesbaden.
Schwippert, K. et al. (2004): Heterogenität und Chancengleichheit am Ende der vierten Jahrgangsstufe in den Ländern der Bundesrepublik Deutschland und im internationalen Vergleich. In: Bos, W. et al. (Hrsg.): IGLU Einige Länder der Bundesrepublik Deutschland im nationalen und internationalen Vergleich. Münster, S. 165-190.
Scott, W. R. (1995): Institutions and Organizations. Thousand Oaks.
Scott, W. R. (2006): Reflexionen über ein halbes Jahrhundert Organisationssoziologie. In: Senge, K./Hellmann, K.-U. (Hrsg.): Einführung in den Neo-Institutionalismus. Wiesbaden, S. 201-222.

Seib, K. (2002): Förderung durch Selektion oder Integration? Zur Bedeutung und Umsetzung der sozialpädagogischen Sichtweise am Beginn der Schulzeit. In: Behindertenpädagogik, 41. Jg., S. 80-95.

Senat für Bildung, Jugend und Sport : ELEMENT. Erhebung zum Lese- und Mathematikverständnis. Entwicklungen in den Jahrgangsstufen 4 bis 6 in Berlin. Erste Erhebung 2003. Kurzbericht. Berlin 2005.

Senge, K./Hellmann, K.-U. (Hrsg.) (2006): Einführung in den Neo-Institutionalismus. Wiesbaden.

Senge, K. (2006): Zum Begriff der Institution im Neo-Institutionalismus. In: Senge, K./Hellmann, K.-U. (Hrsg.): Einführung in den Neo-Institutionalismus. Wiesbaden, S. 35-47.

Sieber, P. (2006): Steuerung und Eigendynamik der Aussonderung. In: Schley, W. (Hrsg.): Vom Umgang des Bildungswesens mit Heterogenität. Bd. 13 der Reihe ISP-Universität Zürich. Luzern.

Slavin, R. E. (1987): Ability grouping and student achievement in elementary schools: A best- evidence synthesis. In: Review of Educational Research, Vol. 57, S. 293-336.

Solga, H./Wagner, S. (2007): Die Zurückgelassenen – die soziale Verarmung der Lernumwelt von Hauptschülerinnen und Hauptschülern. In: Becker, R./Lauterbach, W. (Hrsg.): Bildung als Privileg. Erklärungen und Befunde zu den Ursachen der Bildungsungleichheit, 2. aktualisierte Auflage. Wiesbaden, S. 187-215.

Spitzer, M. (2002): Gehirnforschung und die Schule des Lebens. Heidelberg und Berlin.

Stadt Frankfurt am Main – Der Magistrat – Bürgeramt, Statistik und Wahlen (2003): Statistisches Jahrbuch Frankfurt am Main 2003. Frankfurt am Main.

Stadtschulamt Frankfurt am Main (1968): Schulentwicklungsplan für die Stadt Frankfurt am Main. Teil I, Neugliederung des Volksschulwesens in Grund- und Hauptschulen. Frankfurt am Main, Berlin, Bonn, München.

Suchman, M. C. (1995): Managing Legitimacy: Strategic an Institutional Approaches. In: Academy of Management Review, 20. Jg., S. 571-610.

Tacke, V. (2004): Organisation im Kontext der Erziehung. Zur soziologischen Zugriffsweise auf Organisationen am Beispiel der Schule als „lernender Organisation". In: Böttcher, W./Terhart, E. (Hrsg.): Organisationstheorie in pädagogischen Feldern. Wiesbaden, S. 19-42.

Tacke, V. (2006): Rationalität im Neo-Institutionalismus. In: Senge, K./Hellmann, K.-U. (Hrsg.): Einführung in den Neo-Institutionalismus. Wiesbaden, S. 89-101.

Tenorth, H.-E./Lüders, C. (1994): Methoden erziehungswissenschaftlicher Forschung 1: Hermeneutische Methoden. In: Lenzen, D. (Hrsg.): Erziehungswissenschaft – Ein Grundkurs. Reinbek bei Hamburg, S. 519-542.

Terhart, E. (1986): Organisation und Erziehung. Neue Zugangsweisen zu einem alten Dilemma. In: Zeitschrift für Pädagogik, 32. Jg., S. 205-223.

Tillmann, K.-J. (1989): Sozialisationstheorien. Eine Einführung in den Zusammenhang von Gesellschaft, Institution und Subjektwerdung. Reinbek bei Hamburg.
Timmermann, D. (2001): Die Bildungsbeteiligung von Kindern in (West) Deutschland – empirische Befunde und (wirtschafts-) politische Schlussfolgerungen. Korreferat. In: Bildungsreform aus ökonomischer Sicht. Beihefte der Konjunkturpolitik. Zeitschrift für angewandte Wirtschaftsforschung, Heft 51, S. 339-357.
Toulmin, S. (1996): Der Gebrauch von Argumenten. Weinheim.
Trapp, E. C. (1780): Von der Nothwendigkeit, Erziehen und Unterrichten als eigene Kunst zu studiren. In: Herrmann, U. (Hrsg.) (1977): Trapp, E.: Versuch einer Pädagogik. Unveränderter Nachdruck der 1. Ausgabe Berlin 1780. Paderborn 1977.
Treinies, G./Einsiedler, W. (1996): Zur Vereinbarkeit von Steigerung des Lernleistungsniveaus und Verringerung von Leistungsunterschieden in Grundschulklassen. Berichte und Arbeiten aus dem Institut für Grundschulforschung der Universität Erlangen-Nürnberg, Nr. 80.
Treml, A. K. (2004): Evolution – Ein implizites Thema in Luhmanns Erziehungstheorie. In: Lenzen, D. (Hrsg.): Irritationen des Erziehungssystems. Frankfurt am Main, S. 172-198.
Tyrell, H. (2008): Soziale und gesellschaftliche Differenzierung. Wiesbaden.
Urbahn, J. (2001): Bildungsentscheidungen von Arbeitsmigranten in Deutschland. Saarbrücken.
Van Ophuysen, S. (2006): Zur Problematik der Schulformempfehlungen nach der Grundschulzeit und ihrer prognostischen Qualität. In: Bos, W. et al. (Hrsg.): Jahrbuch der Schulentwicklung, Bd. 14. Weinheim.
Vanderstraeten, R. (2004): Interaktion und Organisation im Erziehungssystem In: Böttcher, W./Terhart, E. (Hrsg.): Organisationstheorie in pädagogischen Feldern. Wiesbaden, S. 54-84.
Vester, M. (2004): Die ständige Kanalisierung der Bildungschancen. Bildung und soziale Ungleichheit zwischen Boudon und Bourdieu. In: Georg, W. (Hrsg.): Soziale Ungleichheit im Bildungssystem. Eine empirisch-theoretische Bestandsaufnahme. Konstanz, S. 13-54.
Vollmer, H. (1996): Die Institutionalisierung lernender Organisationen. In: Soziale Welt. 47. Jg., S. 315-343.
Von Foerster, H. (1993): Wissen und Gewissen. Frankfurt am Main.
Von Saldern, M. (2005): Erziehungssystem. In: Runkel, G./Burkart, G. (Hrsg.): Funktionssysteme der Gesellschaft. Beiträge zur Systemtheorie von Niklas Luhmann. Wiesbaden, S. 155-194.
Voß, R. (Hrsg.) (1996): Die Schule neu erfinden. Systemisch-konstruktivistische Annäherungen an Schule und Pädagogik. Neuwied und Kriftel.
Wagner, G. C. et al. (2001): Die Bildungsbeteiligung von Kindern in (West) Deutschland – empirische Befunde und (wirtschafts-) politische Schlussfolgerungen. In: Bildungsreform aus ökonomischer Sicht. Beihefte der Kon-

junkturpolitik. Zeitschrift für angewandte Wirtschaftsforschung. Heft 51, S. 319-338.
Warzecha, B. (Hrsg.) (2003): Heterogenität macht Schule. Beiträge aus sonderpädagogischer und interkultureller Perspektive. Novemberakademie. Bd. 3, Münster.
Weber, M. (1924): Gesammelte Aufsätze zur Sozial- und Wirtschaftsgeschichte. Tübingen.
Weinert, F. E. (1989): Übergänge und Brüche im Bildungswesen: Einführung in die Problematik. In: Fthenakis, W. E. (Hrsg.): Übergänge und Brüche im Bildungswesen. München.
Weinert, F. E./Helmke, A. (Hrsg.) (1997): Entwicklung im Grundschulalter. Weinheim.
Weishaupt, H. (Hrsg.) (1983): Sozialraumanalyse und regionale Bildungsplanung. Baden Baden.
Weishaupt, H. (1996): Innerstädtische Disparitäten des Schulbesuchs. In: Die Deutsche Schule, 88, Jg. 1, S. 56-65.
Weiß, M. unter Mitarbeit von Steinert, B. (2000): Privatisierung des Bildungsbereichs – Internationale Tendenzen. In: Radtke, F.-O./Weiß, M. (Hrsg.): Schulautonomie, Wohlfahrtsstaat und Chancengleichheit. Opladen.
Weiß, M./Timmermann, D. (2004): Bildungsökonomie und Schulstatistik. In: Helsper, W./Böhme, J. (Hrsg.): Handbuch der Schulforschung. Wiesbaden.
Wild, E./Wild, K.-P. (1997): Familiale Sozialisation und schulische Lernmotivation. In: Zeitschrift für Pädagogik, 43, Jg. 1, S. 55-77.
Zucker, L. G. (1983): Organizations as Institutions. In: Bacharach, S. B. (Hrsg.): Research in the Sociology of Organizations. Vol. 2. Greenwich. JAI, S. 1-47.
Zucker, L. G. (1988): Where do Institutional Patterns Come From? Organizations as Actors in Social Systems. In: Dies. (Hrsg.): Institutional Patterns and Organizations. Culture and Environment. Cambridge, S. 23-49.
Zymek, B. (2001): Ungleiche Bildungschancen trotz Bildungsexpansion – warum? Schul- und sozialgeschichtliche Implikationen der Bildungsexpansion in Europa seit dem Zweiten Weltkrieg. In: Drewek, P. et al. (Hrsg.): Politische Transformation und Eigendynamik des Schulsystems im 20. Jahrhundert. Weinheim, S. 255-269.

Frankfurter Beiträge zur Erziehungswissenschaft
Fachbereich Erziehungswissenschaften der
Johann Wolfgang Goethe-Universität

Reihe Monographien:

Matthias Proske
Pädagogik und Dritte Welt – Eine Fallstudie zur Pädagogisierung sozialer Probleme
Frankfurt am Main 2001

Thomas Höhne
Schulbuchwissen – Umrisse einer Wissens- und Medientheorie des Schulbuchs
Frankfurt am Main 2003

Thomas Höhne/Thomas Kunz/Frank-Olaf Radtke
Bilder von Fremden. Was unsere Kinder aus Schulbüchern über Migranten lernen sollen
Frankfurt am Main 2005

Wolfgang Meseth
Aus der Geschichte lernen. Über die Rolle der Erziehung in der bundesdeutschen Erinnerungskultur
Frankfurt am Main 2005

Elke Wehrs
Verstehen an der Grenze – Erinnerungsverlust und Selbsterhaltung von Menschen mit dementiellen Veränderungen
Frankfurt am Main 2006

Matthias Herrle
Selektive Kontextvariation
Die Rekonstruktion von Interaktionen in Kursen der Erwachsenenbildung auf der Basis audiovisueller Daten
Frankfurt am Main 2007

Iris Clemens
Bildung – Semantik – Kultur
Zum Wandel der Bedeutung von Bildung und Erziehung in Indien
Frankfurt am Main 2007

Nils Köbel
Jugend – Identität – Kirche
Eine erziehungswissenschaftliche Rekonstruktion kirchlicher Orientierungen im Jugendalter
Frankfurt am Main 2009

Reihe Kolloquien:

Frank-Olaf Radtke (Hrsg.)
Die Organisation von Homogenität – Jahrgangsklassen in der Grundschule
Kolloquium anläßlich der 60. Geburtstage von Gertrud Beck und Richard Meier, Frankfurt am Main 1998

Frank-Olaf Radtke (Hrsg.)
Lehrerbildung an der Universität – Zur Wissensbasis pädagogischer Professionalität
Dokumentation des Tages der Lehrerbildung an der Johann Wolfgang Goethe-Universität, Frankfurt am Main 1999 (vergriffen)

Heiner Barz (Hrsg.)
Pädagogische Dramatisierungsgewinne –
Jugendgewalt. Analphabetismus. Sektengefahr
Frankfurt am Main 2000

Gertrud Beck, Marcus Rauterberg, Gerold Scholz, Kristin Westphal (Hrsg.)
Sachen des Sachunterrichts
Dokumentation einer Tagungsreihe 1997–2000
Frankfurt am Main 2001
Korrigierte Neuauflage 2002

Brita Rang und Anja May (Hrsg.)
Das Geschlecht der Jugend – Dokumentation der Vorlesungsreihe Adoleszenz: weiblich/männlich? im Wintersemester 1999 / 2000
Frankfurt am Main 2001

Dagmar Beinzger und Isabell Diehm (Hrsg.)
Frühe Kindheit und Geschlechterverhältnisse. Konjunkturen in der Sozialpädagogik
Frankfurt am Main 2003

Vera Moser (Hrsg.)
Behinderung – Selektionsmechanismen und Integrationsaspirationen
Frankfurt am Main 2003

Gisela Zenz (Hrsg.)
Traumatische Kindheiten – Beiträge zum Kinderschutz und zur Kindesschutzpolitik aus erziehungswissenschaftlicher und rechtswissenschaftlicher Perspektive
Frankfurt am Main 2004

Tanja Wieners (Hrsg.)
Familienbilder und Kinderwelten – Kinderliteratur als Medium der Familien- und Kindheitsforschung
Frankfurt am Main 2005

Micha Brumlik und Benjamin Ortmeyer (Hrsg.)
Erziehungswissenschaft und Pädagogik in Frankfurt – eine Geschichte in Portraits
Frankfurt am Main 2006

Argyro Panagiotopoulou und Monika Wintermeyer (Hrsg.)
Schriftlichkeit – Interdisziplinär – Voraussetzungen, Hindernisse und Fördermöglichkeiten
Frankfurt am Main 2006

Dieter Katzenbach
Vielfalt braucht Struktur – Heterogenität als Herausforderung für die Unterrichts- und Schulentwicklung
Frankfurt am Main 2007

Reihe Forschungsberichte:

Thomas Höhne/Thomas Kunz/Frank-Olaf Radtke
Bilder von Fremden – Formen der Migrantendarstellung als der „anderen Kultur" in deutschen Schulbüchern von 1981–1997
Frankfurt am Main 1999 (vergriffen)
http://www.uni-frankfurt.de/fb/fb04/personen/radtke/Publikationen/Bilder
_von_Fremden.pdf

Uwe E. Kemmesies
Umgang mit illegalen Drogen im 'bürgerlichen' Milieu (UMID). Bericht zur Pilotphase
Frankfurt am Main 2000 (vergriffen)

Oliver Hollstein/Wolfgang Meseth/Christine Müller-Mahnkopp/Matthias Proske/Frank-Olaf Radtke
Nationalsozialismus im Geschichtsunterricht.
Beobachtungen unterrichtlicher Kommunikation
Bericht zu einer Pilotstudie
Frankfurt am Main 2002 (vergriffen)
http://www.uni-frankfurt.de/fb/fb04/personen/radtke/Publikationen/
Forschungsbericht_3_Nationalsozialismus_im_Geschichtsunterricht.pdf

Andreas Gruschka/Martin Heinrich/Nicole Köck/Ellen Martin/
Marion Pollmanns/Michael Tiedtke
Innere Schulreform durch Kriseninduktion?
Fallrekonstruktionen und Strukturanalysen zu den Wirkungen administeriell verordneter Schulprogrammarbeit
Frankfurt am Main 2003

Andreas Gruschka
Auf dem Weg zu einer Theorie des Unterrichtens.
Die widersprüchliche Einheit von Erziehung, Didaktik und Bildung in der allgemeinbildenden Schule
Vorstudie
Frankfurt am Main 2005

Frank-Olaf Radtke/Maren Hullen/Kerstin Rathgeb
Lokales Bildungs- und Integrationsmanagement
Bericht der wissenschaftlichen Begleitforschung im Rahmen der
Hessischen Gemeinschaftsinitiative Soziale Stadt (HEGISS)
Frankfurt am Main 2005

Benjamin Ortmeyer
Die geisteswissenschaftliche Pädagogik und die NS-Zeit
(Vier Teilbände im Schuber)
Teil 1: Eduard Spranger und die NS-Zeit
Teil 2: Herman Nohl und die NS-Zeit
Teil 3: Erich Weniger und die NS-Zeit
Teil 4: Peter Petersen und die NS-Zeit
Frankfurt am Main 2008

www.ingramcontent.com/pod-product-compliance
Lightning Source LLC
Chambersburg PA
CBHW070941230426
43666CB00011B/2518